2017年度国家社会科学基金重大项目
《钦定理藩院则例》满蒙汉诸本整理与研究
项目批准号：17ZDA208

《〈钦定理藩院则例〉满蒙汉诸本整理与研究丛书》
编 委 会

《钦定理藩院则例》满蒙汉诸本整理与研究丛书

黑龙 包和平 主编

蒙古律例

那仁朝格图 点校 成崇德 审校

辽宁民族出版社

图书在版编目（CIP）数据

蒙古律例 / 那仁朝格图点校；成崇德审校．—沈阳：辽宁民族出版社，2020.10

（《钦定理藩院则例》满蒙汉诸本整理与研究丛书 / 黑龙，包和平主编）

ISBN 978-7-5497-2383-6

Ⅰ．①蒙…　Ⅱ．①那…　②成…　Ⅲ．①蒙古族 — 刑律 — 中国 — 清代　Ⅳ．①D924.02

中国版本图书馆CIP数据核字（2020）第222275号

蒙古律例

MENGGU LÜLI

出版发行者：辽宁民族出版社
地　　　址：沈阳市和平区十一纬路25号　邮编：110003
印　刷　者：辽宁新华印务有限公司
幅 面 尺 寸：175mm×245mm
印　　　张：31
字　　　数：310千字
出 版 时 间：2020年10月第1版
印 刷 时 间：2020年10月第1次印刷
责 任 编 辑：吴昕阳
封 面 设 计：杜　江
责 任 校 对：王　荷

标准书号：ISBN 978-7-5497-2383-6
定　　价：135.00元

网　　址：www.lnmzcbs.com　　邮购热线：024-23284335
淘宝网店：http://lnmz2013.taobao.com
如有印装质量问题，请与出版社联系调换　联系电话：024-23284340

總序

中國的民族法是中華法系重要的組成部分，有着悠久的歷史和傳統。降至清代，以欽定理藩院則例爲代表，中國的民族立法空前加强，民族法律體系日臻完善。欽定理藩院則例是清代民族法律中内容最爲詳細、通行地區最爲廣泛、法律效能最爲顯著的一部大型民族行政法，是清代民族立法集大成之作，在清王朝治理邊疆民族、保證國家統一的過程中發揮了至關重要的作用。

中國自秦代以降，歷代封建王朝幾乎都設專員或機構管理邊疆民族事務，如秦代『典客』，漢代『大鴻臚』，隋唐宋時期『鴻臚寺卿』，元代『宣政院』，明代『外夷通事』等，但是設立一個中央專門機構管理民族事務，則始於清代『理藩院』。理藩院原稱『蒙古衙門』，始設於崇德元年（1636），崇德三年（1638）改稱理藩院，它是清朝中央政府管理蒙古、藏、維吾爾等民族事務的專門機構，與六部具有同等地位。理藩院設有尚書、左右侍郎、額外侍郎，總負其責，下設旗籍清吏司、王會清吏司、典屬清吏司、柔遠清吏司、徠遠清吏司、理刑清吏司、司務廳、滿檔房、蒙古房、漢檔房等六司一廳三房；另設入銀庫、當月處、餉銀處、督催處、内館、外館、俄国館等附屬機構；還置有唐古特學、蒙古官學、托忒學等民族語文學校。派出官員有神木理事司員、寧夏理事司員、熱河都統衙門理事司員、八溝理事司員、塔子溝理事司員、烏蘭哈達理事司員、三座塔理事司員、張家口管站司員、殺虎口管站司員、喜峰口管站司員、古北口管站司員、獨石口管站司員等十二司員。從上述機構與官員的設置上可以看出，理藩院不僅管理蒙古、新疆、西藏等民族地區政教事務，而且在較長的時間裏負責處理對俄國的外交事務。

隨着清朝對邊疆民族地區大規模的用兵，作爲清政府管理邊疆民族事務的中央機構，理藩院的事務日益繁多，機構不斷擴大，作用也越來越重要。這就迫切需要制定一部全面系統的法規，用來確定理藩院機構設置、職權分工、辦事規則程序等，促進理藩院對民族事務管理的法制化，於是清政府仿效六部纂修理藩院則例。嘉慶十六年（1811），經大學士慶桂奉准，理藩院照六部衙門之例，開館纂修理藩院則例，而具體負責理藩院則例纂修者爲大學士托津與尚書和世泰，他們根據嘉慶皇帝的要求，將原已編成的舊例二百零九條逐一校閱，其中有二十條『系遠年例案，近事不能援引』，予以删除，其餘一百八十九條内，修改一百七十八條，修並兩條。同時，將理藩院所存『自順治以來應遵照之稿案，譯妥漢文，逐件複核，增纂五百二十六條』。這樣，新增纂的理藩院則例一共七百一十三條。這次纂修理藩院則例的漢文本於嘉慶二十年（1815）十二月七日完成，於嘉慶二十二年（1817）十月二十七日刊刻出樣本，計六十三卷，另有原奏、總目（上、下）、通例（上、下）。與此同時，開始將這部理藩院則例譯爲滿文和蒙古文，於嘉慶二十三年（1818）十二月二十八日告成。嘉慶朝所修理藩院則例基本成爲以後幾次續修的定式和底本，具有不可替代的重要價值。

嘉慶朝理藩院則例只收録了嘉慶十六年（1811）以前的案例。按當時清朝定例，『六部等衙門則例，向系十年纂輯一次』。因此，自嘉慶十六年（1811）奏請纂修理藩院則例十二年後，即道光三年（1823），理藩院又奏請續纂。於是，大學士托津、尚書富俊等人開始續纂理藩院則例，自道光三年（1823）十二月起修纂，至道光七年（1827）九月全部完成。這次修纂對象包括自嘉慶十六年（1811）至道光三年（1823）的有關『諭旨』，並『内外臣工條奏有關蒙古、回部事宜者，悉心參考，縷析條分，詳酌確定』。共續纂、續改、補入漢文本一百一十九條，對照漢文本繕寫滿文、蒙古文本，詳加酌核，相互校對，並奏報道光皇帝『欽定』。同時，對舊例中『語涉含混』的部分逐條進行修改，共二十一條，這項工作於道光六年（1826）十一月四日完成。這次整體奏修理藩院則例工作至道光七年（1827）九月十一日全部告成，並刻出滿、蒙古、漢三種文字版樣，其結構爲『仍將原修則例原奏及臣等堂司各銜並諸卷首，開列於前；

次將續修則例原奏及臣等堂司各銜開列於後，以識原委。其逐條例首，仍分舊例、增纂、修改、續纂、續加修改等字樣，以清眉目』。此次修纂新舊條例共一千四百五十四條，共分六十五門，共裝潢二十四函。

道光十年（1830），御史王瑋慶奏：『六部重修則例，宜率由舊章，如有更改，應專摺奏明通行。』道光皇帝同意此建議，並做出批示，將原定『限十年即開館重修則例』之制度，更改爲『隨時酌改』，並强調『已頒成例』不得輕易修改，只對『必應更正之處』允許『奏明改定』。根據上述批示，理藩院於道光十三年（1833）三月五日，開始修輯理藩院則例，負責纂修者爲軍機大臣賽尚阿與尚書吉倫泰。他們主要是將自道光五年（1825）纂輯條例、以後欽奉諭旨及内外臣工各條奏有關蒙古事宜者，悉心參考，縷析條分，分別修改、修並及增纂、續纂各條名目。至道光十七年（1837），漢文本完成，共修改蒙古則例二百零三條，續纂蒙古則例一百二十六條，後又新纂二十三條，共計修改、增修三百五十二條。最後的滿、蒙古、漢三種文字的版樣至道光二十三年（1843）刊刻告成，版式結構为：『凡蒙古則例，原奏一卷，官銜一卷，總目上下二卷，通例上下二卷，旗分等六十三門，共六十三卷。滿洲、蒙古、漢字三體，總計二百零七卷。』其實，全書還是六十三卷，原奏、官銜、總目和通例當不屬於卷類。

自光緒十六年（1890）起，理藩院趁『纂辦會典之際』，又續修一次理藩院則例，主修官爲理藩院尚書、宗室松森。這次根據自道光二十三年（1843）續修理藩院則例至光緒十六年（1890）間的稿案，進行增纂、續纂，共七十三件八十三條，裝訂成八册兩函。此項工作於光緒十六年（1890）十一月七日先期完成。之後，又修改道光年間纂修的所有理藩院則例條文，續輯新查出的檔案以及各地陸續報來的例案，共計三十一件四十八條，裝訂成四册一函。這項工作於光緒十七年（1891）十二月二十二日完成。光緒朝續修的理藩院則例比道光朝兩次續修的本子增加了一卷，即最後一卷捐輸，其他分類與道光本相同，即原奏，原修、續修、現修則例堂官官銜，總目（上、下），通例（上、下），正文從旗分到捐輸共六十四卷。其中從旗分到俄国事例各卷標題與嘉慶、道光本完全相同。應該説，光緒朝理藩院則例爲條例最多、内容最豐富者。

光緒三十二年（1906），清朝將理藩院改稱理藩部，光緒三十四年（1908）六月，理藩部將光緒十七年（1891）續修的理藩院則例又排印過一次，並改名爲理藩部則例，該排印本只將理藩院則例中的『户部』改爲『度支部』，『兵部』改爲『陸軍部』，『刑部』改爲『法部』，『工部』改爲『農工商部』，『理藩院』改爲『理藩部』，其他仍照聚珍本原理藩院則例排印，裝訂成十六册兩函，每函八册。理藩院則例和理藩部則例通行有清一代，成爲清王朝有效管轄邊疆民族地區的法律及行政條規，並發揮了極其重要的作用。進入民國時期，它也未失去法律及行政效力，仍在沿用。上述各個時期纂修的理藩院則例滿、蒙古、漢文刻本，迄今所知保存下來的有十三種，还有鈔本若干種，分别收藏於國内各圖書館、檔案館及國外圖書資料收藏單位。

理藩院則例以其特殊性和重要性，早已引起國内外學者的關注。國内自二十世紀三十年代起就有人從事理藩院則例及其相關研究，但一直到二十世紀七十年代，研究仍未深入。進入二十世紀八十年代，理藩院及其則例的研究有了長足的發展，有大量專題論文發表，有關文獻資料也陸續被整理出版，研究進入了新的階段。趙雲田自二十世紀八十年代起開展理藩院專題研究，連續發表多篇論文，將這一領域的研究引向深入。趙雲田所著的清代治理邊陲的樞紐——理藩院（新疆人民出版社，1995年）一書，系統地闡述了理藩院的産生、發展及歷史作用，介紹了理藩院研究史料及國内外研究成果，成爲中國第一部理藩院研究專著。趙雲田輯録標點的清代理藩院資料輯録（全國圖書館文獻縮微複製中心，1988年）一書，收録了乾隆朝内府鈔本理藩院則例以及康熙朝、雍正朝、乾隆朝、嘉慶朝大清會典中的理藩院資料。同年發表的關於乾隆朝内府抄本理藩院則例（西北史地，1988年第2期）一文，考述了該鈔本的成書年代、性質以及鈔本與嘉慶朝大清會典事例在内容、體例方面的異同。達力扎布發表的有關乾隆朝大清會典則例·理藩院則例稿本（清代政治制度與民族文化學術研討會論文集，2010年）一文，從嘉慶朝理藩院則例纂修過程入手，考察乾隆朝大清會典的編纂以及大清會典·理藩院則例刊本與未刊本之間的比較，並得出結論：内府鈔本理藩院則例是乾隆朝大清會典則例的理藩院則例部分，是乾隆二十一年（1756）上呈本的磨對修改本。

繼趙雲田之後，較多致力於理藩院則例研究的國内學者爲楊選第教授。楊選第先後發表了清朝對蒙古地區實行法治統治的幾個問題（内蒙古師範大學學報，1991年第2期）、從理藩院則例與衛拉特法典的比較看其民族法規的繼承性（内蒙古社會科學，1998年第6期）、近年來清朝理藩院則例的整理研究概況（内蒙古社會科學，1999年第3期）、從理藩院則例析清朝對蒙古地區立法特點（内蒙古社會科學，2000年第2期）、論清朝對蒙古地區的立法（内蒙古師範大學學報，2000年第5期）等文章，比較系統地考察了理藩院則例的方方面面。

在理藩院文獻資料的整理和研究方面，烏雲畢力格、吴元豐、寶音德力根做出了貢獻。由中國第一歷史檔案館、中國人民大學國學院西域歷史語言研究所編，烏雲畢力格、吴元豐、寶音德力根主編的清朝前期理藩院滿蒙文題本（内蒙古人民出版社，2010年），内蒙古大學蒙古歷史學系、中國第一歷史檔案館編的清朝後期理藩院滿蒙文題本（内蒙古科學技術出版社，2012年）兩部大型文獻集是清朝理藩院的民族文字檔案文書彙編，内容涉及外藩蒙古各旗與理藩院之間的書信往來及理藩院奏報朝廷的奏摺等，其中不少内容是理藩院則例的原始條款，而且往往比理藩院則例條款更加翔實，極具參考價值，不僅是研究清代蒙古法制史的第一手資料，也是研究清代蒙古語言文字和滿、蒙古文翻譯等諸多領域的珍貴史料。

國外對理藩院及理藩院則例的研究起步較早，成果相對豐富。早在清末，日本學者就已關注清朝的法律制度。1905年，日本法學家織田萬著清國行政法一書，對理藩院則例的性質、職掌等進行探討。1945年，羽藤秀利發表了蒙古法制史概論（蒙古，1945年7月）一文，從法制史視角探討了理藩院則例的部分條例，並舉例説明理藩院則例中有許多大清律例中的條款，這一研究成果對後人關於理藩院則例性質的研究具有重要的啓迪。田山茂著清代蒙古社會制度（日本文京書院，1954年；商務印書館，1987年）一書内容涉及清代蒙古社會制度的各个方面以及理藩院則例關於理藩院對喇嘛教事務的管理、蒙古王公的承襲、盟旗官員的選任、蒙古地區刑事案件的審理等方面的法律規定；蒙古法典研究（日本學術振興會，1967年）一書比較系統地探討了歷代蒙古法律，内容涉及理藩院則例。島田正郎著有清朝蒙古例研究（創文社，1982年）、明末清初蒙古法研究（創文社，1986年）、清朝蒙古例的實效性的研究（創文社，1992年）、北亞細亞法制通史（創文社，1995年）等法制史研究著作，提出了『蒙古法系』的概念，引起中國學術界的争議；蒙古律例與理藩院則例（法制史研究，1968年）一書比較系統地論述了這兩部法律法規文獻的内容及其實施過程，成爲研究清代蒙古法制史的重要參考書。萩原守發表的清代蒙古的刑事審判事例（史學雜誌，第97編第12號，1988年）一文，通過對清代蒙古刑事審判事例的分析，探討了清代蒙古法律制度的特點；蒙古法制史研究動態（法制史研究，第64號，2014年）初步梳理了蒙古法制史研究成果，重點介紹了各國學者研究理藩院則例的情況；清代蒙古地區裁判制度和裁判文書（創文社，2006年）一書專門探討了清代蒙古地區的裁判制度，並對當時的裁判文書進行專業解讀。

俄国和蘇聯學者對理藩院則例的研究值得一提。比丘林和利波夫佐夫編著的文獻叢書有關蒙古的手記於1828年在俄國聖彼得堡問世，其中就有嘉慶二十二年（1817）理藩院則例（滿文）的俄文全譯本，這是迄今爲止唯一的理藩院則例外文譯本。1957年，普契柯夫斯基所著的東方學研究所藏有關蒙古、布里亞特、衛拉特史手記一書介紹了嘉慶朝理藩院則例（滿文、蒙古文）收藏於俄國科學院東方學研究所的情況。除此之外，蒙古國、美國、德國、法國、匈牙利、意大利、英國等國家的學者也對理藩院則例進行了不同程度的研究。

綜觀國内外對理藩院則例的研究成果，主要在理藩院則例的編纂過程、内容、性質、作用，理藩院則例與大清律例、蒙古律例、大清會典·理藩院則例、喀爾喀法典、阿拉善律例的關系及理藩院則例整理出版等方面取得了一系列重要成就，爲後人研究奠定了堅實的基礎。因爲本課題重點開展理藩院則例文獻學研究，所以對以往理藩院則例整理研究代表性成果做一科學、客觀、切實的分析，進而着重説明進一步發展、突破的空間。

一、尼日拉圖、金峰校注的理藩院則例（内蒙古文化出版社，蒙古文版，1989年）一書是國内第一部校注本理藩院則例，該書以道光朝蒙古文殘本爲底本，底本殘缺部分從嘉慶朝鈔本中抄録，進行了較爲詳細的校注。該成果對原文的語句未做任何修改，用各種括號來標注錯字、衍文等，但改變了原書條例的漢字序號，編注阿拉伯數字序號，以方便閲讀，另附蒙漢對照術語表。應該説，該校注本自問世，被國内外史學界廣泛參考，産生了良好的社會效益。忒莫勒等學者以此檢驗漢文版理藩院則例校注本，發現了很多問題，引發學術界的關注。然而，該蒙古文理藩院則例校注本也存在一些問題，主要是底本爲殘本，且未能明確交代該底本是道光七年（1827）的刻本，還是道光二十三年（1843）的刻本。用嘉慶朝底本補充道光朝底本殘缺之處的做法並不科學，因爲道光朝版本恰恰是在嘉慶朝底本的基礎上增減而成的，如果嘉慶朝底本有些内容在道光朝底本中被删減的話，那麽被删減的部分在該校注本中無法得到體現。

二、楊選第、金峰校注的理藩院則例（内蒙古文化出版社，1998年）一書是國内第一部理藩院則例漢文校注本，填補了國内學術界未有理藩院則例漢文校注本的空白。該校注本以卷帙完備的光緒本作爲底本，以道光本爲主校本，並以蒙漢文兩種文字的版本相互對校。同時與乾隆朝内府鈔本理藩院則例、大清會典、大清會典事例、清朝通典、清朝續文獻通考中的相關部分進行了旁校。在互校和旁校中，加注三百條條例的議准年代，注明了道光朝版本没有，而光緒朝版本增纂的八十多條條例，並對一些字詞進行了注釋，對異同之處進行了校改注記。應該説，上述工作做得還是比較細緻的。然而，楊選第、金峰校注的理藩院則例也存在諸多問題，忒莫勒先生發文歸納該書的錯訛之處，主要是斷句、注釋、失校以及名詞術語分類等方面的錯誤。書中有些錯誤應是在排版和編校環節出現的差錯，都歸咎於作者也是不公允的。另外，從文獻整理的角度來説，該校注本没有與嘉慶朝版本互校也是一個缺憾。總之，該校注本從整體上來説無法令人滿意，學術界認可程度不高。

三、張榮錚、金懋初等點校注釋的欽定理藩部則例（天津古籍出版社，1998年）是理藩部則例的唯一漢文點校本。因理藩部則例除了名稱上有一字不同外，内容與光緒朝版本的理藩院則例完全一致，其點校工作對理藩院則例的整理亦有同樣的參考意義。該校注本以1987年中國藏學研究中心影印的聚珍版光緒十七年（1891）續修本爲底本，以上海圖書館藏光緒朝版本和華東師範大學圖書館藏道光二十三年（1843）版本進行對校，除標點、注釋外，還對律文和條例分別按中文數字和阿拉伯數字加以編號，以方便查找。點校者對該書編纂源流、歷史背景、主要内容、史料價值、歷史作用、版本異同及點校經過等做了較爲全面的介紹。但是完成此項工作須諳熟多種文字，即熟練掌握蒙古語、滿語和藏語，須具備扎實的蒙古法制史知識，須掌握中國古代典章制度，須具備版本目録學知識。此書點校者似乎缺乏上述條件，所以點校本中出現錯誤在所難免。忒莫勒先生發文舉出該書中的諸多問題，主要爲斷句之誤、注釋之誤、失校之誤以及版本問題。

四、包銀海校注的理藩院則例（民族出版社，蒙古文，2006年）一書是國内第二部理藩院則例蒙古文校注本。整理者在緒論中指出，該書是以嘉慶朝蒙古文鈔本作爲底本進行校注的。注釋部分的絶大部分内容是書中蒙古文名詞術語的漢文對照，這是整理工作的主要方面，也是值得肯定的一面，爲此點校者參閲了理藩院則例的某漢文本，否則無法做到蒙漢名稱術語對照注釋。然而，筆者仔細研究了該書的方方面面，没有發現與其他版本之間的互校，若稱其爲『校注』，恐怕名不副實，稱之爲『點注』還算勉强。該書整理者也没有明確交代點校本的館藏地及其版本特徵。包銀海在整理該書時就職於中國國家圖書館，底本應是國家圖書館藏嘉慶朝理藩院則例蒙古文鈔本之複製本，鈔本原件藏於中國民族圖書館。全書未交代點校方法或者凡例等，點校工作比較簡單，學術含量不高。特别需要指出的是，該校注本没有以刊刻本作爲底本，這一點犯了古籍整理之大忌，所以讓人無法準確判斷其史料價值與學術價值。

通過對上述四部代表性成果的評析，我們可以總結出前人研究的缺憾。第一，以往學者從未利用嘉慶朝版本理藩院則例滿、蒙古、漢文刻本，而這恰恰是最早的版本，是後來版本的底本和定式，所以前人校注工作未能體現理藩院則例内容增減與調整的詳細過程。第二，理藩院則例滿文本三種至今無人問津，從未進行滿文本與蒙古文本、漢文本之間的比較研究，而清代欽定諸書的滿文本往往詳於蒙古文本和漢文文本。第三，前人似乎都不太注重版本學知識，没有明確交代底本的性質、成書時間、館藏地等重要信息，從而使整理成果的價值大打折扣。第四，前人從未對理藩院則例諸本的編纂過程、版本流傳、内容來源、語文特徵等諸問題進行系統研究，迄今没有一部理藩院則例文獻學比較研究之作。第五，迄今未有國内外範圍收集理藩院則例滿、蒙古、漢文的所有刊本、刻本、鈔本、異本、殘本與理藩院則例相關的法律法規文獻以及理藩院則例研究成果。産生這些缺憾的主要原因是長期以來國内文獻資料的開放程度較低，致使前輩們未能充分掌握相關文獻資料，研究無法深入開展。起初的理藩院則例文獻學研究難度較高，兼通滿、蒙古、漢語言文字的歷史學家屈指可數，無法組織力量開展全面系統的研究。然而，如今情況大有改善，中國古籍文獻日益開放，包括理藩院則例文本在内的各種相關文獻資料都可以閲覽，也可複製；掌握滿、蒙古、漢、英、日、俄等語言文字的中青年學者不斷涌現，並開始利用多文種史料開展學術研究；國家鼓勵跨地區甚至在跨國相關研究機構之間協同創新，這都是前人所没有的有利條件。

綜上所述，理藩院則例自嘉慶二十二年（1817）問世二百多年來，多次被續纂、增改、完善並整理研究，産生了諸多版本文獻和研究成果。可以説，前人每項成果都不同程度地推進着人們對這部法律文獻的認識。然而，以往由於諸多條件的限制，前人未能也不可能對這部法律文獻進行深入研究，從而留下相關重要研究課題及其突破空間。有鑒於此，筆者在國家有關部門和學術界的支持下，主持承擔國家社會科學基金重大項目『欽定理藩院則例滿蒙漢諸本整理與研究』，組織國内外相關研究機構的50位學者，計劃用5年的時間，集中實施理藩院則例文獻學整理與研究，並且出版階段性研究成果和最終研究成果。

需要指出的是，遼寧民族出版社承接了該重大課題成果的出版任務，安排了精明强幹的編輯團隊進行編校出版。爲做好出版事宜，課題組與遼寧民族出版社成立了欽定理藩院則例滿蒙漢諸本整理與研究叢書編委會，並申報國家出版基金，成功獲得立項資助。在國家出版基金的資助下，我們計劃出版本課題的階段性成果和最終成果共十五部著作，從而有力地推動該領域的研究。

黑　龍

二〇二〇年五月六日

前言

清入關前後，對已歸附的蒙古諸部陸續頒佈各種法律法規，旨在將蒙古納入后金和清法統，以便進行有效管理。天聰、崇德年間，對科爾沁等部頒行零星的軍法禁令。崇德八年（1643），頒佈蒙古律書。順治年間，結合入關後所面臨的實際情況，對原有蒙古例增減若干條款，但幅度並不是很大。康熙六年（1667），增訂蒙古例，謂之康熙六年增訂舊律書，共一百一十三條，所涉及的內容有所增加。康熙三十五年（1696），在康熙六年（1667）律書的基礎上又作調整，内容增加至一百五十二條。此後，蒙古律書在理藩院的主持下屢經修訂，到雍正時期亦有编修，但修訂幅度仍不大。乾隆五年（1740），清廷修纂完成大清律例。次年，蒙古律例告竣。經乾隆三十一年（1766）、乾隆三十六年（1771）經進一步增删，至乾隆五十四年（1789），終於修纂成十二卷二〇九條的蒙古文、滿文、漢文三種文字的蒙古律例。嘉慶十九年（1814），作最後一次修訂，並增加二十三條蒙古則例。

蒙古律例，是一部清朝前期專門爲外藩蒙古制定的法典，在清代蒙古法制史上起到承上啓下的作用。蒙古律例全書十二卷，乾隆六年（1741）纂修，依次以蒙古文、滿文、漢文三種文字頒行於外藩蒙古各部，適用範圍爲内外蒙古王、公、台吉、塔布囊、哈剌出、阿勒巴圖及寺院僧俗，是清王朝治理蒙古地區的特別法律，也是清朝對蒙古地區法律治理的主要依據，具有國家法的性質。

從蒙古律書到蒙古律例形成的百餘年間，究竟刊印了多少種文本，學術界就這一問題進行過諸多探索，有從形成時間判斷的，也有從文字分類的，还有從收藏情況分析的。至少，清朝蒙古律例有蒙古文、滿文、漢文三種文字的刊本和抄本流傳於世。

漢文文本

故宮博物院藏，乾隆三十一年（1766）武英殿刊本，十二卷，一百八十九條。

日本京都大學文學部桑原文庫藏，乾隆三十六年（1771）刊本，十二卷，一百九十三條。

日本東京大學東洋文化研究所圖書室大木文庫藏，乾隆五十四年（1789）刊本，十二卷，二〇九條。

國學文庫本，嘉慶十九年（1814）刊本，十二卷，二〇九條，附增二十三條蒙古律例。1936年由北平文殿閣書莊印行，編入國學文庫第三十二編，1972年臺北廣文書局影印『史料四編』收入此版本，1988年由全國圖書館文獻縮微複製中心出版的蒙古律例也使用了該版本。另外，臺北歷史語言研究所傅斯年圖書館藏本、臺灣交通部門檔案室藏本、臺灣成文出版社影印手抄本内容都與此本相同。

日本東京大學東洋文化研究所圖書室大木文庫藏，嘉慶十年（1805）抄本，十二卷，一百八十四條，附五條蒙古例。

中國方志叢書·塞北地方第三十八號影印抄本，臺灣成文出版社影印，1968年。

僞滿洲國『興安總省』調查科日譯本，該譯本原本爲乾隆四十六年（1781）抄本，十二卷，一百九十三條，1943年印行。

蒙古文文本

内蒙古自治區錫林郭勒盟蘇尼特左旗檔案館藏殘本，仅存第一卷，清代後期毛筆抄本，線裝，複印本。

内蒙古自治區圖書館藏，蒙古律一部，清代毛筆抄本，線裝。

中國國家圖書館、中央民族大學圖書館藏，清代中期毛筆抄本複印本，線裝，收於蒙古及與蒙古有關的法律選編。

内蒙古阿拉善盟衛拉特文獻館藏殘本，仅存第一卷，乾隆五十七年（1792）毛筆抄本，線裝。

内蒙古自治區圖書館藏殘本，仅存第一〇至十二卷，清代後期毛筆抄本。

中國國家圖書館藏，清代葦桿筆抄本複印本，仅有乾隆十三年（1748）、十六年（1751）、二十六年（1761）的『定例』七十八條及『喇嘛例』一條。原書藏於遼寧省大連圖書館。

内蒙古大學蒙古學院資料室藏，仅存第一至五卷，清代毛筆抄本複印本，線裝。

内蒙古自治區鄂爾多斯市檔案館藏，仅存第二十三册，線裝。

内蒙古自治區社會科學院圖書館藏，清代後期額爾和道爾吉毛筆抄本影印本，缺二頁。

内蒙古自治區社會科學院圖書館藏，蒙古律例簡編，仅存第九至十二卷，清代後期毛筆抄本。

蒙古國中央檔案館藏，書籤題mongol čaγajin-u bičig（蒙古律例），刻本。全書四册，每册三卷，共十二卷，二〇五條，第十二卷缺四條。

巴黎圖書館藏蒙古文抄本，乾隆五十四年（1789），十二卷，二〇九條。

滿文本據大清高宗實録乾隆七年（1742）五月甲申記載：『盛京刑部侍郎兆惠查，科爾沁蒙古人等前抵奉天，遇有命盗案件向由將軍審明報部。經乾隆三年奉天將軍博第奏准，移諮盛京刑部即照蒙古條例定擬繕摺具奏。但臣部所有蒙古條例皆系蒙古字樣，並未翻清，臣部雖有蒙古司員，不識蒙古文字，恐是非莫辨，關系匪輕，請令理藩院將蒙古條例翻清以裨引用。得旨，如所請，下部知之。』這裏所説的蒙古條例即蒙古律例，由蒙古文譯爲滿文，始於乾隆七年（1742）。滿文本蒙古律例少見，據悉，1971年巴黎圖書館發現乾隆五十四年（1789）十二卷二〇九條滿文蒙古律例抄本一部。

本書點校以乾隆五十四年刊本，即東京大學東洋文化研究所圖書室大木文庫所藏本作爲底本，與其他漢文、蒙古文本進行校核，形成新的點校本，供讀者參考利用。

點校者　那仁朝格圖

審校者　成崇德

二〇二〇年六月

點校説明

一、本文獻點校以東京大學東洋文化研究所圖書室大木文庫藏乾隆五十四年（1789）二〇九條蒙古律例刊本作為底本，以北京故宮博物院藏乾隆三十一年（1766）刊本、嘉慶十九年（1814）刊本作為通校本，並與其他幾種漢文、蒙古文刊本、抄本進行校核。

二、在該點校本中，對原書中存在的訛字、脱字、衍文、倒文等問題以及前後不一致情況，作出『校記』，附於卷尾。對於大量出現的異體字，仍保留原貌，並在『校記』或〔〕内統一標註為規範繁體字。脱字在（）中補充。

三、為避免繁瑣，對文本中出現的特別詞語及各本之間的差異，未做註解和考異。

四、原文獻中的『皇上』『見』『壇祭』『廟』『敕諭』『欽差』『上』『旨』『恩賜』『恤賞』『御』『御前』

『太祖』『太宗』『臣』等頂格、擡格及臣民自稱，用黑体字，均按正常格式、字體排版。而對於年份、『奏准定例』『議覆定例』『具奏定例』等用楷體字表述。

五、蒙古律例總目均按乾隆五十四年（1789）刊本為準，個別不同之處，在『校記』中説明。

六、乾隆三十一年（1766）本、乾隆五十四年（1789）本、嘉慶十九年（1814）本中，個別詞彙的寫法，均保留原貌。如『札薩克』『扎薩克』『游』『遊』『效』『効』『災』『灾』『問』等。

七、為便於了解蒙古律例的體例結構變化，將乾隆三十一年（1766）刊本和嘉慶十九年（1814）刊本附於文末，供參考。

八、為便於讀者查閱，於本書正文之後，編制了簡要的名词索引。

九、本書對乾隆三十一年（1766）刊印本、嘉慶十九年（1814）刊印本及增訂本蒙古律例進行點校，並以附録形式附於文後，共讀者參考使用。

目録

蒙古律例卷之三　朝貢……一三三

蒙古律例卷之四　會盟行軍……一三九

蒙古律例卷之五　邊境卡哨……一四七

蒙古律例卷之七　人命

蒙古律例卷之八　首告

蒙古律例卷之九　捕亡

蒙古律例卷之十　雜犯……一九五

蒙古律例卷之十一　喇嘛例

蒙古律例卷之十二　斷獄……二〇六

蒙古律例考論

清王朝是中國封建社會的末代王朝，歷經二百六十八年由盛到衰的歷史，在典章制度方面取得了顯著成就，中國古代封建法制在清代空前成熟。在法律體系方面，由刑法、民法、行政法、訴訟法、監察法、獄政法等各個部門法組成完備的法律體系；在立法具體内容方面，不僅涉獵廣泛，而且切合清朝的社會實際；在司法制度方面，程序严谨，審級層次分明，會審和死刑復核進一步制度化、法制化。特别是適應統一多民族國家管理的需要，清廷還對邊疆民族地區制定了相應的法律法規，使封建國家的民族立法活動達到前所未有的发展阶段。其中，蒙古律例就是清代民族立法的代表作之一，在清代蒙古立法進程中起到承上啓下的作用。

清朝的立法可以分爲三種類型：一爲清廷的國家立法。入關後，在『參漢酌金』的立法指導思想下，順治二年（1645）設律例館，仿大明律集解附例進行修律，纂修大清律集解附例，後歷經康熙、雍正朝的不斷修訂，最終於乾隆五年（1740）修訂頒行大清律例，這一類法律屬於清朝的國家基本法。一爲朝廷授權部院制定的特別法。如各部院頒佈的衙門章程、部院則例，以及通過刑部和理藩院編修的蒙古律例、回疆則例、苗例、理藩院則例、西藏章程等針對性較强的民族法規。一爲清朝境内各民族固有法的合理繼承。如蒙古地區的喀爾喀吉如姆等地方性法規。同樣，清代蒙古地區的立法亦可分爲兩個步驟，一爲清廷對蒙古立法，即國家立法和部門立法；一爲蒙古各盟部旗自行制定的地方性法規，即蒙古地方立法。不難發現，清廷爲了適應多民族國家的統一需要，總結歷代經驗，制定了大量適用於民族地區的法律法規，數量和質量均達到了古代中國民族法制建設的最高峰。這些立法在維護國家法制統一的前提下，對少數民族地區的傳統習慣法給予足够的重視，而且足以證明清朝民族立法的發展和民族事務處理規則的進一步成熟。

清廷在總結歷代法制建設經驗的基礎上，進行了多種形式的立法。作爲統一多民族國家，清廷十分注重對全國範圍的法律調控。不僅制定了因地制宜、因俗而制的針對蒙古等少數民族的法規，而且在司法管轄方面，也深入到蒙古、西藏、回疆、苗疆等邊疆民族聚居地區。清代邊疆民族政策往往通過法律的形式予以確定。從入關前的努爾哈赤、皇太極時期針對陸陸續續歸附的蒙古各部立法到入關後經順治、康熙、雍正、乾隆、嘉慶、道光時期的蒙古立法以及司法實踐，制定和頒佈了行之有效的法律法規，進而民族事務管理趨於系統化、規範化和制度化。所以，清朝的蒙古立法是循序漸進的立法過程。從入關前零散制定法令到入關後的諸蒙古例的編纂、修訂和司法實踐中的熟練應用，足以説明，清朝統治集團對民族法制建設的重視。

一、清朝統一蒙古各部與統治政策

（一）清朝統一蒙古各部與外藩體制的形成

十六至十七世紀初，蒙古諸部以瀚海爲界，分爲三大部分：漠南蒙古、漠北蒙古和漠西蒙古。漠南蒙古部包括成吉思汗諸弟後裔所統轄的阿魯科爾沁、烏喇忒、茂明安、四子、翁牛特、喀喇車里克、阿巴噶、阿巴哈納爾、伊蘇特等部落；山陽嫩江流域居住着嫩科爾沁部；内喀爾喀五部；阿勒坦汗後裔西土默特部；處於察哈爾和土默特中間的是喀喇沁諸部；黄河河套一帶的鄂爾多斯部。漠北爲外喀爾喀部的游牧地，分三部：土謝圖汗部居中；車臣汗部居東；札薩克圖汗部居西，與厄魯特部爲鄰。漠西蒙古亦稱厄魯特蒙古，分爲四部：和碩特、准噶爾、杜爾伯特和土爾扈特，統稱四厄魯特或四衛拉特。

十七世紀初的蒙古社會依舊是諸部各自爲政，割據一方，漠南蒙古察哈爾林丹汗自稱『四十萬蒙古國之主巴圖魯青吉斯汗』，士馬强盛，一度稱霸漠南，控馭他部。而與漠南蒙古各部相鄰的女真诸部，則從東北地区弱小的部族逐漸發展壯大。努爾哈赤建立後金，通過軍事征伐、會盟、聯姻、賞賜、封爵等手段，對漠南蒙古各部軟硬兼施。先是與科爾沁部結盟，相約共同抗击林丹汗。後又利用蒙古諸部間的矛盾，逐步控制内喀爾喀五部，削弱察哈爾部林丹汗的勢力。皇太極即位後，在不到十年的時間，先後三次用兵察哈爾。天聰八年（1634）夏秋間，林丹汗在甘肅大草灘出痘病死，察哈爾部衆叛親離、分崩離析，部衆大多歸降後金。崇德元年（1636）四月，内蒙古十六部四十九名諾顔同後金滿漢臣僚聚會於盛京，共上尊號。科爾沁部巴達哩向皇太極呈上蒙古文表，稱『博格達徹辰汗』，即寛温仁聖皇帝。這表明上述十六部蒙古封建主已承認皇太極爲蒙古大汗正統的繼承者，承認其爲自己的共主。皇太極接受尊號，建國號『大清』，改元崇德，改族名爲『滿洲』。

在征服察哈爾部的基礎上，後金逐步完成對漠南蒙古部的控制，對歸附的蒙古各部，或重新設旗，或編爲牛录，或分隸八旗滿洲。同時，對蒙古的社會制度進行了重大改革。其一，對歸附各部，劃定牧地疆界，嚴禁互相兼並、争奪，規定有越疆界者，坐以侵犯之罪。其二，分定各部戸口，統計人口，進行比丁，加强對蒙古各部的人口管理。其三，廣泛編旗設佐。在編設蒙古八旗的同時，首次編立外藩蒙古三旗。在外藩蒙古中編旗設佐，參仿八旗制度，也考慮到蒙古社會的自身特點。此舉是對蒙古社會組織、社會制度、軍事制度、法律制度的一場大規模改造。崇德七年（1642），外藩蒙古增至二十七旗。其四，頒佈軍律，令各部嚴格遵守。其五，頒佈禁令，加强社會控制。其六，參照後金司法體例，頒佈法律，鞏固統治。[1]

後金在編旗設佐，頒佈法律的同時，加强對蒙古各部的管理。天聰九年（1635），前已設立專門處理蒙古事務的機構蒙古衙門改稱理藩院，其地位與吏、戶、禮、兵、刑、工六部相同。

後金對漠南蒙古的統一，在漠北蒙古中産生了積極影響。皇太極征服漠南蒙古後，隨即派使臣往漠北喀爾喀蒙古三大汗處議和。崇德元年（1636），車臣汗派遣衛徵喇嘛等到盛京叩見皇太極，進貢馬匹、弓箭。崇德三年（1638），土謝圖汗、車臣汗、札薩克圖汗遣使至盛京，清廷規定此後每年進『九白之貢』（貢白馬八匹，白駝一匹），雙方締結朝貢關系。而漠西蒙古諸部正在致力於調整内部關系。崇德五年（1640），漠北蒙古與漠西衛拉特蒙古各部首領在塔爾巴哈台舉行會盟，制定蒙古—衛拉特法典，主要内容爲協調兩部間的關系，加强對屬民的統治，共禦外敵。同時，以和碩特固始汗爲首的衛拉特蒙古部積極與皇太极取得聯繫，尋求支持和發展。

至崇德年間，除漠南蒙古已被納入清廷統治範圍外，漠北喀爾喀和漠西衛拉特蒙古诸部尚未與清廷建立

---

① 清太宗實録卷三一記載：『皇太极遣官察哈爾、喀爾喀、科爾沁等地查戶口，编牛录，會外藩，頒法律，禁奸盗。』崇德三年冬十月壬申朔丁亥。

統治與被統治的關系。但是清廷認爲，其統治疆域已被經擴展到漠北、漠西蒙古部，『自東北海（鄂霍次克海）濱，迄西北海（貝加爾湖）濱，其間使犬、使鹿之邦及産黑狐、産黑貂之地，不事耕種，漁獵爲生之俗，厄魯特部落，以至斡難河源，遠邇諸國，在在臣服，蒙古大元及朝鮮國悉入版圖。』[①]當時，清廷的主要政策是極力拉攏和聯絡北部喀爾喀蒙古與西北衛拉特蒙古，建立通使關系，以達到共同對抗明朝的目的。

康熙二十五年（1686），喀爾喀土謝圖汗部與札薩克圖汗部因争奪屬民而發生内訌。虽經四方（清廷、西藏達賴喇嘛、准噶爾、喀爾喀）代表參加的庫侖伯勒齊爾會盟進行調解，但雙方最終没有取得圓滿的結果。康熙二十七年（1688），准噶爾噶爾丹博碩克圖汗以爲札薩克圖汗報仇的名義進兵喀爾喀。在鄂羅會諾爾戰役中，土謝圖汗兵敗，部衆紛紛逃入内蒙古蘇尼特境内。清廷將他們安置在内蒙古北部邊境内外。土謝圖汗察琿多爾濟兵敗後，聯合其弟哲布尊丹巴呼圖克圖『吁請内附』。噶爾丹的進攻和喀爾喀部衆因戰亂内遷，爲清廷控制喀爾喀蒙古帶來了良好的機會。正當喀爾喀蒙古受到噶爾丹攻擊、求助於清廷時，康熙皇帝不失時機，立即給予援助，接納和安排了逃奔至内蒙古境内的喀爾喀蒙古各部。

①清太宗實録卷六一，崇德七年六月辛丑。

康熙三十年（1691）四月，康熙皇帝與内外蒙古封建主在多倫諾爾（今内蒙古自治區多倫縣）會盟。此次會盟将喀爾喀部正式納入清朝版圖，分旗劃界，頒定法律，明確了隸屬關系。清廷在喀爾喀蒙古實行内札薩克蒙古的設旗編佐制，在保留喀爾喀三部汗號的基礎上，去其原有的濟農、諾顏之名號，與内蒙古四十九旗一例編設盟旗。雍正三年（1725），清廷从土謝圖汗部分出善巴一支，别爲一部，稱『賽音諾顏部』，与土謝圖汗部、車臣汗部、札薩克圖汗部统稱喀爾喀四部。

崇德二年（1637），衛拉特蒙古和碩特部入駐青藏高原。同年，固始汗派遣部屬向清廷通貢；崇德七年（1642）固始汗和五世達賴喇嘛、四世班禪額爾德尼派遣使臣進貢；順治二年（1645），固始汗及其子貢馬。順治三年（1646），以固始汗爲首的衛拉特各部首領二十二人，聯名向清廷奉表朝貢，清廷對固始汗『賜甲胄弓矢，俾轄諸厄魯特』。崇德七年（1642），和碩特固始汗在拉薩建立和碩特汗廷。汗廷同西藏格魯派領袖和支持他們的藏族貴族緊密合作，具有政教並施、蒙藏聯合政權的特點。和碩特蒙古汗王貴族和他們所依靠的藏族官僚形成西藏世俗政權體系，和碩特貴族掌握政治、經濟、行政、軍事等諸方面的權力，達賴、班禪和三大寺上層喇嘛形成西藏宗教領袖集團，控制全藏寺院集團。在青海地區，和碩特汗廷是在青海游牧封地的基礎上，通過和碩特封建社會制度和行政管理體系來實現對青海地区的控馭。康熙六十一年（1722），固始汗之孫羅卜藏丹津聯合青海僧俗封建領主發動反清暴動。雍正元年（1723）十月，清廷命年羹堯爲撫遠大將軍，出兵青海。雍正二年（1724），塔爾寺、郭龍寺等處喇嘛爲支持羅卜臧丹津反清，發動暴亂，被清軍鎮壓。同年二月，清軍兵分三路圍剿羅卜臧丹津，和碩特軍大敗，羅卜臧丹津逃奔准噶爾。随后，清廷在青海頒佈了青海善後事宜十三條和禁約青海十二事的臨時法規。次年，在西寧設置辦事大臣，統掌青海的蒙藏事務。西寧辦事大臣管轄實行與内外札薩克蒙古同樣的盟旗制度，设二十九旗。雍正十一年（1733），清廷又對青海善後事宜十三條及禁約青海十二事作較大的修改，制定西寧青海番夷成例，以加强對青海地區的管轄。

清廷对西北准噶爾部的統一歷時近百年，時間最長，耗資最巨，用兵最多。經康熙、雍正至乾隆三朝，與噶爾丹、策妄阿拉布坦、噶爾丹策零三代准噶爾首领的角逐，直至乾隆二十四年（1759），清廷才平定准噶爾。至此，蒙古諸部全部被納入清廷管轄，清廷的統一戰争告一段落。

古代中國的中央政權將内地以外的邊疆民族以及外國稱爲外藩，構成了等級分明的政治體制，也是中原王朝與邊疆民族以及外國的一種政治關系。清代存在分層次的外藩體制，外藩可以劃分爲性質完全不同的内屬外藩和境外外藩兩類。清廷根據隸屬性質不同，將外藩分成兩類：第一層是蒙古、新疆、西藏等内屬外藩；第二層是浩罕、哈薩克、布魯特、廓爾喀、朝鮮、越南、琉球、緬甸、俄羅斯、荷蘭等境外外藩，是爲『不屬的外藩』。清廷統一各部之後，視蒙古、新疆、西藏爲内屬之地，這是與其他境外外藩本質上的區别。乾隆朝大清會典記載：『國初，蒙古北部喀爾喀三汗同時納貢。厥後朔漠蕩平，庇我宇下，與漢南諸部落等。承平以來，懷柔益遠，北逾瀚海，西絶羌荒。青海厄魯特、西藏、准噶爾之地咸入版圖。』[1]在這裏，『准噶爾之地』主要指的是新疆，包括回部。

對内屬外藩，清廷的控制程度又有差别。蒙古各部因歸順時間不同，分佈地區不同，效忠程度不同，清廷的政治態度也不同。清廷從地域分佈來稱蒙古各部，分别稱内蒙古、喀爾喀蒙古、西套蒙古、青海蒙古；從政治隸屬程度來講，把内蒙古歸爲内札薩克，喀爾喀蒙古、西套厄魯特蒙古、青海蒙古称爲外札薩克。[2]

内蒙古爲内札薩克，歸順最早，與清廷關系最親。外札薩克歸順清廷比較晚，政治關系次之。『外藩四十九旗，舉國輸服，奉王公等爵，設都統、驍騎校等官，照内管理，盡國家一體之仁』。漠南蒙古設官分職編戶比丁『與八旗無異』。内蒙古各部視同内八旗，爲『内藩』；外札薩克爲『外藩』。『外藩四十九旗，雖各異其名，視内八旗無異也。蒙古諸部，有喇嘛、厄魯特、喀爾喀，視四十九旗，又爲外矣』。理

---

① 乾隆朝大清會典·理藩院·典屬清吏司卷八十。

② 清朝通典卷三九職官十七·藩屬各官記載：『外藩蒙古自康熙三年以前來歸者，稱内札薩克；自康熙二十七年以後來歸者，稱外札薩克。設官隨同而分地各異。』

藩院『掌内外藩蒙古回部之政令，控馭撫綏，以固邦翰』[①]。其中，管理嚴格的内屬蒙古，包括察哈爾、歸化城土默特部、厄魯特、唐努烏梁海、阿勒泰烏梁海、阿勒泰諾爾烏梁海、達木蒙古等。内屬的各部受到的控制最嚴格，被剥奪了自治權，清廷編旗設都統、總管等，由駐防將軍、大臣管轄。

外藩體制内兩大層次的區分，從中可以看到清帝對國家、疆域、民族、外國的認識，這是對傳統華夷之辨、國家民族意識和治邊政策及綜合實力的反映。清代官方並没有嚴格區分朝貢與朝覲。在歷朝清實録、大清會典、理藩院則例中，朝覲與朝貢二詞經常混用。廓爾喀、朝鮮、琉球、越南等爲外國，維持『屏藩』地位。從制度管理角度講，清廷對蒙古、新疆、西藏實行的朝覲年班制度與對朝鮮、琉球、緬甸、浩罕、廓爾喀、俄羅斯、荷蘭等外國實施的朝貢制度有着明顯的區别。

清政府保持邊疆地區原住民族的格局，實行土司制度、盟旗制度、伯克制度等多種形式的政治制度，將民族地區的統治權委託給當地民族首領，通過他們的治理來貫徹統治階級的意志及『間接統治制度』，强調保持邊疆原住民族土地的完整性，原有民族分佈格局不變，保持原有的習俗、語言、文化和生活方

① 康熙朝大清會典卷一四四理藩院柔遠清吏司；雍正朝大清會典卷二二一理藩院；乾隆朝大清會典卷七十九理藩院旗籍清吏司。

式。其地方行政事務由本民族上层人士負責。清朝統治者嚴禁其他民族人口流入邊疆，他們認爲，如果允許大量内地人口流入，會引起邊疆民族的不安定，不利於邊疆地區的穩定。

在清代的外藩體制中，蒙古、西藏、回部等外藩事務的處理，不同於中國疆域之外的外藩，作爲國家的組成部分，對他們實行清朝的邊疆民族政策，進行有效的管轄。清朝統治者非常重視蒙古問題，制定了比較系統的行政管理制度和法律制度，對國家疆域的穩定和控制發揮了極大的作用。

（二）清廷對蒙古的政策及實施

十八世紀，清朝完成對邊疆民族地區的統一，奠定了國家疆域版圖。在清朝統一邊疆和鞏固多民族國家的過程中，蒙古族起到舉足輕重的作用。有關清代邊疆民族統治政策的研究，學界曾進行過廣泛而深入的討論。

政策是國家行爲主體在一定歷史時期爲實現某一特定的目標、任務而制定的行動準則。在不同的歷史時期，由於邊疆民族的格局不同，族際關系性質不同，政策制定者的利益集團不同，以及認識水準不同，會形成不同性質、不同種類、不同特徵的邊疆民族政策。從歷史上看，歷代統治者根據自身的利益和當時的形勢所制定的邊疆民族政策，又直接影響着彼朝彼代的興衰存亡，關系甚巨。中國封建社會的邊疆民族政策，自秦漢時期初具規模後，經隋、唐、元、明、清等强大統一王朝的充實、完善，形成完整體系，這在世界各國歷史中是頗具特色的。誠然，封建統治者的政策必然帶有階級壓迫和民族歧視的性質，但他們也在不同程度上努力穩定邊疆，團結各民族，以維繫自己的統治於不墜。尤其是清王朝，吸收前代的經驗，制定了較爲成功的邊疆民族政策，促進國家的統一。

清在建立政權、統一全國的過程中，始終將其最終目標的實現與同蒙古貴族的聯盟結合在一起。自努爾哈赤伊始，歷朝統治者積極鞏固和擴展與蒙古貴族的同盟關系，並將這一做法貫徹始終，爲歷代統治者所恪守。也就是説，滿蒙聯盟是清廷對蒙古政策的基礎。對於清廷來説，『天下太平，長治久安』，保持邊疆地區的穩定是其制定治邊政策的出發點。清朝邊疆民族政策始於蒙古事務，隨着清大一統王朝的形成，對蒙古政策成爲其治理邊疆民族政策的主要部分。

1.『分而治之』『衆建以分其勢』的統治政策

清廷對邊疆各民族實行『分而治之』『衆建以分其勢』政策，最初源於對蒙古問題的處理。蒙古高原各部落傳統的游牧生産方式，左右翼分封制度，社會組織中形成的兀魯思、鄂托克、愛馬克、阿寅勒組織形式，以及部落之間的『楚古勒罕』（盟會）制度，是蒙古社會各部落進行組合、聯絡，並形成强大游牧集团的基礎。但是，這些社會組織形式，也成爲削弱凝聚力的癥結。滿洲統治者借助於蒙古的社會傳統，放大和利用其制度中的弱點，努爾哈赤曾提出削弱蒙古力量以制服蒙古的對策。努爾哈赤説：『雲合則致雨，蒙古部合則成兵，其散猶如雲收而雨止也。俟其散之，吾當亟取之。』康熙皇帝説：『本朝不設邊防，以蒙古部落爲之屏藩』，『我朝施恩於喀爾喀，使之防備朔方，較長城更爲堅固』。同時，又針對蒙古人的弱點指出：『蒙古人欲各自爲札薩克，不相統屬。朕意伊等若各自管轄，愈善。昔太祖、太宗時，招徠蒙古，隨即分旗佐領，分爲札薩克，各自所統，是以至今安輯。』宗室昭槤在嘯亭雜録中總結清朝治蒙政策時説：『蒙古生性强悍，世爲中國之患。』魏源也認爲，清廷治理蒙古的基本思路是削弱蒙古的力量，『然蒙古衰弱，中國之利也』。直至康熙朝，清廷一直在探索治理蒙古各部的辦法，既要穩定雙方的聯盟關系，又要防止蒙古各部勢力坐大。清廷削弱蒙古部，即利用其游牧經濟的分散性和社會内部各不相統屬的特殊性，由『分而擊之』變爲『分而治之』。『分而治之』，就是要防止蒙古部聯合起來形成對清王朝統治的威脅。清廷在蒙古地區成功實施盟旗制度，既符合蒙古社會游牧經濟的特點，又『衆建以分其勢』，進而达到統治蒙古各部的目的。

2.『因俗而治』的民族政策

在漫長的歷史發展過程中，蒙古族形成具有游牧民族特色的畜牧業經濟和文化。蒙古族稱雄蒙古高原之前，匈奴人『隨水草畜牧而轉移……逐水草遷徙』。烏桓、鮮卑『隨水草而牧，居無常處』。柔然、突厥『隨水草畜牧』『隨逐水草遷徙，以畜牧射獵爲事』。自十三世紀至二十世紀初，蒙古社會基本保持著傳統游牧經濟的基本形態，游牧畜牧經濟依然成爲游牧制度賴以存在的基礎。蒙古部落在不同的歷史階段由不同的軍政合一組織及社會集團統治管轄，曾先後隸屬於十三至十四世紀的萬戶、千戶、百戶、十戶組織和封建割据时代的兀魯思、鄂托克、愛馬克等社會集團。古列延、阿寅勒、豁脱作爲蒙古游牧民經營畜牧業的組織形式和游牧方式，在游牧經濟的發展歷程中發揮了積極的作用。至清代，根據蒙古族游牧經濟文化習俗特點，制定適用於北部邊疆的民族政策，在不改變蒙古傳統游牧經濟生産方式的前提下，在政治、經濟、思想文化、風俗習慣等方面『從俗從宜』『各安其習』[1]。不改變生活方式、風俗習慣、衣冠制度的『因俗而治』，治理蒙古地區。

---

①（清）祁韻士纂：皇朝藩部要略（重刊本），浙江書局，光緒十年（1884）。

3.『興黄教，即所以安衆蒙古』的宗教政策

宗教是人類特有的意識形態，宗教信仰作爲一種精神風俗，與人類的各方面有着千絲萬縷的聯繫。在清代，宗教問題往往和民族問題、邊疆問題、社會問題交織在一起，政府在邊疆地區施政不能不考慮宗教因素。青藏高原、大漠南北和天山北麓的蒙藏民族大多信奉藏传佛教，藏傳佛教有着巨大的影響和社會勢力，有着强烈的民族性和地域文化特點。在清朝統治者看來，要實現全國的安定，就必須保持蒙古地區的安定，要確保蒙古地區的安定，就必須利用藏傳佛教。對於北部邊疆民族與宗教信仰的關系，則充分發揮了滿族與北方民族『近宗同源』的優勢，努力塑造爲藏传佛教最高保護者的形象，確立扶持格魯派『從俗從宜，各安其習』和『恩威並用，剿撫兼施』的宗教方針，以强化邊疆民族的向心力。所以，清朝皇帝一直重視利用藏傳佛教對蒙古的支配作用。康熙皇帝曾説過：『佛教之興，其來已久，使人遷善去惡，陰翊德化，不可忽也。』雍正皇帝也説：『因思古今之有佛教，特以勸善懲惡、濟世覺民爲本。黄教之傳，所以推廣佛經之旨也……廣佈黄教，宣講經典，使番夷僧俗崇法慕義，億萬斯年，永躋仁壽之域，則以佐助王化，實有裨益。』乾隆皇帝在御制喇嘛説中曾這樣分析藏傳佛教與蒙藏民族的關系：『蓋中外黄教，總司以此二人（指達賴喇嘛、班禪額爾德尼）。各部蒙古，一心歸之。興黄教，即所以安衆蒙古，所繫非小，故不可不保護之，而非若元朝之曲庇諂敬番僧也。』

達賴喇嘛、班禪額爾德尼在蒙藏僧俗人民心目中威望甚高，具有極大的號召力。乾隆皇帝曾經説過：『敬一人而千萬人悦。』清前期，統治者對於達賴、班禪傾心歸向於清廷極爲重視，從禮制上給予達賴和班禪逾於常格的優禮。順治九年（1652），清政府册封達賴五世爲『西天大善自在佛所領天下釋教普通瓦赤喇怛喇達賴喇嘛』；康熙五十二年（1713），册封班禪五世羅桑益喜爲『班禪額爾德尼』，給予達賴、班禪極崇高的地位，從此確立了歷代達賴喇嘛、班禪額爾德尼必須經過清朝中央政府册封的制度。康熙三十二年（1693），清廷册封哲布尊丹巴呼圖克圖爲『大喇嘛』，掌漠北喀爾喀蒙古藏傳佛教事務。康熙五十年（1711），册封章嘉呼圖克圖爲『大國師』，總領内蒙古藏傳佛教事務。這樣，蒙藏地區藏傳佛教分爲四大部分，達賴喇嘛主前藏，班禪主後藏，哲布尊丹巴呼圖克圖主喀爾喀蒙古，章嘉呼圖克圖主内蒙古，四大活佛既有崇高的地位，又各有領地，互不統屬，形成藏傳佛教大喇嘛分主教權的格局。清政府支持藏傳佛教發展的重要形式之一，就是鼓勵或者資助修建寺廟。因爲，藏傳佛教寺廟數量的多少是藏傳佛教興衰的標誌，寺廟越多，則藏傳佛教流傳愈廣，信教者愈多，清政府利用藏傳佛教來控制蒙藏地區社會的目的便越容易實現。清政府封授藏傳佛教上層人物各種職銜、名號，使其享有崇高的社會地位，以争取這些上層人物的誠心歸附。清制，凡清政府所封授的呼圖克圖、諾們汗、班第達、堪布、綽爾濟等均系職銜，而國師、禪師則屬名號。受封職銜者可以兼授名號，但不可同時兼授職銜或名號，入理藩院檔册，可轉世。此外，清政府還制定了喇嘛的等級，分爲掌印札薩克達喇嘛、副掌印札薩克達喇嘛、札薩克喇嘛、達喇嘛、副達喇嘛、蘇拉喇嘛、德木齊、格斯貴、格隆、班第等。清政府優禮藏傳佛教上層領袖，支持藏傳佛教的發展，賦予藏傳佛教寺院集團種種特權，加强對藏傳佛教的管理，創立金瓶掣籤轉世制度。

4．籠絡蒙古上層人士的滿蒙貴族聯盟政策

清朝對蒙古族上層人士一方面『衆建而分其勢』，分化和削弱邊疆民族各部上層人士的權勢；另一方面，實施『恩威並濟』的政策拉攏和撫綏上層人物。清廷均保留和承認蒙古貴族原來統治本民族本地區的特權，給以優厚俸祿，加封爵位，這樣既分化和削弱了蒙古族上層的權力，又維護了清廷的統治。封蒙古貴族爲親王、郡王、貝勒、貝子、鎮國公、輔國公等爵位，與科爾沁等部上層人士家族進行聯姻，進行備指額駙、朝覲、年班、圍班制度。

（三）清朝對蒙古地區的管理措施

1．設立邊疆民族事務管理機構

理藩院是清廷管理邊疆民族事務的行政機構。入關前，在原來六部所設蒙古承政的基礎上，特别設立了專管蒙古地區事務的蒙古衙門。崇德三年（1638）六月庚申，更定蒙古衙門爲理藩院，擴大機構，增加人員。理藩院的職責是『掌蒙古及番部封授、朝覲、貢獻、黜陟、徵發之政，控馭撫綏，以固邦翰』。[①]理藩院設有管理院務大臣、尚書、侍郎、額外侍郎等若干職司，下設旗籍[②]、王會[③]、典屬[④]、柔遠[⑤]、徠遠[⑥]、理刑[⑦]六個清吏司。理藩院的組織機構由中樞機構、直屬機構、附屬機構、派出機構等組成。六司管

---

① 清朝文獻通考卷八二。

② 旗籍清吏司承辦漠南蒙古六盟，歸化城土默特左右翼二旗，黑龍江打牲、索倫部，呼倫貝爾等處官員的升降、襲替、田産、比丁、過繼、承嗣、家譜、奉贈、賜恤、致祭、議叙、議處等事務；查核各旗公倉米石；查驗軍器、煤窯；辦理有關邊疆地區驛站兵丁俸餉、頒發驛站官員時憲書等事務。

③ 王會清吏司承辦漠南蒙古六盟王公等年班、俸禄、朝貢，頒發時憲書和每年更换内外館監督等事務。

④ 典屬清吏司承辦漠北喀爾喀蒙古、漠西蒙古土爾扈特、杜爾伯特，西藏、青海等處王公的升降、襲替、田産、比丁、過繼、承嗣、家譜、奉贈、賜恤、致祭、議叙、議處、賑濟事務；辦理與俄羅斯往來事務；辦理商民信票事務；處理北部、西北部駐扎司員、筆帖式的任職和差旅盤費；在京喇嘛考列等第、升遷、調補、札付、度牒、路引，奏請寺廟名號，各寺廟工程等事務。

⑤ 柔遠清吏司承辦漠北喀爾喀蒙古、漠西蒙古土爾扈特、杜爾伯特王公，以及呼圖克圖喇嘛的年班、進貢、俸禄；各寺廟喇嘛錢糧等事務；頒發漠北喀爾喀蒙古諸部時憲書等。

⑥ 徠遠清吏司承辦駐京回部王公、台吉家譜；哈密、吐魯番回部王公、台吉的俸禄；回疆各城賦役、官税；頒發回疆各城時憲書；浩罕、哈薩克等朝貢事務；四川土司頭人的朝覲事務。另外，處理新疆沿邊的哈薩克、布魯特、浩罕、安集延、愛烏罕、瑪爾噶朗、納木幹、塔什罕巴達克山、博羅爾等部事務。

⑦ 理刑清吏司承辦邊疆地區的刑罰事務。

理地區有别，職責明確。理藩院直接管理盟旗，對盟旗的行政建置、盟旗官員任免、朝覲以及立法、司法方面擁有全權。

理藩院直屬機構也就是負責行政事務的部門，有司務廳、滿檔房、漢檔房、蒙古翻譯房、當月處、督催處、銀庫、飯銀處等。附屬機構包括唐古特學、稽察内館和外館、木蘭圍場、俄羅斯館、托忒學、蒙古官學、喇嘛印務處、則例館，各職多由滿洲、蒙古人擔任。派出機構包括烏蘭哈達、三座塔、八溝理事司員，察哈爾游牧處理事員外郎，張家口、喜峰口、獨石口、殺虎口、古北口管站司員，神木、寧夏理事司員，熱河都統衙門理事司官，張家口隨同將軍大臣辦事筆帖式，賽爾烏蘇管站司員、筆帖式，恰克圖、庫倫管理買賣事務司員，管理印房事務司員、筆帖式，西藏、西寧隨印司員、筆帖式，科布多、烏里雅蘇台兵差司員，四川、陝西總督衙門蒙古筆帖式等。

十八世紀，理藩院在清朝中央各機關中取得了與六部平等的地位。乾隆皇帝曾説：『吏、户、刑三部及理藩院均屬緊要。』①有關邊疆地區的重要事務，都要由理藩院參與辦理。理藩院直接聽命於清朝皇帝，唯皇帝的意志辦事。理藩院大臣的升降賞罰、榮辱安危，也全然取決於皇帝。在中央，理藩院有尚書、侍

① 清高宗實録卷三三二，乾隆十四年正月己未。

郎和各司屬機構官員，在邊疆民族地區派有專駐官員，從中央到地方，形成一套比較嚴密完整的體系。

2. 設立管理邊疆事務的軍政機構

清廷在邊疆地區設置多種類型的機構，統轄該地區的軍政事務。漠北喀爾喀蒙古、漠南内蒙古、漠西准噶爾等蒙古地區根據不同情况，設置不同军政建置。喀爾喀蒙古設烏里雅蘇台將軍、科布多參贊大臣和庫倫辦事大臣。烏里雅蘇台將軍又稱定邊左副將軍，是清廷在喀爾喀蒙古地區設立的最高軍政建置。科布多參贊大臣管理科布多地區的旗務、年班、圍班、游牧、屯田、卡倫、軍台、商務等。哲布尊丹巴呼圖克圖駐庫倫，清廷設庫倫辦事大臣統轄。庫倫辦事大臣駐扎在庫倫城内，其職掌主要爲辦理有關中俄交涉事務及車臣汗部、土謝圖汗部、哲布尊丹巴呼圖克圖管轄地的命盜案件。

内蒙古設綏遠城將軍、察哈爾都統和熱河都統。綏遠城將軍在軍事上的管轄區域有歸化城土默特二旗、烏蘭察布盟和伊克昭盟。察哈爾都統管轄範圍有察哈爾八旗所屬官兵、錫林郭勒盟軍務，以及察哈爾的四牧群。熱河都統統轄熱河各處的駐防官兵及卓索圖和昭烏達二盟軍務，熱河所屬各驛站，木蘭圍場，八溝、塔子溝、三座塔、烏蘭哈達理事司員等。哲里木盟諸旗受黑龍江將軍、吉林將軍節制。在新疆設置了伊犁將軍，青海設置了西寧辦事大臣。

3. 建立與游牧社會相適應的盟旗制度

清朝在蒙古地區實行盟旗制度。這是推行『衆建以分其勢』政策的具體表現。盟旗制度是在蒙古原有的鄂托克、愛馬克社會組織基礎上，參照八旗制度，在蒙古地區建立的一種軍政制度。若干旗會盟於一處，召集人稱爲『盟長』。盟長在參加會盟的各旗札薩克中選任。初期，盟長的權力有限，一般只是協助理藩院或軍府長官處理有關軍政事務。後來盟長權力增大，盟由單純的軍事意義上的會盟轉變爲集軍政於一體的行政建置。在内蒙古、喀爾喀、衛拉特蒙古各部及青海和碩特、阿拉善、索倫和巴爾虎等處推行盟旗制度。

旗，是基本軍事、行政單位，同時也是清朝皇帝賜給旗内各級蒙古封建主的世襲領地，是通過編制佐領、安置屬民、分給牧地、劃定旗界、任命札薩克形成的。札薩克由清廷任命，以蒙古王公、台吉中忠順有功者爲之。札薩克管轄旗内的屬民和土地，儼然是『君國子民』，職位世襲。札薩克的職責是按照清廷所授予的許可權，負責處理旗内行政、司法、賦税、徭役、牧場，以及旗内官吏的任免等事務。旗也是基本軍事單位。旗内男丁，除喇嘛與廟丁、隨丁外，十八歲以上、六十歲以下者，一律編入丁册，都有服兵役的義務。札薩克爲全旗的最高軍事長官，旗内的箭丁，無論是誰的阿勒巴圖，都歸札薩克統轄。札薩克下設協理台吉、梅勒章京、甲喇章京、牛录章京、拨什庫、十家長等。旗由若干個佐（牛录、蘇木）構成。佐，是旗以下的行政、軍事單位。佐下设戶，每十戶設『十長』一人。清廷將札薩克旗分爲内札薩克和外札薩克。内蒙古四十九旗稱内札薩克，内札薩克擁有統率兵丁之權。喀爾喀蒙古八十六旗、漠西衛拉特蒙古三十四旗、青海蒙古二十九旗與阿拉善、額濟納旗爲外札薩克旗，無兵權，受當地將軍、大臣及參贊大臣節制。旗有札薩克旗、總管旗、喇嘛旗之别。

4．確立卡倫、台站等邊防管理制度

在清朝的軍事機構中，卡倫有着重要的作用，『更番候望之所曰台，國語謂之喀倫，俗稱卡路，古區脱遺制』，[①]『邊界戍守之所』。[②] 蒙古三大部位於西北、北、東北部邊疆地帶，確立卡倫巡邊制度，建立四通八達的台站和驛站，體現了國家對領土主權的有效管轄。從努爾哈赤建立卡倫之日起，卡倫就作爲軍事機構，擔負起扼守要道、守衛邊疆、傳遞情報信息、協助大部隊作戰等職能。清入主中原後，將卡倫的設立位置從軍前轉至要隘處。設立卡倫，一是捍衛邊疆，二是宣威異域：『古者方軌所及，遐邇相維，傳

---

①（清）西清撰，梁信義、周誠望注释：黑龍江外記，黑龍江人民出版社，一九八四年。

②（清）徐松撰：西域水道記，文海出版社，一九六八年。

命則有置郵，戍守則有亭燧。然或限於列服四裔之遠，規制缺如也。我朝德威遐佈……而於其岩疆要隘設卡倫，以資捍衛。』[①]

蒙古地處北疆，地形地貌複雜，交通不便，設立台站具有重要的國防和軍事意義。台站，是軍台和驛站的合稱，既是交通站，又是兵站，擔負『宣傳命令，通達文移』[②]的使命。清廷在漠南蒙古和漠北蒙古各設五路驛站管理系統，在漠西蒙古設三路驛站管理系統，這些管理系統在國家邊防管理中發揮著至關重要的作用。蒙古台站的基本職能是負責蒙古地區的軍事通信和物資轉運，有官設台站和蘇木台站兩種，官設台站由國家直接設置，負責官兵餉需及驛遞車馬。蘇木台站則由各盟旗以佐領爲單位安設台站。其規模不一，有正站（正台）和腰站（腰台）之別，正站爲大站，腰站爲小站。

二、清朝對蒙古的立法進程

清入關前在外藩蒙古劃分牧地，編立旗分、牛录，頒布各種法律，在實踐中形成一些制度，基本上調

① 欽定皇輿西域圖志第五〇〇册史部二五八地理類，臺灣商務印書館，一九八六年。
② 清朝通典卷二六。

整外藩蒙古各部的社會組織，使後金政治重心所在的遼東地區與廣闊的蒙古藩屬有了大體一致的軍令和政令，將後金的政治制度和法律制度推廣到漠南蒙古。在外藩蒙古的形成過程中，以皇太極爲首的統治者制定了適用外藩蒙古的一系列法律，這些法律有力地維護後金政權與蒙古外藩的聯繫，確立相互之間的權利義務關系，制止漠南蒙古諸部之間的戰亂紛争，促進蒙古的法制建設，不僅對於正在形成的統一政權起了積極作用，而且爲入關以後清王朝制定邊疆民族的有關法律，提供了有益的借鑒。

蒙古律例爲清廷對蒙古地区頒佈實施的一部國家立法意義上的成文法。該法律適用於清廷所轄八旗蒙古、衆牧場以及外藩蒙古地區。崇德八年（1643）初步頒行，並實施於整個清代，在中國法制史上具有重要的地位。清廷根據蒙古地區政治和社會形勢的變化，相應地對蒙古律例做過多次修改和增損。在此過程中，蒙古律例的題名、規模屢有變化，並在滿、蒙古、漢文中的稱謂也不盡相同。崇德及康熙年間的蒙古律書只有蒙古文本，乾隆六年（1741）開始有了滿文本，乾隆三十一年（1766）開始出現漢文刻本，並定名爲蒙古律例。直至清亡，滿、蒙古、漢文題名仍舊保留。在文獻檔案中則常以蒙古例或蒙古律、蒙古則例表述。

（一）天聰、崇德年間對蒙古的立法

後金對蒙古部的立法，要追溯到努爾哈赤天命年間。努爾哈赤建國後，『以賞示信，以罰示威』[1]，

設置理政聽訟五大臣和『札爾固齊』。札爾固齊，漢譯『斷事官』，相當於古代蒙古司法官吏『札魯忽赤』，主刑獄。建國之初，努爾哈赤規定了公議之制，即斷事官公議制度。據大清太祖高皇帝聖訓卷四記載：『天命元年丙辰七月己巳，上諭議政大臣五人曰：凡事不可一人獨斷，如一人獨斷，必致生亂。國人有事，當訴於公所，毋得訴於諸臣之家，其有私訴者，曾付以鞭索，俾執而責罪之。』次年，又進一步規定公議時不得意氣用事。又據大清太祖高皇帝聖訓卷三記載：『蓋生殺之際，不可不慎，必平心和氣，詳審所犯始末，方能得情。倘聽斷之官，争執事理，而一人先怒，不可因彼之怒而亦怒之。若以先怒者爲非，效彼而怒者，亦豈爲是耶？有能不與同怒而容受之，則能容受者，固已獨善矣。倘先怒者，自知其非，轉而引咎，則亦同歸於善矣。』入關前，斷事貝勒大臣制度並不是個别的臨時性措施，而是一種嚴謹的司法制度。札爾固齊斷案必須公平公正，有十札爾固齊公議斷事。札爾固齊負責司法事務，强調建立法令法規，明確其治理國家的法律思想，即『若謂爲國之道，何以爲堅，則事貴乎誠，法令貴乎嚴密完備。毁棄良謀，輕慢所定之嚴格法令者，乃無益於政，國之鬼祟也』。[①] 對於不斷歸附的蒙古部衆，提出：

① 滿文老檔太祖卷三，癸丑年十二月。

『若殺人，就定罪；若奪財，就賠償。如果那樣，纔能杜絶罪犯之道。』[①]但是，天命年間滿蒙關系尚處於肇始階段，雙方實力相當，雖有周鄰部分蒙古部衆歸附後金，但雙方大體處於平等地位。而且歸附的蒙古部衆並不穩定，時叛時降，雙方亦時戰時和，努爾哈赤雖屢次頒佈敕令，但仍然難以達到完全控制來歸蒙古部的目的。

皇太極繼位後，以『察哈爾不道』，加大對蒙古各部分化瓦解的力度。科爾沁、内喀爾喀五部與察哈爾部連年征戰，漠南蒙古部分崩離析，陸續歸附，接受天聰汗統治，雙方逐步演化爲君臨與臣屬關系。皇太極繼承努爾哈赤『以賞示信，以罰示威』的法律思想，重視法制建設，提出肇建基業，『保邦致治之計』在於『國家立法，不遺貴戚』，『朕爲君長，法紀所自出』[②]，要率先垂範，遵法行事。同時，積極致力於統一法權。對於外藩蒙古，皇太極敕令不絶於書：天聰三年（1629）正月，敕諭科爾沁、内喀爾喀五部等部落『令悉遵我朝制度』[③]。同年三月，於蒙古各部落『申定軍令』[④]。天聰五年（1631）四月，『頒

① 滿文老檔太祖卷五三，天命八年五月三十日。
② 清太宗實録卷四六，崇德四年五月辛巳。
③ 清太宗實録卷四，天聰三年正月辛未。
④ 清太宗實録卷五，天聰三年三月戊午。

給敕諭，示以行軍弭盗律令』[①]。同年八月，『悉遵軍令毋違』。天聰六年（1632）十月，『申明約法』。天聰七年（1633）八月，『頒欽定法律』[②]。同年十月，於『外藩蒙古諸國宣佈欽定法律』[③]。崇德元年（1636）四月，『宣諭聖汗律令書於外藩十五城』[④]。

崇德八年（1643），理藩院整理清太宗時期（1627—1643）對蒙古部頒佈的各項法令，編訂蒙古律書。該律書的漢文名稱始見於大清聖祖仁皇帝實録。康熙六年（1667）九月癸卯記載：『理藩院題，崇德八年頒給蒙古律書與順治十四年定例，增減不一，應行文外藩王、貝勒等，將從前所頒律書撤回，增入見在增減條例頒發。』可見，在崇德八年（1643）頒佈蒙古律書後，順治十四年（1657）增修一款定例，但上述法律文件迄今尚未发現。

關於後金時期對蒙古各部實施的立法文件，清代檔案文獻中一般概稱律令、定例、敕令、條例等，蒙

---

① 清太宗實録卷九，天聰四年四月丙戌。

② 清太宗實録卷十七，天聰八年正月庚寅。

③ 中國第一歷史檔案館、中國社會科學院歷史研究室譯註：滿文老檔（下），崇德元年十月十六日，第一六二七頁，中華書局，一九九〇年。

④ 中國第一歷史檔案館、中國社會科學院歷史研究室譯註：滿文老檔（下），崇德元年十月十六日，第一四四七頁，中華書局，一九九〇年。

古語均稱爲『čayajin-u bičig』，漢譯爲『法令』。清史稿・刑法志在總結天聰七年（1633）在蒙古地區頒定的法令時，稱之爲『盛京定例』。[①]

李保文歸納清代蒙古律例題名：『該律流傳至今的名稱有大札撒、康熙六年增訂舊札撒書、理藩院律書、蒙古律例、蒙古律、蒙古律書、外律、外國律、理藩院律例、蒙古例、則例、蒙古條例等十二個之多。』[②]至於康熙六年（1667）蒙古律書題名之前採用哪一種題名，學術界説法不一，多以盛京定例或蒙古律、蒙古例題名。

天聰、崇德年間針對蒙古部頒發的法令、制度，多以『律令』『定例』『敕令』的形式予以頒佈，是在對明朝、察哈爾部的戰爭和收服蒙古各部的過程中逐漸累積形成的。初期，法令的頒佈是零散的，根據形勢的不斷變化，陸續增補、制訂新條例，删去舊例中不適用的内容，以各種形式頒佈於蒙古各部。關於蒙古例修訂的過程，史載：『外藩蒙古皆令遵内定法例……太宗皇帝初定例時，因彼不能遵行，遂行停

① 清史稿卷一四・二志一一七・刑法一記載：『清太祖嗣服之初，始定國政，禁悖亂，戢盜賊，法制以立。太宗繼武，於天聰七年，遣國舅阿什達爾漢等往外藩蒙古諸國宣佈欽定法令，時所謂「盛京定例」是也。嗣復陸續著有治罪條文，然皆因時立制，不盡垂諸久遠。』查清太宗實録等相關文獻，以『盛京定例』命名的對蒙古部律令只有此一處，對此國内外學術界多有争論。

② 李保文：清朝蒙古律的題名及其歷史作用，故宫學刊（第三辑），紫禁城出版社，二〇〇六年。

止』[1]隨着後金勢力的擴張，滿蒙聯盟的作用和地位日漸突出。設立蒙古衙門，又改設理藩院，『定例』遂成爲清廷治理蒙古各部的正式法律依據。『定例』主要包括行軍作戰中的軍令，治理部落、會審案件的法令，禮儀活動的條例，改革蒙古各部社會組織結構關系的盟旗制度，劃分各旗游牧地疆界條例，戶籍人口制度，喇嘛教條例等。

也就是説，清入關前，治理蒙古地區多以『例』和『令』的形式頒佈法令，『盛京定例』和『蒙古例』的題名更符合蒙古律例形成的過程，本文採納『蒙古例』的説法。『蒙古例』中的法令，主要有以下幾個部分：

1．頒佈法令，首重軍令

後金對蒙古各部頒佈法令，首重軍令。因統一軍事行動，聯合攻打明朝，是拉攏蒙古諸部的主要目標，而擊敗察哈爾部林丹汗，分化瓦解蒙古各部，是重要的戰略步驟。從天聰二年（1628）至崇德三年

① 清世祖實録卷一三七，順治十七年六月壬子。

（1638），皇太極先後頒佈若干軍令法規，對已歸降的蒙古各部制定相關的法律條款①。

據清太宗實録天聰二年（1628）九月記載，皇太極征察哈爾部林丹汗，與蒙古科爾沁、喀喇沁、敖漢、奈曼、扎魯特部會軍後，九月二十日襲擊了察哈爾部，並追趕林丹汗至大興安嶺。同年十月八日，召集巴林等蒙古各部諸顔告書曰：『汝若入我滿洲國法，必按我國所定罪行受罰。若不入我法，往後征戰及狩獵，則另尋他處。』皇太極還對此次出征中，違反軍令的達敏等蒙古人進行了處罰。皇太極命敖漢、奈曼、巴林、扎魯特等部首領：『聞各處來降者，爾等每要殺之……今後來降之人，若貝勒明知而殺者，罰民十戶；貝勒不知而小民妄行劫殺者，罰民十戶，抵死，妻子爲奴……』②

天聰三年（1629）正月，『上頒敕諭於科爾沁、敖漢、奈曼、喀爾喀、喀喇沁五部落，令悉遵我朝制

---

① ［日］楠木賢道在天聰年間愛新國對蒙古諸部的法律支配進程一文中，挖掘滿、蒙古、漢文史料，在比較清太宗實録、滿文老檔、舊滿洲檔等文獻的基礎上，对天聰年間後金對歸附蒙古部落頒佈的法令、政令諸文本進行訂正，並根據島田正郎的研究，從『支配』的角度，以後金對蒙古諸部進行支配過程中的會盟和所頒佈的法律爲中心，對皇太極即位前如何完成對歸順蒙古諸部的支配，如何確立編立札薩克旗的前提條件，又如何擁有了必要的軍事力量等問題進行分析，從而探討後金政權支配以科爾沁部爲首的漢南蒙古的具體過程。［日］社會文化史學會：社會文化史學（第四十號），第二十一至三十九頁。包國慶譯：天聰年間愛新國對蒙古諸部的法律支配進程，蒙古史研究（第七輯），内蒙古大學出版社，二〇〇三年，第三〇七至三一九頁。

② 清太宗實録卷四，天聰二年十月丙申。

度』[1]。同年三月二日，遣國舅阿什達爾漢同尼堪等齎敕諭歸順蒙古各部落諸貝勒，申定軍令。敕曰：『我兵若征察哈爾，凡管旗固山事務諸貝勒，年七十歲以下，十三歲以上，俱從征，違者罰馬百匹、駝十隻。遲三日不至約會之地者，罰馬十匹。我兵入（察哈爾境内），以至出，有不至者，罰馬百匹、駝十隻。若往征明國，每旗大貝勒各一員、台吉各二員，以精兵百人從征，違者大固山罰馬千匹、駝百隻。遲三日不至約會之地者，罰馬十匹。我兵入，以至出，有不至者，罰馬千匹、駝百隻。於相約地方先行搶掠者，罰馬百匹、駝十隻。』[2]

天聰三年（1629）九月二十二日，皇太極爲征伐明朝，又從漢南蒙古諸部徵兵，要求會師。於是，喀喇沁（本次出征擔任嚮導）、扎魯特、奈曼、敖漢、巴林、科爾沁各部紛紛前來會師，皇太極對全體後金軍隊發佈了軍規，規定：蒙天眷祐（伐明），倘遇敵則殺之。凡遇降民，豬、雞等者不可犯。不可分散俘虜父子、夫妻。不可剥衣物。不可毀壞房屋及廟。不可毀壞一切用具。不可伐果樹。違此命，殺來降者，綁架婦女者處死。毀壞房屋、廟，砍伐果樹，剥奪衣物，逃離纛而掠奪者，鞭打處死。不可食用和飲用漢

---

① 清太宗實録卷四，天聰三年正月辛未。

② 清太宗實録卷五，天聰三年三月丁巳。該敕文載於李保文編輯十七世紀蒙古文文書檔案（1600—1650）第四十七至四十九頁。李保文認爲，這份文書是該敕文的蒙古文原文。

人所煮穀物、燒酒及黄酒。山海關之内多有（毒）藥。①

天聰五年（1631）四月癸亥，欽定『功臣襲職例』：『凡他國諸貝勒舉國來歸，有當本國無事時，傾心向化而來歸者，或陣亡，或病故，其功［均/皆同］②，子孫世襲罔替。有身迫禍患，不得已而來歸者，陣亡，准襲五次，病故，准襲三次。［凡我將士每臨陣率先功多/若每戰身先有功］及一二次［率/首］先攻克城池［功大/有功］者，或陣亡，或病故，各照原官，世襲罔替。仍察其［平時/舊日］有無罪過，另行酌［定/奪］。有告發［叛逆/反叛］及亂國大罪者，量授官職，准襲六次。［凡/又］自他國孑身來歸（之人），當本國無事時（至）者，陣亡，准襲四次；病故，准襲二次。有在本國身迫禍患，不得已而孑身來歸者，陣亡，准襲二次；病故，准襲一次。至於無職之人，有值我兵危急時，或當先戰死，或首先登城死者，量授官職，准襲二次。有擒獲奸細授職者，陣亡，准襲一次；病故，不准襲。』③上述『功臣襲職

① ［日］楠木賢道著，包國慶譯：天聰年間愛新國對蒙古諸部的法律支配進程，蒙古史研究（第七輯），内蒙古大學出版社，二〇〇三年，第三二頁至三一二頁。

② 本文引用不同版本清實録，對原本的不同寫法，以［］區別。

③ 齊木德道爾吉編：清朝太祖太宗世祖朝實録蒙古史史料抄·太宗朝卷九，第一七九至一八〇頁，内蒙古大學出版社，二〇〇一年。

例』是皇太極向科爾沁等蒙古諸部頒佈的一項正規的法令。金國與蒙古聯軍攻打明廣寧前，滿蒙雙方軍隊會軍大凌河時，皇太極在癸卯日向蒙古諸貝勒頒佈一項軍令：『［朕/但我等］荷承天眷，［爾諸國遵約會師，師出以律，不宜有異/合爲一國，則法不當有異］。［今此次伐明/今我兵伐明］，倘蒙天［佑/佑］，得入其地，惟［拒/迎］敵者［則戮之/誅之］，［慎無/不得］擅殺良民，俘獲之人，不得離其父子、夫婦，［不得掠/不取］其衣服，違者奪其所獲，仍依定例鞭責。管兵將領各於所屬詳明曉諭，士卒不得擅離部伍，恣行搜掠，（況今春約定舉兵，此兵所向不可無紀）其悉遵軍令毋違。』①

天聰八年（1634），蒙古諸部落貝勒聯合後金攻打林丹汗，各率所部兵來西喇兀蘇河之南山平岡會皇太極。皇太極頒『軍律』於蒙古諸貝勒及都元帥孔有德，總兵官耿仲明、尚可喜［等/軍律］曰：『師行動衆，約束宜嚴，不可不明示法律，以肅衆志。大軍按隊安驅，（行兵之時）［毋許/不可］喧嘩，勿毀廟宇，勿殺行人，敵兵抗拒者，殺之，歸順者，養之。所俘之人，勿奪其衣服，離旗纛。若馱載有一二欵斜，全旗暫止，以俟整頓，然後前行。大［軍/兵］入境，如一二人私出劫掠，爲敵人所殺者，妻子入

① 齊木德道爾吉編：清朝太祖太宗世祖朝實録蒙古史史料抄·太宗朝卷九，第一八一頁，内蒙古大學出版社，二〇〇一年。

官，該管將領坐罪。經過之處，勿離其夫婦，即不堪［驅使/爲俘］之人，亦不許奪其衣服，勿加侵害，勿淫婦女。其俘獲之人，勿令看守馬匹（主）。至往取糧草時，若一二人擅往被殺（者），［照/與］離衆私掠者［治/同］罪。勿餐熟食，勿飲酒。（所以飲食者）曩我兵往征時，敵人見軍士［隨處沽買食物/亂食］，［令/令］多置毒於中，不可不慎也。（故耳）若有違令者，［正法/治罪］。』①

皇太極軍隊在追趕林丹汗的途中，對戰利品的分配和處理方面做如下規定：『大軍遠征（至此），念爾等行間勞苦，凡所獲［牲畜及布匹、衣服等物/諸物］，聽爾等（自）取之。（所謂聽爾自取者，惟馬、騾、牛、驢、羊及青藍布、衣服等物，任意取之）。每牛録［會/合］同均［給/分］，至於［金、珠、緞匹珍貴之物/金銀、東珠、珍珠、蟒緞、閃緞及堪用緞匹、緞衣］，［宜/俱］獻之各貝勒，勿得擅取。』② 金國對歸附的蒙古諸部採取鼓勵獎賞措施的同時，對不按時到達約會地點和違犯法令者，予以制裁，如『戊寅，遣國舅阿什達爾漢、［巴克什希福/希福榜什］諭蒙古諸貝勒曰：科爾沁國額爾濟格貝勒之子噶爾珠塞特爾、海賴、布顔代、塞布壘、白谷壘等，凡遇興師，既不隨行，又違法令，於出兵後，侵無主之國，掠

---

①② 齊木德道爾吉編：清朝太祖太宗世祖朝實録蒙古史史料抄・太宗朝卷一九，第二七八頁、第二八二頁，內蒙古大學出版社，二〇〇一年。

其牲畜。〔朕以其爲歸順之國，不念其惡/朕不念其惡，以其爲歸順之國〕，猶欲保全而屢宥之，乃彼受朕豢養之恩，安享逸樂，竟不知德，嘗欲叛朕，奔察哈爾國。今果叛往索倫，爲其族兄弟〔科/稱〕爾沁土謝圖濟農、〔扎/查〕薩克圖杜稜、孔果爾（瑪法）、吴克善（台吉）等追獲，噶爾珠塞特爾等俱已被殺。〔朕心猶爲憫惻，蓋朕視諸貝勒猶臂指，然/因此朕心亦爲不悦，朕初不欲我指稍傷〕，今殺彼，猶傷〔吾/我〕指也。朕原欲宣佈德化，招集人民，使之共〔臻/登〕安樂，〔乃/今此〕諸貝勒〔不獲令終/被殺〕，皆朕教化未洽之所致也。今阿〔禄/魯〕部落杜稜濟農之子弟達喇海、薩陽等，又踰所限之地駐牧，按律〔應/越限地駐牧者〕以軍法從事，朕心不忍，爾衆貝勒可議罪具奏。蒙古諸貝勒（皆）奏曰，誠如上諭，噶爾珠塞特爾等背叛作孽，自殞其身，阿〔禄/魯〕部落達喇海、薩陽等越上所限〔駐牧之地/地方駐牧〕，按律當誅，但念伊等雖違法越限，猶能自歸，〔請加寬宥/議〕，免死，各罰駝百（只）、牲畜千（只）、家人十戶（奏聞）。上曰，所議良是，應罰之物，或全追或追其半，〔俟/容〕朕再〔加裁酌/思〕』。[①]

天聰八年（1634），林丹汗『病痘，殂於大草灘地』。[②] 崇德元年（1636）四月，內蒙古十六部四十九

① 齊木德道爾吉編：清朝太祖太宗世祖朝實録蒙古史史料抄·太宗朝卷一九，第二八二至二八三頁，內蒙古大學出版社，二〇〇一年。

② 皇朝開國方略卷十二。

名諸顔同金國滿漢臣僚聚會於盛京，共上尊號，承認皇太極爲蒙古大汗正統的繼承者。皇太極接受尊號，建國號『大清』，改元『崇德』。

2. 編審壯丁，編立旗分

重新編立旗分是後金控制漠南蒙古部的重要步驟。對早期歸附的蒙古貴族或降官，或獨自成旗，或編爲牛录，或分隸滿洲八旗。天命年間，内喀爾喀五部中，兩部貴族率部来投後金，努爾哈赤將其分别隸屬滿洲正黄、鑲黄旗。兀魯特部長明安率部投附後，别立兀魯特一旗。皇太極时期，兀魯特旗罷廢，散隸滿洲八旗，明安改隸滿洲正黄旗。天聰八年（1634），定兵制，將蒙古左、右營改爲左翼兵和右翼兵。統轄蒙古軍隊者，稱總兵官，由蒙古人充任。天聰九年（1635），因喀喇沁部和察哈爾部人大批歸附，再次編審蒙古内、外喀喇沁部壯丁，重新編爲十一個旗。同年，將歸附的察哈爾蒙古分隸八旗。後金將原隸滿洲八旗的蒙古兵丁（舊喀喇沁壯丁、舊蒙古）和新近歸附的蒙古壯丁分别編組，成立蒙古八旗，與滿洲八旗並列，或稱『八旗蒙古』。八旗蒙古的組織形式與八旗滿洲相同，只是甲喇、牛录的額定數量較少。每旗下設二甲喇，每甲喇下牛录數目不等。其官員，固山額真以下設梅勒章京、甲喇章京各二員，各牛録設牛录章京。從此，以喀喇沁（哈喇嗔）人爲主體的蒙古八旗成爲清廷直轄的主力軍隊之一。自天聰至崇德初年，歸附的蒙古各部已經編立科爾沁七旗、扎賚特一旗、杜爾伯特一旗、郭爾羅斯兩旗、杜爾伯特一旗、奈曼一旗、敖漢一旗、扎魯特兩旗、巴林兩旗、阿禄（魯）科爾沁兩旗、翁牛特兩旗、吴喇忒一旗，加之天聰九年（1635）喀喇沁一旗和土默特兩旗，共計十三部二十六旗。崇德七年（1642），外藩蒙古增至二十七旗。

3．劃定游牧地疆界，分定户口

長期以來，漠南蒙古内亂不已，原因之一就是各部貴族互相争奪牧場、部衆、財富。皇太極在征服蒙古諸部的基礎上，對其社會制度進行重大改革。由國舅阿什達爾漢、塔布囊達雅齊主持歸附各部劃定牧地疆界、分定人口等事宜，在碩翁科爾地方與翁牛特、巴林、敖漢、奈曼、四子部落、扎魯特、阿禄（魯）科爾沁等部貴族舉行大會，宣佈：翁牛特與巴林以胡喇虎、胡虎布里都爲界，巴林與鑲藍旗蒙古以克里葉哈達、胡濟爾阿達克爲界，兩紅旗蒙古與奈曼以巴噶阿爾合邵、巴噶什魯蘇忒爲界，敖漢與正黄旗蒙古以扎噶蘇台、囊家台爲界，鑲黄旗蒙古與四子部落以杜木達都騰格里克、倭朵爾台爲界，阿禄（魯）科爾沁與兩白旗蒙古以塔喇布喇克、孫島爲界，扎魯特與正藍旗蒙古以諾綽噶爾、多布圖俄魯木爲界。劃定各部疆界以後，嚴禁互相兼並、争奪，規定有越疆界者，坐以侵犯之罪。游牧地疆界的劃定，改變了蒙古各部無固定牧地的狀況，各部在一定範圍逐水草而居，並不影響蒙古原有的游牧經濟生活，有利於社會的穩定，也爲統計戶口、編立旗分、制定法令，創造了條件。

分定各部（旗）戶口：正黃旗二千戶，鑲黃旗六百戶，正紅旗八百二十戶，鑲紅旗八百三十戶，正藍旗七百戶，鑲藍旗六百七十戶，正白旗六百四十戶，鑲白旗七百戶，敖漢部一千八百戶，奈曼部一千四百戶，巴林部塞特爾八百戶，滿珠習禮八百戶，扎魯特部達爾漢巴圖魯圖巴二千四百五十戶，内齊、圖巴濟農二千戶，四子部土門達爾漢二千戶，阿禄（魯）科爾沁部塔賴達爾漢、車根塞冷三千戶，翁牛特部杜棱濟農二千戶，東戴青二千戶，共計二萬五千二百餘戶。

在外藩蒙古中編旗設佐，既參仿了滿洲創立的八旗制度，也考慮到蒙古社會的自身特點。此舉是對蒙古社會組織、社會制度、軍事制度、法律制度的一場大規模改造，使後金政權直接掌握了蒙古戶口，也增加了税收和兵源。這意味着在八旗蒙古之外，又增加了一支新的蒙古勁旅，以加强對蒙古各部的控制，以利統一步調，加强中央集權。

4．通過理藩院等民族事務管理機構，頒佈『蒙古例』

隨着歸附的蒙古部的增多，後金統治者開始着手籌建管理蒙古事務的機構。天聰六年至八年（1632—

1634），後金設立蒙古衙門，開始實施對蒙古部的實際管轄①。蒙古衙門是對蒙古政策的具體執行部門，是在與明朝和察哈爾林丹汗争奪科爾沁、内喀爾喀五部、阿祿（魯）蒙古和喀喇沁蒙古，甚至察哈爾部的過程中應運而生的。蒙古衙門爲籠絡蒙古諸部，建立滿蒙聯盟，打擊察哈爾林丹汗，進而統一漠南蒙古，

---

① 蒙古衙門，滿語稱『mongoi jurgan』，蒙古語稱『mongol jurgan』，是專門處理和經營蒙古事務的機構，是金國與察哈爾林丹汗争奪蒙古諸部的産物。關於蒙古衙門設立的原因和時間方面，學術界有不同的觀點。但基本認爲是天聰時期或崇德元年之間设置。絶大部分學者以清太宗實録和清史稿記載爲依據，認爲是在崇德元年（1636）。王文萱認爲蒙古衙門設置在清太祖時期，『理藩院初名蒙古衙門，當清太祖時，征科爾沁部，欲通旁近諸部，始置』，參見王文萱：清代蒙古政制研究，開發西北（第三卷第四期）。羅應龍認爲設置在順治年間，『清初帝王有極大遠見，在順治時即已設理藩院』，參見羅應龍：中俄蒙的接觸與清代的理藩政策，歷史政治學報，一九四七年。何健民認爲『理藩院的創設，遠在順治年間』，參見何健民：蒙古概觀，第五十四頁。周崑田認爲設置在崇德三年（1638）二月，清在未入關前於崇德三年（1638）二月設置蒙古事務衙門，參見周崑田：清代的邊疆政策，臺灣東方雜志（復刊），一九七九年第十三卷第一期。陶克濤認爲設置在『清統治者於征服蒙古之初』，參見陶克濤：内蒙古發展概述（上），内蒙古人民出版社，一九五七年，第一百三十五頁。趙雲田認爲蒙古衙门设置於崇德元年（1636）六月十三日，參見趙雲田系列論著，清代理藩院初探，中央民族大學學報，一九八二年第一期；清史研究集（第二辑）；清代『蒙古衙門』設置時間辨析，内蒙古社會科學，一九八三年第六期；清代蒙古政教制度，中華書局，一九八九年；中國治邊機構史，中國藏學出版社，二〇〇二年等均持『崇德元年設立』的觀點。馬汝珩、馬大正主編的清代的邊疆政策一書亦支持『崇德元年設立』説。對此，達力扎布提出質疑，認爲『蒙古衙門的建立是在天聰年間，可能與六部同時，最晚也在天聰年間』，參見達力扎布：明代漠南蒙古歷史研究，内蒙古文化出版社，一九九七年，第三百六十一頁。齊木德道爾吉充分利用滿文、蒙古文和漢文檔案、文獻，通過梳理蒙古衙門第一任承政阿什達爾漢的重要事跡，認爲『蒙古衙门的设立时间當在天聪五年（1631）以後，在天聪六年至八年（1632—1634）』，參見齊木德道爾吉：『蒙古衙門』與其首任承政阿什達爾漢，内蒙古大學學報，二〇〇七年第四期。

建立大清王朝，發揮了不可替代的作用，並爲以後理藩院的建立奠定了基礎。蒙古衙門以承政爲主要官員，諳熟蒙古事務的國舅阿什達爾漢爲首任承政，另置若干參政。凡蒙古諸部編旗、會盟、賞賜、通婚等事務，均由此衙門負責處理。崇德三年（1638）六月，清廷將蒙古衙門更名爲『理藩院』①。此後，終清一世，理藩院掌内外蒙古、青海、西藏、新疆及苗疆、四川等地的蒙古、回、藏族事務，所謂『掌外藩之政令，制其爵禄，定期朝會，正其刑罰』，理藩院成爲管理清代民族事務的最高機構。

天聰五年（1631）七月癸酉朔，設立六部，决定每一部中，都要設蒙古承政和两名參政，以便加强對漠南蒙古的控制。清太宗實録卷九記載：『庚辰，上集諸貝勒大臣議，爰定官制，設立六部。命［墨爾根戴青/墨勒根代青］貝勒多爾衮管吏部事，圖爾［格/裕］爲承政，滿珠習禮爲蒙古承政，李延庚爲漢承政，其下設參政八員，以索尼爲啓心郎。［貝勒德格類/德格類貝勒］管戶部事，英俄爾岱、覺羅薩［璧/壁］翰爲承政，巴思翰爲蒙古承政，［吴守進/金玉和］爲漢承政，［其下/復］設參政八員，以不丹爲啓心郎。［貝勒薩哈廉/薩哈廉貝勒］管禮部事，巴都禮、吉孫爲承政，布［彦/顔］代爲蒙古承政，金玉和爲漢承政，［其下/復］設參政八員，以祁充格爲啓心郎。［貝勒嶽托/嶽托貝勒］管兵部事，［納穆/那木］泰、

---

① 清太宗實録卷四十二，崇德三年六月庚申。

葉克［書/舒］爲承政，［蘇納爲蒙古承政，金礪爲漢承政/金礪爲漢承政，蘇納爲蒙古承政］，［其下/復］設參政八員，以穆成格爲啓心郎。［貝勒濟爾哈朗/濟爾哈朗貝勒］管刑部事，車爾格、［索/曹］海爲承政，［多爾濟爲蒙古承政，高鴻中、孟喬芳爲漢承政/高鴻中、孟喬芳爲漢承政，多巴濟爲蒙古承政］，［其下/復］設參政八員，以額爾［格/克］圖爲啓心郎。［貝勒阿巴泰/阿巴泰貝勒］管工部事，孟阿圖、康喀賴爲承政，［囊努克爲蒙古承政，祝世蔭爲漢承政/祝世蔭爲漢承政，囊努克爲蒙古承政］，［其下/復］設滿洲參政八員，［蒙古參政二員，漢參政二員/漢人二員，蒙古二員］，以苗碩渾爲滿洲啓心郎，羅繡錦、馬鳴佩爲漢啓心郎。其餘辦事筆帖式各酌量事務［繁/煩］簡補授。』①

天聰五年（1631）八月壬子，皇太極表示：『我滿洲與爾蒙古，原系一國』，『來降者，無不恩養之』。天聰六年（1632），新定朝議，又提高漢南蒙古貝勒的地位，使他們僅次於八旗諸貝勒。天聰七年（1633）七月癸酉，皇太極『頒欽定法律於科爾沁』各部。但這項針對科爾沁部的法令内容不詳。天聰七年（1633）冬十月壬戌，遣國舅阿什達爾漢、［塔布囊達雅齊/達雅齊塔布囊］等往外藩蒙古諸國，宣佈欽

① 齊木德道爾吉編：清朝太祖太宗世祖朝實録蒙古史史料抄·太宗朝卷九，第一八〇頁，内蒙古大學出版社，二〇〇一年。

定法令。[1] 天聰八年（1634）春正月，庚寅，皇太極召集外藩蒙古诸貝勒，制定刑律七條。這項法令主要有關奪他人之妻、姦淫以及盔甲、綿甲與馬鬃尾無牌印及盔纓、纛纓等的規格不遵後金規定的處罰條款：『［諭之曰，爾蒙古諸部落，向因法制未備，陋習不除，今與諸貝勒約/禁其陋習，令遵我國定制，諭之曰］，凡貝勒奪有夫之婦，配他人者，罰（貝勒）馬五十四、駝五隻。其納婦之人，罰七九之數，給與原夫。姦有夫之婦，拐投別貝勒下者，男婦俱論死，取（其）妻子牲畜，盡給原夫。如貝勒不執送［者/通姦男婦］，罰馬五十四、駝五隻。至盔甲、綿甲與馬鬃尾無牌印及盔纓、纛纓、［纛/毒］幅不遵我國制度者，俱罪之。』[2]

通過以上陸續發佈的法令、軍律、法律，可知皇太極時代的這些『法制一體化』措施，便是清廷對蒙古頒佈『蒙古例』的開端。起初，凡遇臨時事宜，一般是皇太極與蒙古上層共同議定法令、軍律，而後便直接成爲皇太極的『欽定法律』或『欽定法令』，從『議定』到『欽定』的微妙變化看，清廷和蒙古之間

---

① 齊木德道爾吉編：清朝太祖太宗世祖朝實録蒙古史史料抄·太宗朝卷十六，第二五二至二五三頁，内蒙古大學出版社，二〇〇一年。

② 齊木德道爾吉編：清朝太祖太宗世祖朝實録蒙古史史料抄·太宗朝卷十六，第二五八至二五九頁，内蒙古大學出版社，二〇〇一年。

的關系已經發生變化，説明皇太極對已歸附的蒙古各部已經有了較牢固的統治措施。當然，較早歸附清廷的蒙古上層也一定程度上參與了『蒙古例』的制定過程[①]。這樣，在『滿洲法』和蒙古固有法不斷交融中，『蒙古例』趨於穩定化、規模化、制度化。而入關之初，清廷的政令以『敕諭』『詔書』的形式規範有關外藩蒙古會盟、朝貢、法律、軍事等方面的行爲，並且擴大到非外藩蒙古地區[②]，足見其管轄範圍的延展和統治的鞏固。

5.『滿洲法』與『蒙古例』

總結努爾哈赤、皇太極時期治理蒙古各部的成功之處，在於審時度勢，及時調整對蒙古的政策。天命

① 關於清初『蒙古例』制定過程中的微妙變化，烏力吉陶格套通過各語種清太宗實録及蒙古文檔案，提出了獨到的觀點。烏力吉陶格套：清至民國時期蒙古法制研究——以中央政府對蒙古的立法及其演變爲線索，内蒙古大學出版社，二〇〇七年，第二十頁。

② 清朝内秘書院順治帝令察哈爾八旗游牧蒙古諸蘇魯克等嚴懲盜賊之詔書的蒙古文檔案記録了順治五年（1648）四月初二日清廷向八旗察哈爾、游牧蒙古、蘇魯克頒佈懲治盜賊例的事情，這是把順治四年（1647）向外藩蒙古頒佈的治盜例文向八旗察哈爾和蘇魯克推行，證明這些地方與外藩蒙古一樣，也開始實行蒙古例。中國第一歷史檔案館、内蒙古自治區檔案館、内蒙古大學蒙古學研究中心編：清内秘書院蒙古文檔案彙編（第三輯），第八頁，内蒙古人民出版社，二〇〇四年。

至天聰初年，對來歸蒙古部的管理原則是『盡入滿洲法』。[①] 依照『滿洲法』治理蒙古部，有其成功之處，但有的蒙古部落不遵守律法，時叛時降。後金統治者一再聲稱，兩國有很多相通之處。努爾哈赤曾做如下比較：『明國、朝鮮，語言雖異，然髮式、衣飾皆同，此二國算爲一國也。蒙古與我兩國，其語言亦各異，而衣飾風習盡同一國也。』[②] 漢人、朝鮮人同屬農業文化，與女真傳統漁獵文化差異很大；女真漁獵文化與蒙古游牧文化則是具有親緣關系的兩種文化。所以，努爾哈赤説兩族語言異而服制、各項風習皆『盡同一國』。但是究其源流，雙方經濟、政治、文化差距還是很大。

女真傳統經濟文化具有鮮明的漁獵經濟文化底蘊，其先民世代居住於『白山黑水』間，主要從事漁獵採集。努爾哈赤建國後，農業、手工業、商業得以迅速發展，農業成爲女真社會的主導經濟。女真『出則爲兵，入則爲農』，實行兵農合一體制。其早期社會組織方式既有按血緣組織劃分的，也有按地緣組織和生産組織劃分的，而蒙古各部仍舊保持着傳統游牧社會制度的基本形態特徵，游牧經濟是各部落賴以生存的基礎。在不同的歷史時期由不同的軍政合一組織及社會集團統治管轄，兀魯思、鄂托克、愛馬克等社

① 大清太宗文皇帝實録順治初纂滿文本卷五，天聰三年一月十五日。
② 滿文老檔太祖第一三册，第一一九頁。

會集團，古列延、阿寅勒、豁脱作爲蒙古游牧民經營畜牧業的組織形式和游牧方式，在游牧經濟的發展歷程中發揮著積極作用。

初期，後金統治者以『滿洲法』治理蒙古部，即以漁獵加農業、手工業爲主導的社會經濟管理經驗治理以游牧經濟爲主導的蒙古社會，其難度可想而知。經過努爾哈赤時代的探索，在天聰年間，其子皇太極提出『滿洲、蒙古按各自法律辦理』的方針。自此，『蒙古例』應運而生。也就是説，後金對蒙古的治理，既繼承了蒙古習慣法的傳統，也考慮到『滿洲法』的作用，根據當時的具體情況，將『滿洲法』與蒙古習慣法相結合，重新頒佈了法令。

後金頒佈的一系列法令説明，皇太極從已歸順的蒙古那裏得到了必要的軍事力量，巧妙、成功地實施了法律支配。清太宗將蒙古諸部逐步納入自己支配的範圍，在科爾沁等早期歸附的蒙古部身上得以實現。這是清未入關時對蒙古立法十分重要的時期，它在貫徹後金嚴法度精神的同時，也充分照顧到蒙古的傳統與習俗，雖並不完善，但成功的經驗，對入關以後清廷對其他民族地區法制的建設有着深遠影響。

（二）蒙古律書的編纂和康熙年間的增訂

蒙古律書是一部在天聰、崇德初年頒佈的單行法令的基礎上，經過數次編纂、修訂而形成的法律文件。關於蒙古律書的纂修，清聖祖實録卷二四記載：『理藩院題，崇德八年（1643）頒給蒙古律書與順治十四年（1657）定例，增減不一。應行文外藩王且貝勒等，將從前所頒律書撤回，增入見在增減條例頒發，從之。』這部清廷對外藩蒙古頒佈的『律書』是研究蒙古律例的重要綫索。康熙六年（1667）九月初二日，准理藩院題，撤回崇德八年（1643）頒給蒙古各部之律書和順治十四年（1657）若干增刪條例。有關順治十四年（1657）增入條，清世祖實録順治十四年四月初九日辛巳記載：『諭内蒙古王、貝勒、貝子、公等，勿以喀爾喀、厄魯特歸降，遂弛武備，仍應按定例，春秋二次查驗器械，照常騎射，盜賊竊發，應嚴禁查處；編審人丁，勿得欺隱，台吉分等級，優免人丁，三丁派甲一副；披甲人有藐視本主者，即於本札薩克王、貝勒處告理。』順治十四年（1657）七月初六日，奉旨修改理藩院則例若干條款，並重新裝訂成一百二十册之記録檔，該檔記載了修改蒙古律書及其裝訂頒發的全過程。此後，重新『頒佈大札撒律於外藩蒙古國諸部。將歷經修改增删之處，於康熙六年增訂舊律，頒與外藩管旗王、諸顏等，固山台吉、台吉、公等』[①]，這裏所指的『舊律』即蒙古律書。

崇德八年（1643）律書的原文與康熙六年（1667）增修的蒙古律書（封面以蒙古文題寫『康熙六年增

① 中國第一歷史檔案館、内蒙古大學蒙古學學編：清内閣蒙古堂檔（第二二卷），第二六四頁，内蒙古大學出版社，二〇〇五年。

訂舊律書』）有何區別？哪些部分是增修？哪些部分爲删改？因史料缺乏，目前仍無法厘清。中國第一歷史檔案館藏一百一十三條康熙六年（1667）蒙古律書蒙古文本，由中國第一歷史檔案館李保文編譯成漢文。他認爲：『該書漢文提名雖有「律書」「律例」之别，而蒙古文、滿文提名却無，因之可將二者視爲一部法律文獻不同時期的版本。』①

康熙六年（1667）增訂蒙古律書，該律書保存至今，收藏於中國第一歷史檔案館。按蒙古文題名的表述，可直接漢譯爲康熙六年增訂舊札撒書或康熙六年增訂舊律書，該律書共收入律文一百一十三條，全書四十九頁（正反两面，合計九十八頁），木刻本，黄紙封面。律書中增入了順治至康熙五年（1666）的有關蒙古的『定例』，從而一定程度上補充和完善前朝『蒙古例』。該法律開頭便開宗明義，曰：『前奉寬温仁聖汗諭，頒佈大札撒律於外藩蒙古國諸部。將歷經修改增删之處，於康熙六年增訂舊律，頒與外藩管旗王、諸顏、固山台吉、公、台吉等。』明確交代了立法者、實施對象、法律淵源和適用範圍。在名稱上，沿襲蒙古固有名稱『大札撒律』，與後來的『律例』『則例』『條例』顯然有所區别，説明其頒行範圍僅限

① 李保文：康熙六年蒙古律書，歷史檔案，二〇〇二年第四期。中國第一歷史檔案館、内蒙古大學蒙古學學院編：清内閣蒙古堂檔（第二二卷），内蒙古人民出版社，二〇〇五年。

於『外藩蒙古』，並且很大程度上保留了蒙古固有法律文書的特點。

達力扎布在康熙三十五年蒙古律例研究一文中，對康熙三十五年（1696）蒙古律例的前十一條款與康熙六年（1667）蒙古律書的重復部分進行比較，對『舊例』中更改、補充、新增、刪除的部分做一詳備的考訂，並對比二部法律的相同內容，參以康熙朝大清會典，進而指出：『通過兩種版本的比較可以看出，蒙古律例正如清朝各部門的則例一樣，在實踐過程中根據需要不斷修訂。從康熙六年到三十五年（1667—1696）就有了較大的增刪。官銜、朝貢、喇嘛方面的條例大增，不斷完善。總的發展趨勢是範圍不斷擴大，內容越來越嚴密，操作性更强。其中也反應出清廷對蒙古王公貴族封建領主權的一定限制，有與內地法律趨同的趨勢，中央集權進一步加强。』[①]日本東京外國語大學亞非研究所王長青在康熙六年法典研究[②]一文中，結合滿、蒙古、漢文史料，對清初蒙古立法及康熙六年（1667）『蒙古例』的形成過程、內容和特點做了詳細的論述。

從律書的各條款可以看出，清廷對蒙古立法是以蒙古固有的法律制度作爲主要的法源。顯然，刑法原

---

① 達力扎布：康熙三十五年蒙古律例研究，民族史研究（第五輯），民族出版社，二〇〇四年，第九五至一一八頁。

② 王長青：康熙六年法典研究（日文），東京外國語大學大學院地域文化研究課碩士學位論文，二〇〇六年。

則上已經包含了『參漢酌金』『漸就中國之制』的立法思想。蒙古律書的處罰程度比蒙古—衛拉特法典等蒙古法典嚴苛。刑罰方面，依照蒙古習俗，以罰畜和罰没財産爲主。罰畜時，九畜爲馬二，犏牛、乳牛二，三歲牛二，二歲牛一；五畜爲犏牛一、乳牛一、三歲牛一、二歲牛二。情節嚴重的，最多罰七十匹馬或罰九十九头牲畜。並且有凌遲、斬、絞、鞭、立誓、杖、連坐等處罰方式。凌遲和絞刑是蒙古固有法未曾有過的新增加的刑罰科目。

司法程序上，王、札薩克諾顔、固山台吉、公等，審理各自所屬犯人，聽令其他旗札薩克諾顔及所屬札薩克等處決。凡長城内之人於長城外犯罪，以『大清律』處罰。長城外之人於長城内犯罪以『蒙古律』處罰。八旗外蒙古、衆蘇魯克沁照『蒙古律』處理。審理案件時不可越級和越旗審理，並且明確規定各地所屬案件皆有各部札薩克諾顔親自會審。如，察哈爾部所屬案件由固倫額駙阿布鼐親王、珠勒扎噶郡王會審，其他各旗同。地方未結案件，若上告朝廷，不得擅自奏上，具文案件情由，告於理藩院。重大案件的會審，朝廷派大臣前往外藩蒙古，會同札薩克等處，審理案件。蒙古律書從維護統治者利益出發，以法律形式保護蒙古諾顔、台吉、塔布囊等社会上層的既得利益。

對於清朝統治者來説，會盟和軍事行動，具有特殊意義。因此，律書中特别强調會盟和共同軍事行動的規定，違犯者將受到重罰。喀爾喀蒙古和衛拉特蒙古准噶爾部尚未歸附清廷时，律書中强調嚴禁向這些地區出售武器。限制雙方交流通商，規定：『喀爾喀、厄魯特、唐古特、巴爾虎人等，止於呼和浩特、巴彥蘇莫口岸（今張家口）貿易。上至王等，不得擅自遣人前往喀爾喀、厄魯特、唐古特、巴爾虎貿易』。同時限制内蒙古各盟旗間擅自流動。治偷盜和治奸的規定也非常嚴厲。蒙古律書僅僅是『蒙古律』的基本總結，在編輯内容和編纂形式上，還不够成熟，也没有分門別類，結構鬆散，内容多是對零星『蒙古律』的簡單彙集和因事立法，不够系統、規範。

康熙六年（1667）增訂的蒙古律書内容有大典、會盟、審判、恤賞恩賜、辦案奏報程式事、奉派出征時和遇到緊急情况時未按時赴約、戰場上逃跑、追逃者的獎賞、會盟約期、地界、婚嫁、治奸、盜竊、挾仇、窩贓、證人、呈控、復控、蹤跡、行竊者的年齡限制、立誓、人命案、鬥毆致傷、嬉戲過失殺人、縱火、擅動兵器、詆謗、詈駡、走失牲畜的處理、惡疾、歇宿、設十戶長、諾顏等的食羊、使臣、衣冠、圍獵、行軍、朝覲、戰陣敗北、逃人、俘虜、宗教、墓葬、隱匿竊賊、看守、蒙古各部所屬案件的會審官員、量丁、偷獵、財産繼承、旗分、商賈、争訟、貿易、卡倫、向喀爾喀和厄魯特禁賣或饋贈兵器等。

關於康熙三十五年（1696）蒙古律例，二〇〇三年，李保文將俄羅斯學者C. D. 迪雷科夫於一九九八年在莫斯科出版的律書和蒙古國公共圖書館（原蒙古國中央圖書館）寫本庫藏兩種蒙古文本校勘後翻譯成理藩院律書（康熙年間名稱）的漢文本，該法規共一百五十二條，刊印年代不詳。從第一百五十二條的結語看，該文獻爲康熙初年編修的法律文件：『康熙三十三年（1694）仲夏閏二月初十日。諭大學士伊桑阿、阿蘭泰、王熙、張玉書，學士德珠、温保、戴通、常授、沈圖、王棪、李楠、顧藻等：「嗣後，厄魯特蒙古人及外霍通人等，若犯事流放及爲奴，發往南省流放，給總督等充軍，停其發往寧古塔、黑龍江。欽此。」』[①] 經學術界考訂，該本文爲康熙三十五年（1696）蒙古律例刊本。康熙三十五年（1696）文本在康熙六年（1667）本的基礎上又有調整和增删，但仍没有歸納分類。除C. D. 迪雷科夫、烏田正郎、何遐明、李保文外，達力扎布作了深入的考察。達力扎布在康熙三十五年蒙古律例研究[②]一文中，不僅将文本重新翻譯成漢文，並做注解，還對法規的蒙古文原文進行拉丁字母轉寫，將蒙古律例研究推向新的高度。

康熙朝修訂的律書，内容較爲豐富，涉及行政法規、軍事法規、民事法規、刑事法規、經濟法規、訴訟程式等。通過該律書可知，其法源爲蒙古傳統的法律制度，立法原則和方法基本援用了蒙古社會原有的立法模式。其主要目的是通過立法來支配内外札薩克蒙古諸旗、八旗蒙古和諸蘇魯克旗。清入主中原，全國政治格局發生重大變化，清廷和蒙古的關系已完全轉變爲統治者與被統治者的關系，策略上也從以往的

① 李保文：理藩院律書，故宮學刊（總第一輯），紫禁城出版社，二〇〇四年，第二七三頁。

② 達力扎布：康熙三十五年蒙古律例研究，民族史研究（第五輯），民族出版社，二〇〇四年。

聯合拉攏，轉變爲統治和限制。

此外，清入關前針對蒙古的法律法規，多是爲了聯合軍事行動而頒發的，大多以軍令和政令爲主。清入關後，以往的很多法律内容，因爲時過境遷，不再適应於社會發展的需要。蒙古律書的内容屢經修訂，到康熙三十五年（1696）已有蒙古律一百五十二條，雍正時期有所增加，至乾隆五十四年（1789）終於修訂成十二卷，共二〇九條的蒙古律例。

由此可見，清入關前，努爾哈赤、皇太極對蒙古各部頒佈的法律法規從『蒙古例』到蒙古律書的立法活动，爲入關後的民族立法奠定了基礎。

三、清代法律形式與蒙古律例的制定

（一）清朝的法律形式與多元立法模式

中國歷史上曾有過刑、禮、法、律、令、典、程、式、格、詔、誥、科、比、例等多種法律形式。清朝的主要法律形式分爲律、例、注解[1]、則例和會典。

『律』是中國古代封建社會法律的通稱，專指成文法典。『律』的本義是『音律』。戰國時期商鞅『改法爲律』，『律』便成了單行法規。漢以後，歷代王朝制定成文法典，名之以『律』。如漢律、魏律、晉律、隋律、唐律、明律、清律。在古代社會，『律』是主要法律形式，是由王朝制定並經御批頒佈施行的，對各種違法行爲的懲罰條文組成，具有穩定性和權威性。『律』爲清朝的刑事法典或基本法，曰『大清律』，在整個法律體系中最爲重要。另外，『律』的體系化程度高，在清代變動較少，極爲穩定。

『例』是古代法律規範的表現形式之一，包括斷例、故事、成案和從這些判例演化而來的法條或由一組成文法條組成的單行法規。『例』這一法律形式表現了古代法律規，範由個别到一般、由不穩定向穩定的發展特徵。『例』作爲原始判例，産生於先秦時期。秦朝的『廷行事』、漢代的『决事比』、宋朝的『編敕』、元朝的『斷例』、明朝的『條例』、清朝的『定例』皆是『例』的表現形式。『例』的地位極高，『輔律而行』。清代，『律』與『例』合爲一典。清史稿·刑法志記載：『蓋清代定例，一如宋時之編敕，有例

[1] 注解，謂法律解釋。注解因解釋律文而産生，包括官注和私家注解兩種。官注一般加注於律文之間或每條總注，與律文具有同等的法律效力。私家注解一般附於律條之後。私家注解經官方認可編選，亦有法律效力，較典型的大清律集解附例便是這類法律形式的産物。

不用律，律既多成虚文，而例遂愈滋繁碎。』總之，『例』體現了原始判例抽象化、集約化的動態過程及其特徵，是封建社會後期重要的法律規範的表現形式，集中反映了當時立法司法活動的規律性。『例』爲刑事補充條款，多由皇帝御筆斷罪而來，稱『問刑條例』，或『擬罪條例』，或稱『定例』。清代『律例』均爲刑事法律規範，因而編纂律典時，編纂者便將『例』分類附編在相應的『律』條之後，合稱『大清律例』。由於清律變動較小，只能通過不斷修例來適應社會的發展，並形成條例『五年一小修、十年一大修』[1]的傳統。如清朝主要法典大清律集解附例和大清律例中，都採用律、例合編的法典編纂形式。這種編纂形式，是承襲明朝中葉出現的律例合編方式而來的。由於在一部法典之中包含『律』與『例』兩種規範，所以如何厘清『律』『例』之間的關係，就成爲一個極爲重要的問題。在清朝的法典中，『律』是作爲法典主幹的正式律文。在大清律集解附例中，律文有四百五十九條，大清律例中則有四百三十六條。『例』則是在律文之外另議的『條例』，或稱『定例』。乾隆五年（1740）成書時附增條文一千四百零九條，到同治九年（1870）修律時，條例已達一千七百八十二條之多。清朝的條例，承襲明代定例，是一種在司法實踐中起着廣泛作用的制定法。『例』的來源和制定方式多種多樣，『奏本』『題本』等『臣工條奏』經皇帝批准而

① （清）允祹等编纂，李春光點校：大清會典（乾隆朝），鳳凰出版社，二〇一八年。

奉爲法律的情况也較多。這在『條例』中表現得非常明顯。

清代的『條例』是律之外的一種制定法，而非『案例』，更不是『判例』，是經過一定程序而形成的正式法律規範，在司法實踐中多援用『條例』。『律垂邦法，爲不易之常經，例准民情，因時以制宜』[①]，這是對清朝『律』『例』關系的一種很好的總結。『律』『例』之間，存在極爲密切而且非常復雜的關系。其一，『律』『例』都是國家的重要法律規範，二者同時規定在基本法典之中，同樣對現實社會關系起到實際的調解作用。其二，『律』是國家最根本的規範，是法律的主體。而『例以輔律』，是對律文的進一步充實、補充。從清朝的實際情况看，『律』所規定的是法律的基本精神、大的原則。『例』的制定是以『律』爲基礎和依據的。雖然『例』的制定未必在每一細節上都與『律』一致，但是，其基本價值取向、基本是非觀念，不能且在實際上也没有超出『律』的原則框架。其三，在不違背『律』所確定的大的原則和方向的前提下，『例』可以根據實際需要做出新規定，以補『律』之不足。其四，在一些具體問題上，也存在『以例破律』，即『例』的規定與律文有出入的情况。但大多僅是輕重之分，而非是非之别。所以，清朝的『條例』是一種十分重要的法律形式。從清朝遺留下來的一些實際案例所反映的情况看，司法官吏在判决

①（清）祝慶祺撰：《刑案匯覽》，成文出版社，一九六八年，第一頁。

案件時，經常是引用律文在先，引用例文在後。最後的判決，常常以現行條例規定作爲依據。

清代的國家立法活動中，能够被命名爲『律例』的就有兩部成文法典，一部爲大清律例，一部則是蒙古律例。大清律例清晰地體現了『律』『例』兩種法律形式的合編，而蒙古律例很大程度上以『律文』爲主，但每卷之後也輔以律文之外的『例』，稱『條例』或『定例』。其來源多以理藩院呈奏事宜爲主，爲皇帝批准的『奏定』條款。另外，還有些『奏准定例』。但與大清律例相比，規模和範圍還是有限的。

『則例』也是一種常見的法律形式，相當於漢唐時期的『令』，是關於中央各部院的行政規則，是例的一種。分爲一般則例和特别則例兩種。一般則例是關於部院一般政事的則例，主要有刑部現行則例、欽定禮部則例、欽定戶部則例、欽定吏部則例、欽定工部則例、欽定中樞政考、欽定理藩院則例、欽定台規等。另外，國子監、内務府等也有各自的則例。特别則例是指關於各部管轄特定事項的行政規章。如兵部八旗則例、欽定督捕則例等。此外，戶部漕運全書、學政全書、賦役全書等雖無則例之名，實際上也是特别則例。另，吏部處分則例、欽定六部處分則例、兵部處分則例、吏部銓選則例、欽定吏部稽勛司則例、欽定吏部驗封司則例等亦屬於特定機構辦事手續及處罰官員違制的專門則例。關於清代則例的含義方面，王旭在則例沿革稽考一書中指出：『（1）明確具體通常有遞進關系的數量標準。（2）一系列有等差的法律準則。（3）皇帝批准的命令，要求確定下來編纂成爲有關部門的行爲準則，即部例。（4）國家的基本法律，即欽定大清會典則例。其中，前兩種是基本含義，使用場合廣泛；後兩種是特定含義，用法和含義都有特定性。清代則例的突破性發展主要體現在後兩種含義上。』關於則例的性質方面，學界意見不一致，争論也較大。主要觀點：（1）例是判例，因而則例也是一種判例法，或者是介於判例法和成文法之間的法律形式。（2）則例是一種行政法。（3）則例是一種經濟類的實施細則，後來發展爲行政法。（4）則例是刑法。（5）戸部則例是民法。（6）理藩院則例和回疆則例是綜合性的法律、民族法等。[①]

清代，特别注重行政立法，於是『會典』便成爲清朝國家立法的主要形式之一。會典是記載一個朝代官署職掌制度的書，源出於周官（周禮），唐有唐六典；宋稱『會要』，元、明、清改稱『會典』，意思是『典章會要』。會典多屬當代官修斷代式政書，以職官爲綱，記録中央與地方官職制度沿革；着重記述法令典章，而不詳備史實。現存會典有唐六典、宋會要、元典章、明會典、清會典。歷代第一部會典爲唐六典，開元十年（722）詔修，按周官分爲理典、教典、禮典、政典、刑典、事典六個部分，故稱唐六典，並於開元二十六年（738）撰成三十卷。弘治十年（1497），仿唐六典制定了明會典。清會典是記述清朝典章制度的官修史書。會典體政書本著『以官統事，以事隸官』的原則，按宗人府、内閣、六部、理藩院、

① 王旭：則例沿革稽考，中國民主法制出版社，二〇一六年。

都察院、通政司、内務府、大理寺，以及其他寺、院、府、監的次序，逐一説明國家機構的執掌和事例。從康熙二十三年（1684）起，先後編制康熙、雍正、乾隆、嘉慶、光緒五朝會典。清會典是清朝相當於憲典意義上的行政立法的總匯和清代國家法制建設的重要成果。康熙二十三年（1684）初修大清會典，又稱康熙會典，凡一百六十二卷，形式上仿大明會典。至雍正、乾隆、嘉慶和光緒年間曾四次重修。清會典編纂形式上仿照大明會典，但具體類目頗有增損。康熙朝清會典一百六十二卷，成書於康熙二十九年（1690），記崇德元年（1636）至康熙二十五年（1686）事。其中，二十六年（1687）孝莊文皇后喪禮，則以特例附載禮部。雍正朝清會典二百五十卷，雍正二年（1724）頒詔纂，十年（1732）成書。續康熙二十六年（1687）至雍正五年（1727）事，亦有個别延至七年（1729）、八年（1730）者。乾隆朝清會典，會典一百卷，則例一百八十卷，乾隆十二年（1747）開修，二十九年（1764）成書。全書起於清初，至乾隆二十三年（1758）止，另有少數典則『奉特旨增入者，皆不拘年限』。嘉慶朝清會典，會典八十卷，事例九百二十卷，圖一百三十二卷，嘉慶六年（1801）開館修，二十三年（1818）成書。所載内容，定以嘉慶十七年（1812）爲止。光緒朝清會典，會典一百卷，事例一千二百二十卷，圖二百七十卷，光緒十二年（1886）始纂，二十五年（1899）書成。紀事原定迄於光緒十三年（1887），鑒於成書時間過長，故又加變通，凡光緒二十二年（1896）以前事之有關典禮者，一律纂入。另外，自乾隆會典開始，清會典的編纂體例稍有變化，即『以典爲綱，以則例爲目』，會典和事例分别編輯。會典所載爲『經久常行』的大法，凡事關國家大體，則極少改動。事例則可根據『時勢之推移』，隨時增減。故在乾隆、嘉慶、光緒朝會典外，還有乾隆會典事例、嘉慶會典事例、光緒會典事例的編纂。各部會典事例的規模，都大於會典本身。從嚴格意義而言，『會典』爲官制政書。内容龐雜、豐富多彩的『會典』及『會典事例』『會典則例』在很大程度上也成爲了蒙古律例及理藩院則例等法律法規的主要法律淵源之一。因爲，『會典』的『理藩院』條中，詳盡地記述了清代藩部地區，特别是蒙藏地區的簡閲、戍防、軍律、軍功、軍制情况，譯遞修建，會盟的實行較爲細緻。特别是蒙藏地區的疆理、封爵、喇嘛封號、設官、戶丁、耕牧、賦税、兵制、邊務、朝覲、貢獻、俸禄、廩給、喇嘛廩給、燕賚、優恤、儀制、禁令、刑法等情况，以及它們在清代的演變過程，爲研究藩部政治、經濟、軍事、司法、文化、宗教、交通、禮儀，提供珍貴史料。

入關後，清朝一改過去因事立法的做法和臨時施宜的政制習慣，在法制領域特别注重規範立法，尤其是立法技術方面反覆進行審核參詳，故歷朝統治者在立法方面傾注了較多的精力。十八世紀，清朝進入全盛時期，史稱『康乾盛世』。在入關初期立法的基礎上，律例、則例、會典及其他領域進行了卓有成效的立法，使中國古代封建法制建設達到鼎盛。清朝的立法是有步驟、有計劃，邊實踐、邊修訂中緩慢進行的。所以，不管是全國性法典，還是單性法規，抑或是民族法律，皆有將律文『删、並、改、增』的記録，並且很清晰地注明『原修』『續修』『現修』『續纂』『修改』『增纂』『修並』等説明和修改年代，可見清代修律之審慎態度。

清入關之初，在『詳譯明律，參以國制』的立法指導思想下，順治四年（1647）在以舊明律爲藍本的基礎上，編纂完成清朝第一部綜合性法典大清律集解附例。但由於抄纂大明律的痕跡過重，對此，清世祖實録中談到的『律例久頒，未見遵行』是比較符合當時的實際情況。康熙年間，鑒於順治朝修訂大清律集解附例所産生的缺失部分，對於基本法典的修訂，採取更爲審慎的態度。康熙九年（1670），鑒於清朝『律』『例』之間以及條例之間多有矛盾，乃命刑部對於律文之外的所有條例，進行重新審定，對於『應去應存』者，本着『因時制宜』的原則，詳加酌定。次年，刑部完成刑部現行則例二百六十餘條。該則例亦按大清律六部分目的體例分類編輯，對於一些『律』所不載的各類犯罪，詳加規定。康熙二十八年（1689），根據臣僚『律例須歸一貫』的建議，『特交九卿議准，將刑部現行則例附入大清律内』。因此，對大清律既定『例』進行較大的修訂，並於每篇正文後增加總注，以疏解律義。自康熙三十四年（1695）至康熙四十六年（1707），大清律集解附例曾反覆進行審核參詳，最後完成將現行刑部則例分門並入大清律的工作。但完成後，並未頒行，而是『瀏覽未發』，由此足見清朝皇帝對於重要立法的謹慎態度。雍正皇帝即位後，『整頓朝綱』，對前朝修訂的刑部現行則例存在『從重改輕，以輕擬重』及『先行而今停，事同而法異』等諸多缺失，下令以『析異歸同，删繁就簡，輕重有權，寬嚴得體』爲原則，對原有大清律及條例進行修訂。雍正三年（1725），修訂工作完成，其成果於雍正五年（1727）正式頒行，是爲大清律集解。此次修律，對律文進行删、並、改、增，歸納爲四百三十六條。歷年所附條例，經删修後，尚存八百二十四條，並按原例、增修例、欽定例，分類編纂。

清朝的傳世基本法典大清律例的制定開始於乾隆元年（1736）。經過順治、康熙和雍正三朝君臣的努力，至乾隆皇帝即位時，清王朝已經進入發展的鼎盛時期。經百餘年時間的磨合，滿族上層對漢文化的精髓也有了更深入的理解。因此，制定一部反映清朝多民族國家社會現實，滿足滿漢社會需要的綜合性法典的主客觀條件已經成熟。於是，乾隆皇帝即位之初，命三泰爲律令總裁官，重修大清律例。修訂者對原有『律』『例』逐條考證，重加編輯。特别是對律文後所附定例進行詳細校訂，折中損益。删除原版律例後的總注，在律例中間增添小注，以補充、闡釋律義。乾隆五年（1740），清廷修成大清律例，正式『刊佈中外，永遠遵行』。至此，清朝的基本法典最終定型。大清律例無論是從形式上，還是基本精神、主要內容上，全面集成了秦漢以來千餘年間中國傳統法律文化的精華，是一部集中國古代法律之大成的法典。該法典充分考慮到清王朝自身的實際情況和民族特色，是一部適應現實需要，能夠調整現實社會關係的法典。該法典的修訂完成和在司法實踐中的廣泛應用，也對乾隆朝修訂蒙古律例和回疆則例等民族法律，提供了法制原則、成熟的立法技術及纂修體例範式。

（二）蒙古律例的成書與頒行

清朝是滿族統治集團建立的全國性、多民族的封建君主專制集權王朝。清前期，國家疆域極爲遼闊，境内包含數十個民族。同時，滿洲貴族以『边疆民族』的身份入主中原，是征服者、統治者，但被統治的是人口遠遠超過滿族的漢族，以及蒙古族、藏族、回族、苗族等民族。因此，民族關系、民族問題對於清朝來説，是一個極爲重要的政治問題。從立國伊始，清廷就在法律上採取了一系列的措施，制定了一系列調整民族關系和處理少數民族聚居區事務的法律、法規和規章制度。劉廣安認爲：『清朝的民族法規，不但在數量上超過了以往任何一個朝代的民族法規，而且在内容上達到了中國古代民族立法的最高峰，達到中國古代民族立法史上的系統化、制度化的境界。』①

在大清律例的立法原則和指導下，理藩院在原蒙古律書的基礎上，吸收了大清律例的立法指導思想和立法經驗，對現有的蒙古律進行大規模的纂修、補充。乾隆五年（1740）九月，『大学士等議覆，管理理

① 劉廣安：清代民族立法研究，中國政法大學出版社，一九九三年，第一頁。

藩院事务怡亲王弘曉條奏應行事宜。一、请修葺律書，查蒙古律書久未纂辑，且原刻未兼清文。應如所請，交該衙門校閲增改繕寫進呈。交刑部律例館兼刻清文、蒙古字頒發。此書卷帙無多，不必開館，惟令該衙門堂官總領其事。應用司員、筆帖式，亦令該堂官酌量派拨。一、請蒙古偷盗，分别首從，查蒙古定例，偷盗牲畜者，三人盗，絞二人，三人以上夥盗者，以二人爲首，餘俱爲從等語，是三人與三人以上夥盗，概以二人爲首論絞。定例原未協，應如所請。嗣後，口外偷盗牲畜，若系三人或三人以上者，將起意一人照爲首例論絞，餘俱照爲從例，發附近旗下爲奴。一、請酌改蒙古舊習，查蒙古聘妻之禮，馬五匹、牛五頭、羊五十隻，所費甚多，應酌議減省。嗣後，蒙古婚姻之禮，准給馬二匹、牛二頭、羊二十隻。再有力不能者，聽從減省，違者照追入官。一、請添鑄印信關防。查理藩院柔遠司於康熙四十年間分作前後兩司，並未另鑄印信，應如所請。另鑄柔遠前司後司印信二粒，舊有印信繳銷』[①]。乾隆六年（1741），『理藩院奏：蒙古律例告竣。除大員無庸議敘外，請將在館辦理各官及供奉人員，交部議敘』[②]，修訂成蒙古律例十二卷。至此，蒙古律例歷經崇德、順治、康熙、雍正、乾隆五朝的修訂，在外藩蒙古各旗適用近

①　清高宗實録卷一百二十六，乾隆五年九月乙亥。

②　清高宗實録卷一五六，乾隆六年二月丙午。

百餘年後，蒙古律書正式更名爲蒙古律例。蒙古律例在一定程度上獨立於大清律，從内容或體例上來説，相當於大清律例中的『例』[①]。

近年來，滿文、蒙古文各類檔案不斷被發掘和利用，如清内閣蒙古堂檔、軍機處上諭檔等。這些檔案的披露，極大地推動了清代蒙古法制史的研究，一些存疑久遠的疑難問題得到較爲準確、客觀的解答。對於蒙古律例的纂修，李保文[②]和達力扎布[③]參照清代滿文、蒙古文檔案，提出了新的觀點。據軍機處上諭檔記載，乾隆五年（1740），管理理藩院事務的怡親王弘曉奏請編纂理藩院則例。大學士等議覆：『理藩院辦理事件，俱系酌量口外蒙古情形，相度機宜辦理，若將從前所有成案編纂，著爲定例，將來遇有事件，

① 張世明認爲：『乾隆五年大清律例成書起，清朝刑法典的正規標題從大清律集解附例開始稱作大清律例。於是，清高宗實録卷一百五十六，乾隆六年二月丙午記載：「理藩院奏：蒙古律例告竣。除大員毋庸議敘外，請將在館辦理各官及供奉人員，交部議敘。」這一方面意味着作爲特別法，以蒙古爲對象的蒙古律例與作爲清朝普通法的大清律例是相對稱的。另一方面，「蒙古例」又非獨立於清律，蒙古律例實質上相當於大清律例中的「例」。』張世明：中國經濟法歷史淵源原論，中國民主法制出版社，二〇〇二年，第七五五至七六頁。

② 李保文：清朝蒙古律的題名及其歷史作用，故宫學刊（總第三輯），紫禁城出版社，二〇〇七年，第四九一頁。

③ 達力扎布：有關乾隆朝内府本理藩院則例，中國邊疆民族研究（第四輯），中央民族大學出版社，二〇一一年，第二〇九至二一〇頁。

或與從前之情不符應隨時變通者，因著有定例轉難斟酌辦理』，『惟所奏蒙古律書一本，系頒行內外札薩克各旗，遵照辦事斷罪之書，歷年久遠，未加纂輯，且原刻系蒙古字，未兼清文，出差口外官員，查閱多有未便，應請敕交該衙門，逐一校閱，增刪改正，繕寫進呈恭候欽定，交與刑部律例館，兼刻清文、蒙古字頒發。但查此書卷帙無多，不必開館，給與桌飯銀。惟令該衙門堂官總領其事，至應用司員、筆帖式，亦令該堂官酌時派撥，定議具奏』①。

對於蒙古律例的成書，島田正郎在清朝蒙古例研究一書中認爲，乾隆六年（1741）初頒佈的蒙古律例系由蒙古律匯輯而成，而蒙古律又屬於廣義上與律相對的例一類，故存在改廢增定的情況，但並未形成定期纂修的制度。進而强調：『蒙古律例顯示，清朝站在征服者的立場，統治被征服者蒙古的基本政策，其中雖然也包含相當成分的蒙古固有法，但可以説是爲政者從外部强加諸於人的。這一點在有了進一步發展的理藩院則例裏，更加露骨地表現出來。然而，清朝鑒於俄國勢力的進出，不得不採用實邊的政策，在這種政策尚未全面完成之際，更反映中國法的影響。理藩院則例並非蒙古律例的修正，而是獨立全新的法典。話雖這麼説，這只是在行政法及刑法方面比較顯著，在私法的領域上，依然對固有的習

① 軍機處上諭檔，乾隆五年七、八、九月秋季檔。

慣多有讓步，就是在成爲中國的外藩以後，蒙古的日常法律可以説，依然遵行固有的習慣法與古法典。』[①]對此，張世明則認爲：『島田正郎的蒙古律形成理論是一種結果論，而非生成論。具體説，在島田正郎看來，一方面，清朝皇帝任命的札薩克作爲封建領主對自己的領民行使行政、司法權力是容許的，這種准據法因俗而治一如既往，不過這又與皇帝固有的絶對權威抵觸，因此須有皇帝予以確認，結果呈現出清朝對蒙古立法的蒙古律，乃以蒙古固有的習慣爲主要法源的情形。』[②]

有關蒙古律例形成及與其他法律文獻之間的關系，達力扎布利用蒙古文、滿文和漢文史料，做了詳細的考論。

另外，趙雲田、陳光國、徐曉光、劉廣安、奇格、楊選第等學者都做過相關研究，推動了蒙古律例的版本考釋及相關問題的研究。

---

① 〔日〕島田正郎：清朝蒙古例の研究，創文社，一九八二年。

② 張世明：中國經濟法歷史淵源原論，中國民主法制出版社，二〇〇二年，第七四至七六頁。

四、蒙古律例研究現狀、版本及内容考釋

國内外學術界對蒙古律例的法律淵源、版本、性質、特點、實施範圍與理藩院則例之間的關係及相關問題進行了廣泛的探析和考察。通過蒙古律例的研究，對清代民族立法、清朝民族政策、清代民族事務管理機構及其執掌、清代法制文獻的特點、蒙古法與内地法的融匯、蒙古法制的演進、清代法律形式、『蒙古例』的變遷、『清律』與『蒙古例』的内在聯繫、清代『蒙古例』的體例結構、清朝蒙古法制與蒙古族傳統法制的關係等諸多學術問題，可以進行深入探討。

（一）蒙古律例的研究現狀

有關蒙古律例的研究，總是與蒙古衙門和理藩院的設立、清代民族政策與民族立法、清朝對蒙古的法律支配等學術問題聯系在一起。本書僅對蒙古律例研究的相關問題進行簡要梳理。學界曾對蒙古律例作過多角度、多層面的研究，取得了豐碩成果。

隨着清代蒙古法制文獻的大量發掘，學術界對『蒙古例』的諸本，有了新的認識。目前，從中國第一歷史檔案館、蒙古國國立公共圖書館及其他機構發現崇德三年（1638）的軍律，康熙六年（1667）、三十五年（1696）的蒙古律書，以及乾隆朝的蒙古、漢、滿文蒙古律例諸本和嘉慶朝增訂本，很大程度上突破

了僅有乾隆朝本的認識。因史料原因，無法對崇德八年（1643）蒙古律書文本及乾隆時代的若干修訂本進行研究。

有關『蒙古例』的早期形態，萩原守在清朝蒙古例淵源的形態——北京圖書館所藏蒙古文法規崇德三年軍律爲例一文中介紹了崇德三年（1638）頒佈的軍律。申曉亭在北圖所藏蒙文珍本崇德三年軍律一文中，對該軍律進行考辨，並提出其相關條款被蒙古律例所吸收的觀點。李保文通過崇德三年（1638）軍律原始文本和相關史料，對該軍律發佈的時間、背景以及文本流傳等問題，進行考察，對其與『蒙古例』、蒙古律書相關條目之間的關系進行比較。認爲除軍律最初的文本可信度毋庸置疑外，其餘流傳的各種文本皆不能作爲法律文獻來進行文本研究和引用。滿、蒙古、漢文三個語種的軍律文本與蒙古文理藩院律書以及滿洲、蒙古、漢文三個語種的蒙古律例（書）各自對應的相關條款之間，不存在直接的文本上的傳承關系，僅在内容上比較相似而已。理藩院律書、蒙古律書的相關條目，可能直接或間接地取材於軍律，絶非是其蒙古文本的照録或者對滿、漢文文本的翻譯[①]。楠木賢道在天聰年間愛新國對蒙古諸部的法律支配進程一文中，挖掘滿、蒙古、漢文史料，在比較清太宗實録、滿文老檔、舊滿洲檔等文獻的基礎上，考訂天聰年

---

① 李保文：關於『大清崇德三年軍律』的幾個問題，内蒙古師範大學學報，二〇一一年第一期。

間後金對歸附的蒙古部落頒佈法令、政令的諸文本，根據島田正郎的研究，從『支配』的角度，以金國對蒙古諸部進行支配過程中的會盟和所頒佈的法律爲中心，對皇太極即位前，如何完成對歸順蒙古諸部的支配，如何確立編立札薩克旗的前提條件，又如何擁有了必要的軍事力量等問題，進行分析，從而探討後金政權支配以科爾沁部爲首的漠南蒙古的具體過程[①]。早在二十世紀初，俄國學術界就廣泛關注清代蒙古法制文獻。布里亞特學者Ц. Ж. 扎姆查拉諾和A. H. 圖魯諾夫在蒙古部落書面法律文獻述評一文中，對從喀爾喀部車臣汗斡耳朵獲得的蒙古文法典文獻進行考訂，認爲該法律文件頒布於一六九五年或一六九六年[②]。後來，根據該論文，美國學者V. A. 梁贊諾夫斯基在蒙古習慣法研究著作中，將康熙年間的這部法律以康熙帝1696年蒙古法典的名稱予以進一步介紹[③]，並在其撰寫的另一部著作蒙古法基本原理中做了較詳盡的考察[④]。俄羅斯學者C. D. 迪雷科夫整理和深入研究這部蒙古文法律文獻，對蒙古文原文進行拉丁字母轉

① ［日］楠木賢道：天聰年間愛新國對蒙古諸部的法律支配進程，社會文化史學，第二〇至三七頁，一九九九年第四十號。包國慶譯：蒙古史研究（第七輯），内蒙古大學出版社，二〇〇三年，第三〇七至三一九頁。
② ［俄］Ц. Ж. 扎姆查拉諾、A. H. 圖魯諾夫：蒙古部落書面法律文獻述評，一九二〇年。
③ ［美］V. A. 梁贊諾夫斯基：蒙古習慣法研究，東亞經濟調查科刊，一九三五年。
④ ［美］V. A. 梁贊諾夫斯基：蒙古法基本原理，東亞經濟調查科刊，一九三一年。

寫、俄譯、注釋，並於書後附手抄原文，以律書（蒙古律書）的名稱出版①。C. D. 迪雷科夫在康熙三十五年蒙古律例俄譯本序言中稱：『按康熙的旨令，在1696年用滿、蒙古和漢語三种語言出版了石印本的蒙古律例。』康熙年間究竟是否刊印過滿文和漢文蒙古律例，尚待證實。C. D. 迪雷科夫还提到，早在一八二八年，雅科夫・俾丘林出版了乾隆五十四年（1789）蒙古律例漢文本的俄譯本。同年，C. 利巴采夫又將滿文本俄譯出版②。德國學者多羅特婭・豪切特出版17世紀清代蒙古立法——根據康熙朝（1662—1722年）蒙古法典一書，也利用了這部康熙三十五年（1696）蒙古律書，德譯本共七十四條，並附原文的拉丁字母轉寫③。日本學者島田正郎在明末清初蒙古法研究一書中，對崇德八年（1643）的蒙古律書進行探討，提出『崇德八年律書是清初法律的一部分，即國初以來頒發的有關蒙古敕諭的合集，但並不是專爲蒙古制定的一部特別法』的觀點④。該學者在清朝蒙古例の研究一書中，對清代『蒙古例』做了全面系統的

① [俄] C. D. 迪雷科夫：蒙古律書，一九九八年。
② [俄] C. D. 迪雷科夫著，李秀梅譯：康熙三十五年蒙古律例，蒙古學信息，二〇〇四年第三期。
③ [德] 多羅特婭・豪切特著：17世紀清代蒙古立法——根據康熙朝（1662—1722年）蒙古法典，一九九八年。
④ [日] 島田正郎著：明末清初蒙古法の研究，創文社，一九九八年。

考察[1]。

有關康熙年間律書的整理與研究方面，李保文在康熙六年蒙古律書一文中，首次公佈收藏在中國第一歷史檔案館內秘書院蒙古文檔案中的康熙六年（1667）增訂蒙古律書，翻譯成中文，並做簡要説明[2]。該學者二〇〇三年將俄國學者C. D. 迪雷科夫於一九九八年在莫斯科出版的ЦАЖИН БИЧИГ（律書）的手抄本與蒙古國國立公共圖書館寫本庫所藏兩種蒙古文原文进行校勘後，漢譯成理藩院律書，並做相關研究[3]。達力扎布依據蒙古國國立公共圖書館藏本和C. D. 迪雷科夫附録的律書，在康熙三十五年蒙古律書研究一文中，將康熙三十五年（1696）律書與康熙六年（1667）律書，從對舊例的更改、補充，内容、量刑變化、新增等方面進行考訂，並對法律條目的源流、内容做比較，對全文進行拉丁字母轉寫並翻譯成漢文[4]。蒙古國學者巴·巴雅爾賽罕對蒙古國中央檔案館藏乾隆五十四年（1789）蒙古文版蒙古律例的刻本

---

① ［日］島田正郎著：清朝蒙古例の研究，創文社，一九八二年。

② 李保文：康熙六年蒙古律書，歷史檔案，二〇〇二年第四期。

③ 李保文：理藩院律書，故宫學刊（總第一輯），紫禁城出版社，二〇〇四年。

④ 達力扎布：康熙三十五年蒙古律書研究，民族史研究（第五輯），民族出版社，二〇〇四年。

做了比較全面的研究[1]。

張晉藩、郭成康清入關前國家法律制度史[2]、張晉藩清朝法制史[3]等著作是國內較早探討『蒙古例』制定過程的成果。奇格在古代蒙古法制史一書中，對蒙古律例的編纂年代、基本内容和特點做了探討[4]。徐曉光清代蒙藏地區法制研究[5]、蘇亦工明清律典與條例[6]、張世明中國經濟法歷史淵源論[7]、烏力吉陶格套清至民國時期蒙古法制研究——以中央政府對蒙古的立法及其演變爲線索[8]、那仁朝格圖13—19世紀蒙古法制沿革史研究[9]和那仁朝格圖、魯哈達中國少數民族法史通覽（第一卷）[10]等，對『蒙古例』的形成過

---

① [蒙] 巴・巴雅爾賽罕：蒙古律例，二〇〇一年。
② 張晉藩、郭成康：清入關前國家法律制度史，遼寧人民出版社，一九八八年。
③ 張晉藩主編：清朝法制史，法律出版社，一九九四年。
④ 奇格：古代蒙古法制史，遼寧民族出版社，一九九九年。
⑤ 徐曉光：清代蒙藏地區法制研究，四川民族出版社，一九九六年。
⑥ 蘇亦工：明清律典與條例，中國政法大學出版社，二〇〇〇年。
⑦ 張世明：中國經濟法歷史淵源論，中國民主法制出版社，二〇〇二年。
⑧ 烏力吉陶格套：清至民國時期蒙古法制研究——以中央政府對蒙古的立法及其演變爲線索，内蒙古大學出版社，二〇〇七年。
⑨ 那仁朝格圖：13—19世紀蒙古法制沿革史研究，遼寧民族出版社，二〇一五年。
⑩ 那仁朝格圖、魯哈達：中國少數民族法史通覽（第一卷），陝西人民出版社，二〇一七年。

程和蒙古律例文本做過論述。黑龍清朝蒙古律例及其整理研究述評一文，對蒙古律例研究的現狀、版本及整理情况做了詳細的梳理①。

關於蒙古律例和理藩院則例的關系是幾乎所有論者都涉及的一个重要議題，而且也是争論的焦点問題。在蒙古律例和理藩院則例的關系方面，學術界提出不同的觀點。較有代表性的有趙雲田蒙古律例和理藩院則例一文认为，理藩院則例與蒙古律例内涵不盡相同，不能把前者看作是後者的續篇②。趙雲田在清代蒙古政教制度③、關於乾隆朝内府抄本理藩院則例④、清代治理邊陲的樞紐——理藩院⑤等論著中也均持該觀點。李保文支持趙雲田的觀點，他認爲『钦定理藩院則例爲清朝理藩院行政的依據和程序，非審

---

① 黑龍：滿蒙關系史論考，民族出版社，二〇一三年。

② 趙雲田：蒙古律例和理藩院則例，清史研究，一九九五年第三期。該文将乾隆三十一年（1766）殿刻本与嘉慶十九年（1814）刊本進行比較，從條文的增删，洞悉清廷對蒙古政策的調整。如嘉慶年間刊本蒙古律例第二卷中，删去了乾隆殿刻本中『内地民人不許娶蒙古婦女爲妻』條文，從中看出清廷對蒙古地區封禁政策的調整。清朝刑法在整個蒙古地區的實施情况及清廷對蒙古地區統治的日益鞏固等都在律條的變化中體現得十分明顯。

③ 趙雲田：清代蒙古政教制度，中華書局，一九八九年。

④ 趙雲田：關於乾隆朝内府抄本理藩院則例，西北史地，一九八八年第二期。

⑤ 趙雲田：清代治理邊陲的樞紐——理藩院，新疆人民出版社，一九九五年。

理蒙古地區刑案的律條，从清代有關處理蒙古地區各類刑案的檔案記載來看，判案的依據爲 monggo fafun-i bithe（蒙古律書）或者「fafun-i bithe-de」（律書），而非欽定理藩院則例』。他還認爲『蒙古律例和欽定理藩院則例在内容上有連續性，在形式上蒙古律例通過理藩院表達國家的意志，而欽定理藩院則例則是理藩院通過欽定（獲得皇上批准）來表達部門和國家的意志，不能將二者混爲一談。然而蒙古律例和欽定理藩院則例二者，俱爲規定清廷與外藩蒙古地區權力和利益分配的具体條文，都具有極强的操作性，此乃二者共同之處』。並認爲，蒙古律（蒙古律書）爲大清政權建立以後頒佈實施於非滿洲區域的第一部法律文獻，也是大清國頒佈的第一部系統的成文法，其頒佈時間比入主中原後頒佈的大清律整整早三年，其重要性和開創性不言而喻。隨着清王朝國家地位的變化，以及清统治下蒙古地區出現的新的各種政治問題和社會問題，理藩院曾對蒙古律幾度修改和增删，律書題名也有所變化，因題名與習稱並存，加之滿、蒙古、漢三種語言中的稱呼各不相同，導致今人對其題名不知其所以然，給人們帶來了困惑，乃至有些學者竟把它與清朝中後期編纂的欽定理藩院則例相混淆，對蒙古律例的實效期限表示懷疑。利用有關清代蒙古法律文獻，以及其他鮮爲人知的滿、蒙古、漢文檔案史料，對清廷頒佈實施於其所轄蒙古地區的蒙古律的題名，以及該題名在清代各個時期的演變進行了系統的考察。同時，兼及蒙古律的歷史作用，初步探討了蒙古律例與大清律例、蒙古律例與欽定理藩院則例的關系。『該律流傳至今的名稱有大札撒、康熙六年增訂舊札撒書、理藩院律書、蒙古律例、蒙古律、蒙古律書、外律、外國律、理藩院律例、蒙古例、則例、蒙古條例等十二個之多』，李保文對上述題名的来歷、内涵，以及蒙古文、滿文和漢文中的稱謂進行考辨，並對蒙古法制史的諸多核心概念做了合乎實際的解釋。如古蒙古語與漢語『律』對應的詞彙有二，其一爲『札薩克』，其二爲『察哈扎』或『察哈津』，但在蒙古人傳統的思想觀念中，大札撒的規格高於大察扎，與漢文『例』對應的詞彙爲『赫博』，與漢文『規章』對應的詞彙爲『吉如姆』。『札薩克』一詞在元史中稱『札撒』，與維吾爾語『雅撒克』意義完全一致，同一字形分别在蒙古語和维吾爾語中有各自的讀音，該詞以『律』義廣泛應用於蒙古語中。頒佈欽定理藩院則例以後，蒙古律例在其規定的實施區域内仍然發揮了不可替代的歷史作用①。

達力扎布蒙古律例及其與理藩院則例的關系一文，比較系統地考察蒙古律例的各種版本及其流變，介紹國内外十餘種蒙古律例蒙古文本和六種漢文本。他對康熙六年增訂舊札撒書的版本特徵進行了縝密的考證，指出『這部律書是對康熙六年以前所頒佈「蒙古例」的系統整理。但是，這部律書的編纂缺乏條理，例文既没有按頒佈的時間順序排列，也没有像乾隆年間十二卷本蒙古律例那樣分類，很淩亂』。作者通過

① 李保文：清朝蒙古律的題名及其歷史作用，故宫學刊（總第三輯），紫禁城出版社，二〇〇七年。

康熙三十五年蒙古律例原書封面、書籤、圖書館登録名，以及署名人的批注等，确認這是一部康熙三十三年（1694）以後刊刻的律書，並將蒙古國中央檔案館藏蒙古律例的題名、册卷數、條目數等與乾隆五十四年（1789）修訂本比勘，評析二者的異同。作者又針對趙雲田的觀點，圍繞關於乾隆朝内府抄本理藩院則例進行考辨，提出蒙古律例初修於崇德八年（1643），以後隨着清廷管理蒙古地區的需要，不斷增删修訂。嘉慶年間，在蒙古律例的基礎上，擴展内容，修纂了理藩院則例。由於理藩院將其作爲本部門的則例來修，又增入了西藏和俄羅斯方面的内容。因此，改名爲理藩院則例並不妨礙其爲蒙古法律的性質。達力扎布提出：『乾隆朝内府抄本理藩院則例是乾隆朝大清會典則例理藩院部分的未刊稿，不是理藩院主持撰修的本部門則例——理藩院則例。』他認爲理藩院則例是對蒙古律例進行續纂、修改、續編的成果。『理藩院則例在修纂中，以乾隆五十四年刊本爲基礎，收入了順治以來稿案内容，以及乾隆末嘉慶初年增定的蒙古則例，採取了清朝各部院衙門則例的體例，它對蒙古律例既有繼承，也有發展，内容上更全面，形式上更規範，標誌着清代蒙古立法的一個新階段』。所以『理藩院則例修成後，史籍中再也没有見到修訂蒙古律例的記載，也没有發現傳世的版本和抄本，這也證明理藩院則例就是原蒙古律例的增修』。①

① 達力扎布：蒙古律例及其與理藩院則例的關系，清史研究，二〇〇三年第四期。

此外，對於蒙古律例的形成方面，萩原守①、楊選第②、劉廣安③、徐曉光和陳光國④等學者也都做了相關研究。

蒙古律例的刑法制度方面，C. D. 迪雷科夫對法典中的刑罰進行了詳細的分類，他總結出刑罰有十二種：一、死罪，罪犯家屬没爲奴。二、凌遲。三、斬首。四、勒死。五、與妻子没爲奴。六、流放外省並爲奴，服苦役。七、鞭刑、杖刑。八、没收財産。九、罰牲畜、交『九數』。十、免職、削爵。十一、坐牢。十二、處以絞刑。⑤

而關於蒙古律例的性質和歷史作用方面，學術界一般認爲蒙古律例屬於大清律分支，或者是清廷爲

①［日］萩原守著，鄭民欽譯：清朝的蒙古例——蒙古律例、理藩院則例及其他，中國法制史考證（丙編第四卷），中國社會科學出版社，二〇〇三年。
②楊選第：近年來清朝理藩院則例的整理研究概况，内蒙古社會科學，一九九九年第三期。
③劉廣安：清代民族立法研究，中國政法大學出版社，一九九三年。
④徐曉光、陳光國：清朝對『蒙古例』、理藩院則例的制定與修訂，内蒙古社會科學，一九九四年第三期。
⑤［俄］C. D. 迪雷科夫：律書，一九九八年。

蒙古地區制定的特別法規。徐曉光、陳光國則認爲，蒙古律例『在蒙古地區具有最高的法律效力』。[①]李保文提出：『清朝蒙古律作爲實施於其所轄蒙古地區的至高法律，頒佈於崇德八年（1643），比順治三年（1646）或四年頒佈的大清律至少早三年。宣統二年（1910）大清律被欽定大清現行刑律所替代，而蒙古律例則被清朝一直沿用至清末，那種認爲蒙古律例屬於大清律分支的説法不合乎歷史事實，清屬蒙古地區不以大清律而以蒙古律作爲斷案的依據……蒙古律例與大清律例在大清國有着同等的法律地位，只不過實施的區域不同而已。』[②]

關於包括蒙古律例在内的清朝『蒙古例』研究，在制定年代、成書時間、版本考釋、内容結構、實施範圍、法律性質和作用等方面，取得了較好的成果，但對法律淵源的考訂、法律形式的判斷、體例結構的分析、法律地位、司法實踐中的運用方面，仍有較大的探討空間。

① 徐曉光、陳光國：清朝對『蒙古例』、理藩院則例的制定與修訂，第五十二頁，内蒙古社會科學，一九九四年第三期。

② 李保文：清朝蒙古律的題名及其歷史作用，故宫學刊（總第三輯），紫禁城出版社，二〇〇七年。

（二）蒙古律例的版本

蒙古律例多次修訂和增删，所刊刻的滿、蒙古、漢文本題名屢有變化，不盡相同。崇德至康熙年間刊有蒙古文本，乾隆六年（1741）出現滿文，乾隆三十一年（1766）開始刊刻漢文本，並定名爲蒙古律例。直至清末，蒙古文、滿文、漢文題名再無變化[①]。

康熙六年（1667）增訂蒙古律書刻本，今藏於中國第一歷史檔案館内秘書院蒙古文檔案中。其蒙古文題名漢譯爲『康熙六年增訂舊札撒書』或『康熙六年增訂舊律書』，共收入律例一百一十三條，全書四九頁，九十八面，木刻本，黄紙封面[②]。該律書增入了順治朝至康熙五年（1666）的有關蒙古地區的定例，所以内容比較豐富，但編輯無章法，仍保留蒙古固有法的基本體例。因崇德八年（1643）的蒙古律書尚未發現，所以康熙六年（1667）蒙古律書是目前所能見到的最早比較完整的文本，彌足珍貴，史料價值頗高。康熙三十三年（1694）再次修訂蒙古律例，匯總了自天聰至康熙三十三年（1694）發佈的有關蒙古的敕諭。原書蒙古文題名爲外藩蒙古理藩院律書，李保文漢譯爲理藩院律書[③]。達力扎布認爲，書名有省略號

---

①② 李保文：清朝蒙古律的題名及其歷史作用，故宫學刊（總第三輯），紫禁城出版社，二〇〇七年。

③ 李保文：理藩院律書，故宫學刊（總第一輯），紫禁城出版社，二〇〇四年。

的地方，爲原書封面紙張缺損，所存語句可譯爲理藩院律例，現藏於蒙古國國立中央圖書館手抄本部①。這部蒙古律書的前一百一十三條與康熙六年（1667）基本一致，其中有七條删並，一些條例增加了内容，以補充舊例之缺漏。其餘部分是康熙六年以後新增定例，例文總數增至一百五十二條。法律條文的增加，反映了康熙三十年（1691）多倫會盟後，喀爾喀蒙被納入到清朝外藩體系，法律制度理應與外藩蒙古四十九旗劃一。據大清會典則例記載：『康熙三十一年覆准，喀爾喀等每札薩克，各頒給律例一册。』②這裏説的律例正是蒙古律例。

乾隆時期對蒙古律例加以修訂，使其更加完備。清高宗實録乾隆五年（1740）九月乙亥記載：『大學士等議覆，管理理藩院事務怡親王弘曉條奏應行事宜。一、請修葺律書。查蒙古律書久未纂輯，且原刻未兼清文。應如所請，交該衙門校閲、增改、繕寫進呈。交刑部律例館兼刻清文、蒙古字頒發……』由此看

① 據達力扎布介紹，康熙三十五年（1696）本在蒙古國國立中央圖書館手抄本部登録的書名爲康熙時期一六九三年刻，修訂自一六二九年以來歷朝皇帝所頒條例的蒙古律例。原書封面有書籤，黄底黑字，蒙古文書名爲 γadaγa-du mongγol-un törü-yi jasaqu yabudal-un yamun-u toγtaγaγsan caγajan bičig，漢譯爲理藩院律例，或理藩院則例。但是，蒙古文中對嘉慶年間修纂的理藩院則例有固定譯法，『則例』的對應詞是『qauli ǰuyil-un bičig』，有别於『ǰasaγ-un bičig』。

② 钦定大清会典則例（一四二卷），上海古籍出版社，一九九五年，第四九二頁。

來，從乾隆五年（1740）九月起，又修訂過蒙古律書，其告竣時間也有明確記載，是乾隆六年（1741）十二月丙午[①]。從上述『兼刻清文、蒙古字頒發』等語可以看出，此次告竣者爲蒙古律例的滿文和蒙古文版本。自此，蒙古律例有了滿文刊刻本。然而，這次修訂的蒙古文原書，迄今在國内尚未發現，無法看到其真實面目。有學者報導，在蒙古國烏蘭巴托保存乾隆六年（1741）成書的蒙古文蒙古律書的第三册（卷七、八、九），封面以蒙古文刻印題籤『mongγul čaγajin-u bičig』和『蒙古律書第四册（卷十、十一、十二）』，封面題名爲滿文『monggo fafun-i bithe』。而滿文本傳世者，僅有一部半，均爲刊刻本，一部藏於法國巴黎國家檔案館，保存完整，應是四册，十二卷。半部藏於遼寧省圖書館，滿文題名俱爲『monggo fafun-i bithe』（蒙古律書）[②]。乾隆六年（1741）成書的滿文、蒙古文蒙古律例爲四册，十二卷，此後修訂之蒙古律例都是十二卷。

起初，蒙古律例主要適用於蒙古地區，因此，在清初以蒙古文刊行。然而，到乾隆年間，需要使用滿文本蒙古律例，審理蒙古案件，於是滿文本蒙古律例應運而生。關於滿文本據清高宗實録載：盛京刑部侍

① 清高宗實録，乾隆六年十二月丙午。

② 盧秀麗編：遼寧省圖書館滿文古籍圖書綜録，遼寧民族出版社，二〇〇二年。

郎兆惠查科爾沁蒙古人等前抵奉天，遇有命盜案件，向由將軍審明報部。經乾隆三年奉天將軍博第奏準，移咨盛京刑部即照蒙古條例，定擬繕折具奏。但臣部所有蒙古條例，皆系蒙古字樣，並未翻清，臣部雖有蒙古司員，不識蒙古文字，恐是非莫辨，關系匪輕，請令理藩院將蒙古條例翻清以裨引用。得旨，如所請，下部知之。[①]乾隆、嘉慶年間，在蒙古地方設將軍、大臣、都統等，兼理蒙古事務，治邊諸府縣和蒙古地區設立了理事同知、通判，審理蒙民交涉案件。隨着蒙古與內地交涉案件增多，各地官府也需要漢文本蒙古律例，於是開始翻譯、刊刻漢文本律例。乾隆三十一年（1766）蒙古律例譯爲漢文本，現藏於故宮博物院圖書館，有兩部刊刻本，各四册，十二卷，一百八十九條[②]，中央民族大學圖書館藏漢文蒙古律例刻本一部，爲上述兩部乾隆三十一年（1766）漢文蒙古律例的同一版本[③]。京都大學文學部桑原文庫藏有漢文版蒙古律例刊本，全十二卷，一百九十三條，收録條文最晚爲乾隆三十九年（1774）。中央民族大學圖書館藏有清中期抄本本蒙古文蒙古律例十二卷，一百九十四條，收録條文最晚爲乾隆四十六年（1781）。因此，

① 清高宗實録卷一六七，乾隆七年五月下甲申。
② 趙雲田：蒙古律例和理藩院則例，清史研究，一九九五年第三期。
③ 達力扎布：蒙古律例及其與理藩院則例的關系，清史研究，二〇〇三年第四期。

在乾隆三十九年（1774）和四十六年（1781），可能分别刊行過蒙古律例。

乾隆五十四年（1789），對蒙古律例進行系統的校訂，並統一刊行了滿、蒙古、漢三種文字的版本①。據史書記載，此次修訂的蒙古律例共十二卷，二〇九條。其漢文本藏於日本東京大學東洋文化研究所和臺北歷史語言研究所傅斯年圖書館，其蒙古文抄本和滿文稿抄本藏於法國巴黎圖書館②。

最後一次修訂蒙古律例是在嘉慶年間。嘉慶十九年（1814）漢文刊刻本是迄今發現最晚刊行的蒙古律例。此次重新修訂乾隆五十四年（1789）蒙古律例十二卷，二〇九條，並且增加若干條文，使其更加完備。該刊本現藏於中央民族大學圖書館，一函兩册③。其各卷名稱及其所含條目如下：卷一，官銜，二十四條；卷二，戶口差徭，二十三條；卷三，朝貢，九條；卷四，會盟行軍，十三條；卷五，邊境卡哨，十七條；卷六，賊盜，三十五條；卷七，人命，十條；卷八，首告，五條；卷九，捕亡，二十條；卷十，雜犯，十八條；卷十一，喇嘛例，六條；卷十二，斷獄，二十九條，合計二〇九條。还有增訂蒙古則例十六條和蒙古條例七條，共二十三條，总计二百三十二條。

---

① 欽定理藩部則例，光緒三十四年排印本，全國圖書館文獻縮微複製中心，一九九二年，第三頁。

②③ 達力扎布：蒙古律例及其與理藩院則例的關系，清史研究，二〇〇三年第四期。

嘉慶朝以後未見再次修訂蒙古律例之記載。因爲欽定理藩院則例已經明確規定『凡辦理蒙古案件，如「蒙古例」所未備者，准照「刑例」辦理』，所以也就不存在修訂蒙古律例的問題了。根據檔案記載，在清末修訂欽定大清律例之際，理藩部根據已頒佈的現行刑例，對『蒙古例』中有關量刑的相應條款也進行了修改，然而似乎未及頒行而清亡。

清之后，刊印出版的版本有：

1. 一九三四年，僞滿洲國興安總署調查科出版了蒙古律例的日譯本，書的尺寸为19厘米×13厘米，全書豎排，右開，鉛字版，封面左上標注叢書名『調查資料第三輯』，未署翻譯者，未交代底本信息。從例文最晚出現者爲乾隆四十六年（1781）判斷，底本與中央民族大學圖書館藏清中期抄本蒙古律例，十二卷，一百九十四條文本相似。日譯本包括『序』『例言』『蒙古律例總目録』『正文』和『蒙古律例譯注』等。一九四二年『蒙古自治邦興蒙委員會』又出版了日文版蒙古律例，書的尺寸爲22.2厘米×15.2厘米，全書豎排，右開，鉛字版，封面左上標注出版時間，叢書名『成紀七三七年十月/興蒙委民資料第四號』。以上兩部日譯本之間，除『序』和『例言』有所不同，其他無明顯區別。

2. 一九三六年，北平文殿閣書莊出版了嘉慶二十年（1815）漢文刊刻本蒙古律例，編入國學文庫第三十二編。一九七二年，臺北廣文書局史料四編（影印本）收入此本，流傳甚廣。

3. 一九六七年，臺灣成文出版社影印乾隆五十四年（1789）漢文抄本蒙古律例，編入中國方志叢書塞北地方第三十八號，出版發行。

4. 德國學者多羅特婭·豪切特在17世紀清代蒙古立法——根據康熙朝（1662—1722）蒙古法典一書中，以德文翻譯康熙三十五年（1696）蒙古律書大部分條文，並附原文的拉丁字母轉寫。

5. 俄國學者C. D. 迪雷科夫整理康熙三十五年（1696）蒙古律書，對蒙古文原文進行拉丁字母轉寫、俄譯、注釋，並將原文附於書後，於一九九八年在莫斯科出版。

6. 中國社會科學院中國邊疆史地研究中心編蒙古律例·回疆則例，一九八八年由全國圖書館文獻縮微複製中心影印出版。但編印者對蒙古律例的版本來源未作説明。據達力扎布考證，其底本是中央民族大學圖書館藏嘉慶年間刻本[①]。

7. 中國第一歷史檔案館藏康熙六年增訂舊律書。李保文對該館藏蒙古文律書進行漢譯，並加注釋，以康熙六年蒙古律書的題名刊發於歷史檔案二〇〇二年第四期。

8. 蒙古國國立大學巴·巴雅爾賽罕對乾隆五十四年（1789）蒙古文蒙古律例進行整理，二〇〇四年

---

① 達力扎布：蒙古律例及其與理藩院則例的關系，清史研究，二〇〇三年第四期。

出版蒙古律例（文本研究）一書。該書的後半部分即爲蒙古律例原文的拉丁字母轉寫、基里爾蒙古文譯注、索引、參考書目等。

總之，迄今所知蒙古律例有蒙古、滿、漢、俄、德、日文各語種本，影響廣泛，而且對學術界深入研究蒙古律例，提供了多種版本的文獻資料。①

（三）蒙古律例的體例結構與基本内容

蒙古律例是在清入關前後歷朝『蒙古例』的基礎上，逐漸法典化的民族法制文獻。蒙古律例的編纂充分反映了清朝對蒙古統治措施的發展變遷和民族政策的制度化進程。清朝『蒙古例』在天聰、崇德年間形成雛形，康熙年間初具規模，乾隆年間經多次修訂後定型，又在嘉慶年間得到補充和升華。這足以説明清朝立法技術的成熟和民族立法的嚴謹態度，體現了民族政策與立法的『因地制宜，因俗而治』的特點。

蒙古律例主要適用範圍，爲蒙古地區王、貝勒、貝子、公、額駙、台吉、塔布囊、大小官吏、哈剌出、阿勒巴圖、孛斡勒等，同罪異罰，有鮮明的階級烙印。並爲僧侶階層制定了專門的『喇嘛例』。蒙古

① 達力扎布：蒙古律例及其與理藩院則例的關系，清史研究，二〇〇三年第四期。

律例經乾隆六年（1741）、乾隆三十一年（1766）、乾隆三十三年（1768）、乾隆三十九年（1744）、乾隆四十六年（1781）、乾隆五十四年（1789）、嘉慶十九年（1814）多次修訂，雖基本框架没變化，但增訂、奏定條例，多有變化。

蒙古律例結構主要由『官銜』『戶口差徭』『朝貢』『會盟行軍』『邊境卡哨』『盜賊』『人命』『首告』『捕亡』『雜犯』『喇嘛例』『斷獄』構成，内容共十二門（卷），二〇九條。從十二卷的編纂結構看，該法律主要是以行政法規、刑事法規、民事法規、軍事法規、宗教法規、司法制度爲主的綜合性法規。從編訂體例看，既有實體法，又有程序法，形成以行政法規，刑事法規、民事法規，宗教法規、軍事法規與司法制度混合的格局，與固有蒙古法的『自然』體例和内地傳統法典編纂的『規範化』體例，均有所不同。

蒙古族成文法從阿勒坦汗法典開始，法典的編纂的體例一改過去傳統蒙古法自然淳樸的表達風格和鬆散的框架結構，取而代之的是嚴謹規範的法典化編纂體例。自十六世纪末以来，蒙古文法典的篇章、結構和格式規範基本形成。蒙古文法典之間，無論從形式到内容幾乎是一脈相承，並不斷地傳承、改進和完善。蒙古文法典在體例結構方面，基本遵循以下固定格式規範，即法典開頭均有贊美詩，皆向佛教創始人釋迦牟尼佛頂禮膜拜或讚頌至尊宗喀巴大師，後來又向達賴喇嘛、班禪額爾德尼，以及有名望的高僧大德頂禮膜拜，並描述一些降服惡魔之类的話語。一般明確交代制定法律的僧俗封建領主們的名號，制定法律的緣起、施實範圍及時間和地點。制定蒙古法典的共同特點之一，是僧俗貴族通過會盟共同商定，一定程度上保留了蒙古固有的貴族議事會議遺風。法律條款的内容一般包括政權、外交、敵情、部落間關系、保護喇嘛階層利益、維護封建領主利益、特權、人命、殺傷、盜賊、鬥毆、治姦、婚嫁、繼承、財産、收養、播疾病、烏拉、舒思（汤羊）、使者、行爲、婦女、兒童、教育、司訟、證人、逃人、牧場、畜群、罵詈、動物保護、狩獵規則、救助、捕亡、審斷、税收、宗教戒律、禁酒、戰事規則、火事、債務及生産生活諸領域。各法典因制定時間不同，規範事物不同，所規範的内容輕重和排列順序不同。處罰一般是蒙古舊俗，如罰畜、頂替、贖刑、轉寺院、羞辱等，而少有死刑、流放和充軍等。向大衆告知與本立法有關的事項，如交待法律淵源，宣佈結束，文末有句佛教的祈福文『愿得吉祥』等語。

蒙古文傳統法律典籍之間，具有内在聯系和傳承，如蒙古—衛拉特法典吸收了阿勒坦汗法典和樺皮律的對應内容；喀爾喀法規很大程度上繼承了樺皮律的内容；而青海衛拉特聯盟法典除了大量吸收上述幾部蒙古法典之外，還吸收了藏族法制的因素，爲後世蒙藏雜居地區的治理，提供了豐富的法制資源和經驗。在很大程度上，蒙古法典保留游牧社會法制的鮮明特點。内地漢法經歷了北齊律、開皇律和永徽律疏（元代改爲唐律疏議）的發展，法典編纂的體例有了穩定的結構，即使法典的名稱虽有變化，但總則在前、分則在後，實體在前、程序在後的篇章結構不变，並且立法指導思想和法制原則相沿千載，始終如一，极具穩定性。以中國古代封建法制最高成就者唐律疏議的體例結構爲例，按『名例律』『衛禁律』『職制律』『戶婚律』『廄庫律』『擅興律』『賊盜律』『斷訟律』『詐僞律』『雜律』『捕亡律』『斷獄律』十二篇的順序，對五〇二條律文逐條逐句進行注解，並以問答的形式，辨異析疑。長孫無忌等編撰法律時，還根據戰國、秦漢、魏晉南北朝至隋朝以來的封建法律理論，對於律文的內容，叙述其源流，對其含義加以闡发，補充不完備的地方，使唐律的內容翔實豐富，足見中國古代傳統律學的發达。後世法典皆因循唐律的編撰體例，尤其是到明代，制定大明律時，丞相李善長建議『今制宜遵唐舊』，明太祖採納之，並命儒臣同刑官講解唐律，日進二十條，共同研究探討，一準於唐律，似是重修唐律，所以習慣上稱作唐明律合編。清朝『詳譯明律，參以國制，增損劑量，期於平允』，基本沿襲明代律法。

大清律例與蒙古律例基本同時成書，大清律例先頒佈，次年頒行蒙古律例，二者修訂的經過也類似，但輕重不等。大清律例除『總目』『諸圖』『服制』三卷外，按六部仍以『名例律』（上下二卷，屬於總則，由五刑、十惡、八議、化外人有犯及文武官員、各類人種犯罪定罪量刑的刑事原則組成）、『吏律』（職制、公式，共二卷）、『戶律』（戶役、田宅、婚姻、倉庫上、倉庫下、課程、錢債、市廛，共八卷）、『禮律』（祭祀、儀制，共二卷）、『兵律』（宮衛、軍政、關津、廄牧、郵驛，共五卷）、『刑律』（賊盜上、賊盜中、賊盜下、人命、鬥毆上、鬥毆中、鬥毆下、訴訟、受贓、詐僞、犯姦、雜犯、捕亡、斷獄上、斷獄下，共十五卷）、『工律』（營造、河防，共二卷）和『總類』（共八卷，對答、杖、徒、流、死五刑的適用輕重，以及比引規範進行規定）分類，涵蓋了唐明律的全部内容。

但從蒙古律例的編纂體例考察，該律例的各卷在很大程度上，是按大清律體例結構中的特定事項編纂的。通過与大清律例的比較，蒙古律例各門中的『官銜』與『職制』『儀制』，『戶口差徭』與『戶役』『婚姻』，『行軍』與『軍政』，『盜賊』與『賊盜』，『人命』與『人命』，『首告』與『訴訟』，『捕亡』與『捕亡』，『雜犯』與『雜犯』，『斷獄』與『斷獄』皆有淵源關系。因此，大清律例是蒙古律例的立法指導原則和法律淵源。因此，能够清楚地看到，修訂『蒙古例』時，一定是參照了大清律例的編纂體例無疑。

後來，在嘉慶朝修纂理藩院則例時，法典的體例和結構發生了更大的變化。理藩院則例的内容包括通例（上下）、旗分、品秩、襲職、職守、設官、擢授、奬懲、地畝、倉儲、徵賦、俸銀、朝覲、貢輸、印信、婚禮、賜祭、旌表、優恤、軍政、會盟、郵政、邊禁，以及喇嘛事例、俄羅斯事例，凡六十三卷，共七百一十三條。對此，達力扎布認爲，『新修則例的内容由二〇九條增加到七百一十三條。但是，與乾隆五十四年蒙古律例比較，不難發現，其内容仍以蒙古律例爲基礎，原文條目有些保留，有些則稍加修改或裁爲若干條，新增内容中有的是新制定的條例，有的是從往年案例中修改出來的條例。體例上，在原有内容基礎上，類别的劃分更加詳細，把原來的十二類内容進一步細化爲三十八類，把原來的條目，根據其内容分散編入各類，新設類别的名稱，多採自乾隆朝大清會典及大清會典則例，如設官、比丁、優恤、郵政、略賣、審斷、限期等。而前置原奏、官銜等項都是仿各部則例的奏疏和銜命（堂名）格式。「通例」也是吸收了乾隆朝大清會典各部門内容，先介紹機構和職司的形式。但是，體例與大清會典和大清會典則例不同，没有以部門爲綱，而是依條例的類别排列，仍保留了蒙古律例的體例。内容上，新增了原例所没有的内容和類别。如旗分、職守、地畝、倉儲、俸緞俸銀、宴賚、印信、旌表、留守等十類。其中，旗分（旗制）、地畝、俸緞俸銀（俸幣）、宴賚（宴餉賞賚）、印信等名目，都是直接吸收自乾隆朝大清會典及大清會典則例。新設類目中，内容較多者，再劃分爲若干卷，如襲職、廩餼、宴賚、偷竊、西藏通制等分爲上下兩卷，郵政分爲三卷，喇嘛事例分爲五卷。新增西藏通制兩卷、俄羅斯事例一卷，全書共五十類，六十三卷。理藩院則例比蒙古律例的内容更爲廣泛，不僅限於蒙古内部事務，還有理藩院的機構及執掌、理藩院駐扎各地方管理蒙古與内地交涉事務司員及駐防大臣的職守，全面反映了當時清廷對蒙古地區管理上的變化和發展」[1]，説明『蒙古例』的修訂、增纂、解釋、歸納、續修等立法技術已經成熟。當然，不可忽略的一點是，大清會典及各部則例的某些内容也被較好地吸收在該法律文本當中。尤其是『朝貢』『會

---

① 達力扎布：蒙古律例及其與理藩院則例的關系，清代蒙古史論稿，民族出版社，二〇一五年，第四九五至四九六頁。

盟』『邊境卡哨』『喇嘛例』等與會典類文獻中的『喇嘛封號』『兵制』『邊務』『會盟』『朝覲』『貢獻』等内容有着密切的關系。

下面對蒙古律例十二卷内容做簡單介紹：

『官銜』門，規定蒙古王、公、台吉、塔布囊、額駙及其子孫等職銜、承襲、品秩、儀制、恤賞等内容。律例規範外藩蒙古王、公、台吉、管旗章京等封建貴族的頂戴、服色、坐褥、坐次和襲爵、襲職的辦法及皇帝出入迎送、迎接敕諭、迎接欽差大臣侍衛規格等事項。『官銜』門的相關内容，在康熙六年（1667）、三十五年（1696）的蒙古律書中，對於迎來送往等方面略有記載，在蒙古律例中更加詳細，應來源於大清律例·吏律中的『職制』門。『職制』是封建法典的篇名。晉律始有『違制律』，南朝宋、齊、梁，北朝北魏、後周、北齊沿用之。隋開皇律更名爲『職制律』，大業律復稱『違制律』，唐律復更爲『職制律』，宋代仍之，明清律將此律附於『吏律』中。此篇是關於加强中央政府的職能和控制文武百官的法律。

『戶口差徭』門，規定外藩蒙古地區戶口管理、基層組織建制、差役徭役、婚姻繼承等内容。並對蒙古地區的災害賑濟、宗教事務管理、畜群管理、人口禁賣方面也做了相關調整。『戶口差徭』門，應照大清律例戶律中的『戶役』『婚姻』門設置，因蒙古地區與内地在戶口、田宅、婚姻、錢債等方面截然不同，故而内容及規範同内地有較大的差異。該處『戶口差徭』屬於『戶婚』類篇名。『戶婚』是封建法典的一篇，關於戶籍、田宅、婚姻等方面的法律規定，始於漢九章律中的『戶律』，直至北周，相沿而未改。北齊律加入婚姻方面的内容而更名爲『戶婚律』。唐律同，宋仍之。明律將戶役與婚姻合並而稱『戶律』，包括戶役、田宅、婚姻、倉庫、課程、錢債、市廛等項。清律亦同明律，在蒙古律例中稍作變通。

『朝貢』門，規定外藩蒙古王公的年禮慶賀、年禮來朝、朝賀定限、九白之貢、進貢注意事項、程式、規格和班次等。『朝貢』是指古代藩屬國或外國使臣朝見宗主國或所在國的君主，並敬獻禮品的制度，是朝覲制度中的一部分。中國古代朝貢制度由來已久，從册封制度、羈縻制度到朝貢制度，形成嚴密的朝貢體系，與中原王朝的遠近親疏大致有『外服』和『内服』之分。清朝保留了明朝的朝貢體系，只是要求各國繳還明朝的封誥，重新領取清朝的封誥。清廷將同周圍部族的往來明確分爲，由理藩院和禮部分别管轄。蒙古、西藏等地與内地的往來視爲國家内務，由理藩院管轄；與朝鮮、日本、俄羅斯等國的來往，視爲獨立的外國，由禮部管轄。清代，外藩喀爾喀蒙古三汗每年例貢朝廷的『白駝一隻、白馬八匹——九白之貢』即为典型。

『會盟行軍』門，是對會盟時間、會盟紀律、行軍紀律、王公敗陣而逃、軍器管理等方面的規定。中原古代諸侯之間的集會、訂盟叫作會盟。在北方游牧行國社會，會盟是非常重要的一項軍政活動，僧俗封建主主要通過會盟處理重要事情。清廷入關前，便非常注重蒙古社會這一制度，並常與軍事活動聯繫在一起。從天聰年間開始，以法律的形式鞏固會盟行軍之宜，並將其制度化，作爲一種國家行爲。會盟制度是清中央政府專門在民族地區舉行的一種军政上的集會。這種會盟最早在内札薩克、喀爾喀等蒙古部落之中舉行，參加會盟者，主要有朝廷派來的會盟大臣（主事）和當地部落首領。會盟要解決的是宣諭清廷旨意、主持解決各旗之間的糾紛、清理積訟等事宜。爲做好這項工作，清政府還專門對會盟的『定地』『定期』『儀注』『會盟大臣』等諸多問題做了詳細規定。

『邊境卡哨』門，是對侵入地界、貿易往來、偷捕獵物、買賣軍器、坐哨人職責等方面的規定。關於『邊境卡哨』這類篇名，歷代法典和大清律例中均未見載，唯『蒙古例』中專設。設置這類篇名，似乎與廣泛推行盟旗制度、卡倫鄂博制度和領土拓展等有關。早在天聰、崇德時期，已經有『對歸附各部，劃定牧地疆界，劃定各部疆界以後，嚴禁互相兼並、争奪。規定有越疆界者，坐以侵犯之罪』的規定。在康熙年間的蒙古立法中，已经把這類規定規範化、制度化。

『盜賊』門，規定搶劫、搶奪、偷竊和對盜賊罪的處理内容。强據官員、平人的等級和殺傷人、未殺傷人的情節區分認定。偷竊條文有的泛指蒙古各地，有的特指某地某處。因爲牲畜是蒙古地區最基本的生産資料，所以有關偷竊的條文幾乎都是針對偷竊牲畜而規定的。偷竊牲畜罪的處罰很重，對有的地區規定『不分首從治罪』。『賊盜』是封建法典的篇名，歷代王朝特別注重賊盜立法，强調『王者之政，莫急於盜賊』。『盜賊』律是關於維護封建階級的政治統治和社會秩序的法律規定。魏國法經始有『賊法』『盜法』二篇，秦漢至北魏，均稱『賊律』『盜律』。北齊律合二爲一，成爲『賊盜律』。後周律更名爲『劫盜律』，後又有『賊叛律』。隋朝開皇律改爲『賊盜律』，唐朝沿用之。『賊』與『盜』二字義本有異，張斐律表記載：『無變斬擊，謂之賊，取非其物，謂之盜。』前者侵害的對象是人的生命和身體，後者侵害的對象是財物。唐律中的『賊盜律』共五十四條，大致内容是：謀反、謀叛、謀大逆、謀殺地方官吏、謀殺尊長、故意殺人、妖言惑衆、造畜蠱毒、掘墓殘屍、搶劫、盜竊、略誘等。宋仍唐舊。明律將盜賊列入『刑律』，與人命、鬥毆、駡詈、訴訟、受贓、詐僞、犯姦、雜犯、捕亡、斷獄等篇相並立。清律亦同。蒙古律例中吸收了這些内容，並將清律中的『贼盜』改爲『盜贼』，『盜』置於前，這符合蒙古地區的實際情况。

『人命』門，對處理殺人、傷人等罪，做了詳細規定。有關殺人罪的條文，對故殺、過失殺做了區别。故殺條文，又分爲以刃物戮殺、鬥毆殺等情節和夫故殺妻、奴殺家主等不同情况。有關傷人罪的條文，對傷害眼目、耳鼻和肢體等不同情况做了區分，並吸收了内地律中的保辜制度。『人命』門，源於大清律例刑律中的『人命』。『人命』是封建法典的篇名，源於『鬥訟』篇。『鬥訟』是關於鬥毆、告劾、訴訟等方面的法律規定。在魏律中，分『囚律』爲『繫訊』『斷獄』兩篇。北魏律開始，從『繫訊律』中分出『鬥律』。北齊律則以訟事附之，改爲『鬥訟律』。後周律更名爲『鬥競律』。隋朝開皇律因北齊律，復稱『鬥訟律』。唐朝相沿而未改，唐律·鬥訟律共五十九條，是關於懲治辱駡、毆傷、誣告等行爲和訴訟程序方面的法律規定。宋仍唐舊。明律的鬥訟内容隸屬於『刑律』，分設人命、鬥毆、駡詈、訴訟幾類。清律亦同。

『首告』門，規定訴訟的限制條件和訴訟的程序等内容，規定控告限於當事者本人，旁人不得代爲具控，越訴呈控，不論是非都要受到懲罰。『首告』是中國封建社會的起訴制度，是訴訟過程中告訴的一種形式，史籍中也稱爲告姦、舉首、出首等。此處與大清律·例刑律中的『訴訟』篇有關。『首告』在滿族早期社會很盛行。在康熙六年（1667）、康熙三十五年（1696）的蒙古律書中也有了有關『首告』方面的規定。

『捕亡』門，是對捕獲逃人、隱匿逃人、拿獲逃人、隱匿賊人、疏脱斬犯等具體事項的處理規定。逃人分爲由内地逃亡蒙古地區的逃人和由蒙古地区逃亡外國的逃人。『捕亡』是封建法典中的篇名，是關於追捕逃亡人犯、丁夫及管理罪犯的法律規定。戰國時期魏國法經六篇中，第四篇爲『捕法』。秦漢改『法』爲『律』，爲捕律。魏、晉、宋、齊仍舊。梁律稱『討捕律』。北魏律改稱『捕亡律』。北齊律名『捕斷律』。後周律名『逃捕律』。隋朝開皇律復稱『捕亡律』。唐沿用之，唐律捕亡律共十八條，主要是對奴婢逃亡、罪犯逃亡、拘捕、藏匿罪犯、故意或過失放走逃犯等行爲的懲罰規定。宋仍唐舊。明律將『捕亡律』中的一部分納入『刑律』中，稱『捕亡』一門。又將其他内容分別納入『戶律』的『戶役』門，『吏律』的『職制』門。清律亦同，蒙古律例中也吸收了該篇名。

『雜犯』門是針對違用禁物、誹謗王公貴族、失火放火、發塚犯姦、誘賣人口等內容的規定。『雜犯』是封建法典中的篇名，也是依法條性質難於劃歸其他諸篇的內容，故單列一篇，名之爲『雜犯』。戰國李悝法經的第五篇爲『雜法』。秦漢律改『法』爲『律』，故有『雜律』。爾後，除北周律稱『雜犯』外，餘皆稱『犯律』。唐律中的『雜律』共六十二條，內容廣泛，涉及受賄、買賣人口、賭博、强姦、和姦、私造量器衡器貨幣、失火、毀損公私財物及堤防、負債不還等。明律將『雜律』中一部分內容列入『刑律』，稱『雜犯』門，其他內容則分别列入『吏律』的『受財』門，『戶律』的『錢債』門、『市廛』門，『禮律』的『儀制』門，『兵律』的『軍政』門、『郵驛』門、『犯姦』門和『刑律』的『詐僞』門、『人命』門等。清律亦同，蒙古律例中也吸收了該篇名。

『喇嘛例』門，對喇嘛的服飾、喇嘛班第及寺院的管理和喇嘛犯罪的處理，做了專門規定。在中國古代歷代法典中，無此類篇名。『喇嘛例』是清廷專門針對蒙藏民族地區的藏傳佛教事務管理的法律，具有濃厚的民族特色。清廷尊重蒙古的宗教信仰，優禮喇嘛，修建寺廟，保護寺院。同時，清廷經常發佈針對喇嘛的禁令，對藏傳佛教的推崇和限制管理同時進行。

『斷獄』門，規定罰罪牲畜的數目、罰罪案件的發誓、王公犯罪的議處、死罪人犯的審决和收贖、抄没賊人的産畜和妻子、相驗蒙古命案等内容①，並專條規定：『蒙古人在内地犯事，照内地律治罪，民人在蒙古地方犯事，照蒙古律治罪』，確定了蒙古地區法律適用原則。『斷獄』是封建法典中的一篇，是關於司法審判和監獄管理的法律規定。戰國時期李悝編的法經有『囚法』。秦漢律更名爲『囚律』。三國魏律始立『斷獄律』之名。爾後，除北齊律將『斷獄律』與『捕亡律』合爲『捕斷律』外，歷朝相沿未改。唐律斷獄律共三十四條，其内容涉及審訊、判决、囚禁、刑罰執行等項。宋仍唐舊。明律將『斷獄律』作爲一門，列入『刑律』中，與『賊盗』『人命』『鬥毆』『駡詈』『訴訟』『受贓』『詐僞』『犯姦』『雜犯』『捕亡』諸門相並立。清律亦同，蒙古律例中也吸收了該篇名。

理藩院主持編纂的蒙古律例，繼承了清從關外到入關以後百餘年來對外藩蒙古的立法成果，是清朝對蒙古立法的重要里程碑，也是清朝對蒙古立法趨於系統化、制度化的標誌，體現清代民族立法因族、因俗、因地立法的特點。蒙古律例的大部分内容，經修訂後，基本被嘉慶朝纂修的理藩院則例所吸收和延展。清廷對蒙古地區頒行蒙古律例，標誌着清代民族立法進入新的發展階段。

---

① 中國社會科學院中国邊疆史地研究中心主编：蒙古律例，全國圖書館文獻縮微複製中心，一九八八年。劉廣安：清代民族立法研究，中國政法大學出版社，一九九三年，第五至六頁。

五、餘論

清是統治疆域廣闊的多民族統一封建王朝。清代，中國各民族出現了前所未有的統一，中央與地方之間，形成少有的嚴密關系，並制定出數量繁多的一般法律和特別法律，加以維繫。中央政府的政令可以直達地方邊陲之地和少數民族聚居地區，地方發生的重大事件，無論是政治上的，還是司法上的，都要報請中央政府解決，或在中央的指導下派人協助地方解決。

中國古代關於法律術語的称謂很多，奴隸制社會稱作『刑』，奴隸制社會向封建制社會變革時期稱作『法』，封建社會成熟以後稱爲『律』。所以，有刑名、刑法、刑獄、刑律、律法、律令、刑統、法令、律例、條例、則例等多種稱謂，這些專有術語基本上表達了『法律』這一含義。清入關以後，經過順治、康熙、雍正、乾隆四朝大規模的立法活動，至乾隆五年（1740）修成大清律例，基本上告一段落。大清律例仿照明制，採用律例合編的體例，律文是正文，例文是律的附文和補充。關於『律』與『例』的關系，明史·刑法志解釋：『律者，萬世之常法；例者，一時之旨意。』律是具有穩定性的一般法律規範，例是具有可變性的調解律文適用的特殊法律規範，所謂『律設大法，例順人情』。乾隆五年（1740）大清律例修纂成書後，清朝統治者認爲，經過近百年的反覆研修，律文已經臻於成熟和定型。此後，清朝法律中的

『律』幾乎没有變化，而隨着時代的變遷，爲補充『律』的不足，滋生大量的『例』。例文五年一小修，十年一大修，『例』被廣泛應用，『例』的書目迅速增加，就法律地位而言，出現了『例』高於『律』的現象。這充分説明，清代的律學在前朝的基礎上得到進一步豐富和完善。隨後，清廷解決邊疆民族問題的立法活動也進入了新的發展階段。乾隆六年（1741），蒙古律例修成，標誌着清代民族立法的規範化、制度化和專門化，『蒙古例』成爲清朝法律體系的重要組成部分。蒙古律例是清代一部重要的法制文獻，是清代特有的國家立法成果，是清朝民族立法的典型代表。在清代，以『律例』命名的法律有兩部，一爲大清律例，一爲蒙古律例，説明這兩部法律的地位都很高。若説大清律例爲清朝國家基本法典或根本法的話，那么蒙古律例應該是一部特別法。特別法是專指適用範圍限於特定的人、特定的時間、特定的地區或特定的事項的法律。蒙古律例的實施範圍，基本上是外藩蒙古王、公、台吉、塔布囊、阿勒巴圖及寺院集團僧侣、沙比納爾等。從清朝法律實踐考察，清律和『蒙古例』的效力等級、基本内容和制定程序不盡相同，二者所産生的『法』的效力和『法』的實效性是不同的，尤其是在空間效力方面，大清律例在全國範圍内有效，而蒙古律例僅在外藩蒙古地區有效。

蒙古律例的研究中，对其法律形式的考訂，顯得很重要。這也是法律史研究中的一項重要的理論問題。清初至中期，在一個統一多民族國家的法律體系中，以『律例』命名的法律僅有兩部，這在中國古代封建社會史上是一種罕見的現象。一部爲國家基本法，一部爲針對某一區域的特别法。有關清朝法律形式方面，學術界一直在關注，並取得了一些重要進展，已有研究成果中，王鍾翰清代則例及其與政法關系之研究、清代各部署則例經眼録（中華書局，二〇〇四年），郭松義清朝的會典和則例（清史研究通訊，一九八五年第四期），楊一凡注重法律形式研究，全面揭示古代法律體系和法制的面貌（法學研究，二〇〇九年第二期），楊一凡、劉篤才歷代例考（社會科學文獻出版社，二〇〇九年），何勤華清代法律淵源考（中國社會科學，二〇〇一年第一期），蘇欽理藩院則例性質初探（民族研究，一九九二年第二期），陳一榮清『例』簡論（福建論壇，二〇〇七年第七期），李留文清代則例初探（廣西社會科學，二〇〇五年第九期），李永貞芻議清代則例的性質和分類（法學雜誌，二〇一〇年第十期），蘇亦工明清律典與條例（中國政法大學出版社，二〇〇〇年），［日］谷井陽子清代則例省例考，［日］加藤雄三明代成化、弘治的律與例，［日］萩原守清朝的蒙古例——蒙古律例、理藩院則例及其他［日］寺田浩明主編：中國法制史考證（丙篇第四卷），中国社會科學出版社，二〇〇三年」，［日］寺田浩明清代刑事審判中律例作用的再考察——關於實定法的『非規則』形態（張世明、步德茂、娜鶴雅主編：世界學者論中國傳統法律文化，法律出版社，二〇〇九年），達力扎布蒙古律例及其與理藩院則例的關系（清史研究，二〇〇三年第四期），徐曉光、陳光國清朝對『蒙古例』、理藩院則例的制定與修訂（内蒙古社會科學，一九九四年第三期），李保文清朝蒙古律的題名及其歷史作用（故宮學刊，二〇〇六年第三輯），王旭則例沿革稽考（中國民主法制出版社，二〇一六年）等論著，爲解决清朝蒙古法制史理論研究和法律形式等問題，提供了廣泛的思路和深刻的啓發。

蒙古律例的研究，在清朝的民族政策、清代民族立法、律例的編纂經過以及版本考訂等方面，取得了重要進展，但在蒙古律例的法律淵源、法律形式，蒙古律例與大清律例、理藩院則例、大清會典、大清會典則例、六部則例之間的關系、結構、特點、法律地位和司法實踐中的實效性等問題的研究，仍有較大的討論空間。

從清初對外藩蒙古零星頒佈法令、軍律，到制定條例、律書、律例、刑例、則例等的演進過程可以窺見，清朝對蒙古施政的微妙變化和法制化進程。在清代民族政策的實施和民族地區的法律治理中，蒙古律例起到了极其重要的作用。

蒙古律例点校

蒙古律例總目〔一〕

卷之十二　斷　獄　二十九條〔八〕

【校記】

〔一〕蒙古律例的『總目』在不同版本中，其名稱的變化較大。在康熙六年（1667）蒙古律書和康熙三十五年（1696）蒙古律書中，仍未分門別類地歸納。以此可以判斷，崇德八年（1643）本和順治年間的本子也一樣沒有分門。在燕京大學圖書館藏一部乾隆二十九（1764）年抄本中，十二門依次爲『爵秩（十七條）、戶役（二十二條）、朝覲（九條）、軍旅（十二條）、邊防（十七條）、賊盜（二十七條）、人命（十條）、訴訟（六條）、捕亡（十六條）、雜犯（十八條）、喇嘛例（六條）、斷獄（二十五條）』。東京大學東洋文化研究所圖書室藏嘉慶年間一部抄本則為『官員品級（十七條）、戶口差役（二十二條）、朝進（九條）、亮師出兵（十二條）、邊界（十七條）、賊盜（二十七條）、人命（十條）、爭訟（六條）、緝逃（十六條）、小罪（十八條）、喇嘛規矩（六條）、審事〔審理罪案〕（二十四條）』，並且各門里面的分類內容與乾隆朝諸本均不一致。乾隆朝蒙古律例幾個本子和嘉慶朝增訂本雖然法條的數量有差別，但體例和分門一致。所以，蒙古律例的分類及各門名稱的定型經過多次的修訂而成。

〔二〕乾隆三十一年（1766）本卷之一『官銜』為十七條。

〔三〕乾隆三十一年（1766）本卷之二『戶口差徭』為二十二條。

〔四〕乾隆三十一年（1766）本卷之四『會盟行軍』為十二條。

〔五〕乾隆三十一年（1766）本卷之六『盜賊』為二十九條。

〔六〕乾隆三十一年（1766）本卷之八『首告』為六條。

〔七〕乾隆三十一年（1766）本卷之九『捕亡』為十八條。

〔八〕乾隆三十一年（1766）本卷之十二『斷獄』為二十五條。

蒙古律例卷之一　官銜

目録

不稱王等封號

皇上出入迎送

迎接勅諭

迎接欽差大臣侍衛

下嫁外藩之公主額駙王等物故恩賞致祭〔一〕

留蒙古額駙名爵

順治年以前康熙年以後王公台吉等子嗣分別襲職〔二〕

額駙等庶出之子給與職銜〔三〕

頭二三等台吉等職銜分別承襲〔四〕

陣亡賞給世職官員襲次完後賞給恩騎尉世襲罔替〔五〕

承襲人員帶領引見〔六〕

王公之子賞帶翎子〔七〕

蒙古王公諸子之台吉塔布囊職銜准其以養子分別承襲〔八〕

公主之子親王子弟給與職銜

一、公主之子、親王等子弟，作爲頭等；和碩格格之子、郡王、多羅貝勒之子弟，作爲二等；多羅格格之子，貝子、公等之子弟，作爲三等；再，王、貝勒之族兄弟，幷頭等台吉以下台吉等子弟，俱作爲四等台吉。

台吉職銜著嫡派子孫承襲

一、將外藩台吉，喀喇沁、土默特塔布囊等，編作四等，頭等台吉、塔布囊十五人；二等十二人；三等八人；四等四人。令其相兼，其帽頂、坐褥照依頭、二、三、四品官用，身故，其職銜只令嫡派子孫、胞兄弟承襲罔替。

各旗補放管旗章京副章京

一、外藩蒙古佐領旗分，每旗補放管旗章京一員、副章京二員；凡十佐領以下之旗分，各放管旗章京一員、副章京一員。

管旗章京缺出由台吉内拔補

一、凡管旗章京、副章京、叅佐領之缺出，該扎薩克等，於本旗内揀選漢仗好、能管轄之台吉、塔布囊，以原品補放。若台吉内不得堪補之人，於平人之内，將漢仗好、能管轄者拔補，其驍騎校、小領催、馬甲缺出，於能當差、有牲畜之人内拔補。

台吉塔布囊等補授管旗章京等官不撤其甲

一、補放管旗章京、副章京、叅佐領，若由屬下人補放者，照常撤甲；若由台吉、塔布囊等拔補者，不撤其甲。

襲職捏報無子

一、凡承襲王、貝勒、貝子、公、扎薩克台吉等職銜，若有子而捏保〔應爲『報』之誤〕無子呈報，將該扎薩克王、台吉，并協理旗務之台吉，俱革退辦理旗務之職，罰俸一年；無俸協理台吉，罰五九牲畜。

補放協理旗務台吉

一、内外各旗補放協理旗務之台吉，同各扎薩克辦事缺出，該扎薩克會同該盟長，於閑散王以下，台吉以上，擇其人材明敏、能辦事管轄者，保舉正陪各一人，送院帶領引見補放。

補放王等長史護衛

一、外藩蒙古王、貝勒等之長史、護衛，照依内地王、貝勒等例補放。

王貝勒貝子公等儀仗

一、親王儀仗，貼金紅傘二柄、纛二桿、旗十根；郡王儀仗，貼金傘一柄、纛一桿、旗八根；貝勒儀仗，紅傘一柄、纛一桿、旗六根；貝子儀仗，紅傘一柄、旗六根；鎮國公儀仗，紅傘一柄、旗六根；輔國公儀仗，紅傘一柄、旗六根，出獵行軍攜帶。

藩王坐次

一、外藩親王坐於内地親王之次，外藩郡王坐於内地郡王之次，外藩貝勒坐於内地貝勒之次，外藩貝子坐於内地貝子之次，外藩公坐於内地公之次。再，外藩台吉拜坐之處，不論品級俱在堦上叩拜，若來者在十人以内，於殿内坐，若至十人以外，其餘俱於堦上儀仗刀鎗之後坐。

給管旗章京等官之頂戴坐褥

一、外藩蒙古管旗章京、副章京、叅佐領、驍騎校之帽頂、坐褥，較内地之都統、副都統、叅佐領、驍騎校，各降一級給與。

不稱王等封號

一、巳〔已〕未管旗王、貝勒、貝子、公等之封號不全稱呼，將稱呼不全之人罰一九牲畜，所罰牲畜給與王等。

皇上出入迎送

一、外藩蒙古王、貝勒、台吉等，凡遇祭壇祭廟，俱在午門外按照本翼站班，皇上出入時，跪迎跪送。

迎接敕諭

一、外藩王、貝勒，當大典會盟審事，派往大臣齎捧有寶敕諭至蒙古境界，該境之民問明大臣職名、所至情由，先急往告王、貝勒等，該王、貝勒在五里之外迎接。同衆下馬，在右邊站立，俟敕諭既過，騎馬自後赶至，欽差大臣列於左，迎接之王、貝勒列於右，敕諭在前。抵家之後，恭設香案，齎往之大臣將敕諭敬置案上，左立右向。王、貝勒等一跪三叩，跪候，齎往之大臣將敕諭自案捧下，交與宣讀之筆帖式，該筆帖式立讀，巳〔已〕畢，齎往之大臣將敕諭捧置案上，王、貝勒等一跪三叩。齎往之大臣將敕諭自案捧下，遞與王、貝勒，王、貝勒兩手跪接，遞給伊屬下之人，一跪三叩。拜畢，交收掌敕諭之人。王、貝勒等與齎往之大臣彼此兩跪兩叩，安置中位，齎往之大臣坐於左，王、貝勒等坐於右。

迎接欽差大臣侍衛

一、奉旨恤賞、恩賜并別項事件遣往之大臣、侍衛至境，本境民人問明大臣所至情由，先往告知，王、貝勒急遣其屬下官員，在五里之外迎接，王、貝勒等在營外迎接。抵家之後，跪領恤賞、恩賜。若系衣物，則佩服，向上兩跪六叩；若系財帛、食物，跪領，亦兩跪六叩。王、貝勒與前往之大臣等彼此一跪一叩，亦安置中位，王、貝勒等坐於左，前往之大臣等坐於右。及送還時，亦送至迎接之處。外藩王、貝勒、貝子、公等遣人來進方物，若蒙皇上恤賞、恩賜，遣回，抵家時，王、貝勒自家迎出，向上兩跪六叩。接受其餘六部一切事件，俱將情由奉旨作文，令各部大臣前往。本境民人問明大臣之名以及前往情由，急告知各王、貝勒，王、貝勒等聞知，即令屬下官員在五里之外迎接，該員下馬在右邊排立，俟文書既過，自後乘馬赶至，前往之大臣列於左，迎接之官列於右，前引文書至家，王、貝勒自家迎出，躬身兩手接受，安置桌上，開讀訖，王、貝勒等坐于左，前往之大臣等坐於右。

下嫁外藩之公主額駙王等物故恩賞致祭

乾隆三十六年正月本院奏改定例〔九〕

一、蒙古汗、親王、郡王、世子等物故，差散秩〔十〕大臣一員，御前侍衛一員，部院章京一員。致祭貝勒、貝子、長子等，差御前侍衛一員，部院章京一員。致祭鎮國公、輔國公等，差部院章京一員。致祭扎薩克、頭等台吉、他〔塔〕布囊，殁後無庸请旨，徑行停，〔致〕祭其固倫額駙，照郡王例。致祭和碩公主之和碩額駙，照貝勒、貝子例。致祭和碩格格之和碩額駙、多羅格格之多羅額駙、固山格格之固山額駙等，俱照公爵例。致祭下嫁外藩之固倫公主，差内大臣、御前侍衛、部院章京各一員。致祭和碩公主，照親王例。致祭和碩格格，照貝勒、貝子例。致祭郡王之女多羅格格、貝勒之女多羅格格、固山格格、公之女格格等，俱照公爵例。致祭親王之福晋〔十一〕，照貝勒例。致祭郡王、貝勒、貝子之福晋〔十二〕，公之妻等，殁後，具奏請旨。凡致祭應用物件，仍照舊例。和碩亲王，則牛一隻、羊八隻、酒九瓶、紙一萬張；多羅郡王，則牛一隻、羊六隻、酒七瓶、紙八千張；多羅貝勒，則牛一隻、羊四隻、酒五瓶、紙六千張；固山貝子，則羊五隻、酒五瓶、紙五千張；鎮國公，則羊四隻、酒四瓶、紙四千張；輔國公，則羊四隻、酒四瓶、紙三千張，俱由内閣撰擬滿洲、蒙古祭文，齎去。下嫁外藩之固倫公主，則牛一隻、羊八隻、酒九瓶、紙一萬張；和碩公主、和碩格格、親王之嫡福晋，則牛一隻、羊六隻、酒七瓶、紙八千張；多羅郡王之女多羅格格、多羅郡王之嫡福晋，則羊五隻、酒五瓶、紙六千張，俱由内閣撰擬滿洲、蒙古祭文，齎去。多羅貝勒之女多羅格格、貝勒之福晋，則羊三隻、酒三瓶、紙五千張；固山格格、固山貝子之福晋，則羊二隻、酒二瓶、紙四千張；公之女格格、公等之妻，則羊二隻、酒二瓶、紙三千張，不給祭文。蒙恩差遣之大臣，將祭文齎至墓所，其兄弟帶領屬員離墓所一里外跪迎，俟過，隨入讀文。奠酒時，衆人俱跪。讀文奠酒畢，起立，祭畢，將欽差大臣送於原迎之處，向上謝恩，行三跪九叩禮。

留蒙古額駙名爵

一、外藩蒙古額駙等，格格歿後，另行娶妻者，查明，革退額駙名爵，停給俸祿。若格格歿後，不娶妻者，仍留額駙名爵，照常食俸。

順治年以前康熙年以後王公台吉等子嗣分別襲職

乾隆四十六年三月初三日奉旨

凡內扎薩克之王、公、台吉等，皆因在太祖太宗開基時，各率所屬投誠歸順，各處打仗，甚屬効[十三]力，是以旌其勞績，分別封以王、公、扎薩克，令其世襲罔替。又復，按其勞績，雖分別賞給頭等、二等台吉職銜，從前並無世襲罔替字樣。故台吉缺出，令伊子嗣承襲，該院必照例奏請，令其減等。但伊等源流勞績，因朕所深知，是以每次加恩，俱著原品承襲。第恐年久，將伊等從前投順勞績，或不能表見，而該院照例以次遞減，漸致不能承受國恩，實無以副。朕一體撫恤蒙古臣僕之至意，此等台吉職雖微末，然究系國初投順，著有勞績之臣，所有起初賞給頭等、二等台吉職銜，俱著令其世襲罔替。但其中尚有康熙年以來尋常効力，施恩賞給職銜者，若與國初投順著有勞績之台吉等，一體世襲罔替。其開基時投順台吉等之勞績，反致不能照著，交理藩院。嗣後，遇有國初投順，著有勞績原賞台吉缺出辦理承襲時，其順治年以前，曾于開基時因打仗効力所得台吉之子孫，俱著以原品世襲罔替，彙題承襲，以昭國初之投順蒙古等軍功，將此永著爲例。其康熙年以後，尋常効力所得台吉缺出，著該院仍照例辦理，請旨承襲。欽此。

額駙等庶出之子給與職銜

乾隆四十四年十一月本院具奏定例

一、凡額駙等，庶出之子，給與職銜，俱按其父本身之王、公、台吉職銜給與。至指與台吉等之固山格格所生之子，仍給與三等職銜。指與台吉等公之女格格所生之子，給與四等職銜。

頭二三等台吉等職銜分別承襲

乾隆四十九年十月十四日奉旨

康熙年間初次歸降軍營出力得有頭、二、三等台吉等缺，著加恩，概予世襲罔替，彙題承襲。其並無軍功，僅因貢進馬匹駝隻，施恩賞給之頭、二、三等台吉缺出，該部將各所賞等第原案查明，於襲職內夾附清單，請旨。永著爲例。欽此。

陣亡賞給世職官員襲次完後賞給恩騎尉世襲罔替

乾隆四十九年十月十六日奉旨　理藩院奏

漢〔十四〕阿林盟長喀爾喀貝子遜都布多爾濟等，將失火焚燒敕書之雲騎尉巴雅爾，請仍辦給敕書摺内引有巴雅爾缺出後，再襲一次之例。巴雅爾之父巴賽因系陣亡，是以賞給雲騎尉，令伊子巴雅爾承襲，再襲一輩。雖云襲次巳〔已〕完，但朕於内地世僕前，曾於陣亡賞給世職官員，襲次完後，尚有賞給伊等子嗣恩騎尉，世襲罔替之例。而此等陣亡蒙古臣僕所賞之官，於襲次完時，若不予襲恩騎尉世職，朕意有所不忍，著施恩於巴雅爾所襲雲騎尉。即照内地之例，賞給恩騎尉世職，令伊子嗣世職罔替。永著爲例。欽此。

承襲人員帶領引見

乾隆四十九年十一月三十日奉旨

嗣後，凡系内扎薩克、喀爾喀蒙古人等襲爵之人，若年已及歲，其已出痘者赴京，帶領引見承襲；未出痘者，令赴熱河，帶領引見承襲。如果系年幼不能來者，該部再行照例具奏承襲，仍於年歲到時，其已出痘者來京，未出痘者赴熱河，由該衙門補行，帶領引見。永著爲例。欽此。

王公之子賞帶翎子

乾隆五十一年八月二十九日奉旨

嗣後，蒙古王公子嗣内，有年未及歲，經朕於圍場賞帶翎者所有應得之職，著該衙門辦給；未賞翎者，仍俟及歲時再行給予。著爲例。欽此。

蒙古王公諸子之台吉塔布囊職銜准其以養子分別承襲

乾隆五十三年四月二十三日　本院奏准定例

一、嗣後，初降建有軍功，給予頭、二、三等台吉、塔布囊，俱著世襲罔替。出缺时，雖無子孫兄弟及過繼養子，族衆内擇其近派一人襲職承祀，俾蒙古等功勳不致泯滅。王、公等諸子，例分所得職銜承襲時，出缺之人如無子孫兄弟，准其將伊報部，親祖子孫内過繼爲嗣之子承襲罔替；其過繼之子，若非伊親祖之子孫，只准其承祀爲後，不准承襲職銜。

【校記】

〔一〕三十一年本為『下嫁外藩之公主以及王等物故恩賞祭祀』。

〔二〕三十一年（1766）本無『順治年以前康熙年以後王公台吉等子嗣分別襲職』條。

〔三〕三十一年（1766）本無『額駙等庶出之子給與職銜』條。

〔四〕三十一年（1766）本無『頭二三等台吉等職銜分別承襲』條。

〔五〕三十一年（1766）本無『陣亡賞給世職官員襲次完後賞給恩騎尉世襲罔替』條。

〔六〕三十一年（1766）本無『承襲人員帶領引見』條。

〔七〕三十一年（1766）本無『王公之子賞帶翎子』條。

〔八〕三十一年（1766）本無『蒙古王公諸子之台吉塔布囊職銜准其以養子分別承襲』條。

〔九〕三十六年（1771）本新增『定例』。

〔十〕此處之『秋』為『秩』之訛誤。

〔十一〕此處之『晋』為『晉』之異體字。

〔十二〕此處之『晋』為『晉』之異體字，下同。

〔十三〕『効』字在嘉慶十九年（1814）增訂本爲『效』。

〔十四〕又作『汗』，即『土謝圖汗部』或『喀爾喀後路』。

蒙古律例卷之二　戶口差徭

目錄

承受絕嗣人畜產

蒙古結親行聘給畜

休妻

王等娶王等議定之婦

娶他人議定之婦

內地民人不許娶蒙古婦女〔一〕

扎薩克貝勒等駐宿處食羊

有龍牌〔二〕之使者騎烏拉食廩給

征取屬下人差使

王等嫁女媵送

蒙古等遇災年互相賑濟

大遼河牧放牛馬計其孳缺數目議敘議處

外藩蒙古等不准賣與內地旗人

外藩蒙古三年一次比丁

一、外藩蒙古三年一次比丁，若隱瞞〔三〕人丁，將所瞞之丁入於丁冊，計其所瞞丁數，每十丁將管旗之王、貝勒、貝子、公、扎薩克、台吉、塔布囊罰俸三個月。比丁稽察不慎致瞞人丁，將該旗協理台吉、管旗章京、副章京罰三九牲畜；該叅佐領罰二九牲畜；驍騎校罰一九牲畜，俱給出首之人，將小領催、十家長各鞭八十。再，王、台吉之屬下人，將本王、台吉，并王、台吉之子弟所瞞該管之丁首出及家人將家主，并家主之子弟所瞞之丁首出者，將首者連父、兄、子弟、家奴一並聽赴願往之處，若首出他人所瞞之丁，則不令首者出其主家，若所首虛妄〔四〕，鞭一百，罰三九牲畜。

歸化城蒙古三年一次比丁

一、歸化城兩旗土默特蒙古三年一次比丁，比丁時，如有隱瞞，將該都統、副都統罰五九牲畜；叅領罰三九牲畜；佐領革職，罰二九牲畜；驍騎校革職，罰一九牲畜，給付首者官員。內若有由京補放者，送兵部議處。出首之人隱瞞之丁仍留於原佐領，若所瞞之丁系蒙古家人，賞給兩旗公事効力官員爲奴。

三丁披一副甲

一、三丁披甲一副，凡遇出兵遣二留一。

一百五十丁作一佐領

一、每一百五十丁作一佐領，六個佐領放一条領。

十家放一長

一、十家放一長，如有不放者，將扎薩克王、貝勒、貝子、公、台吉、塔布囊罰俸三個月。

十家之人行竊十家長罰馬一匹

一、十家之人行竊，將十家長罰馬一匹，若十家長將賊舉出，照出首之例收領，若十家之牲畜被竊，十家長領取罰馬一匹。

禁止私當喇嘛班第

一、凡喇嘛等，若將家奴及他人送來之人收爲班第，并將無籍喇嘛、班第隱匿存留者，將該管之大喇嘛革退管轄之職，罰三九牲畜，格隆、班第等罰三九牲畜。内地人若將家人作爲班第送與喇嘛，留於家内，并將無籍私行之喇嘛、班第隱留者，自該都統以下，小領催以上，將隱匿之人與首者一並交部，質審明白，從重治罪。再，外藩蒙古地方，除檔内所載之喇嘛外，將私自混行之喇嘛、班第盡行驅逐，若隱留不逐，并將屬下家奴私爲班第，倘被旁人及屬下家奴首出者，系王、貝勒、貝子、公、扎薩克台吉等，各罰俸一年；若系無俸之台吉，罰馬五十匹；官，則革職；平人，鞭一百。該管王、貝勒、貝子、公、台吉罰俸九個月，管旗章京、副章京、條領罰一九牲畜，佐領、驍騎校罰二九牲畜，小領催、十家長鞭一百，將所罰之畜作爲三分，一分給付首者。若系屬下家奴首出，令出其主家，將私爲班第之人，私住之喇嘛、班第俱革退，發回本旗本主。游牧之察哈爾八旗素〔蘇〕魯克人等，亦照此按等治罪。

披甲壯丁不許私爲烏巴什

一、凡披甲壯丁不得私爲烏巴什，年老殘疾、丁冊裁名之人，有願爲烏巴什者，聽之。若披甲壯丁私爲烏巴什，照私爲喇嘛、班第之例治罪。

禁止私爲齊巴汗察

一、凡内外婦人，不許爲齊巴汗察。若私爲齊巴汗察，照私爲喇嘛、班第之例治罪。

離别年久之族人不准歸宗

一、凡系離散就食、他往買賣年久遠族兄弟，告求歸宗者，概不准行。若由久住之旗分逃往别旗者，逐回。若匿不發回，照隱匿逃人例治罪，將逃人鞭一百，仍發回原住旗分。

乏嗣人抱養他人之子

一、凡乏嗣抱養他人之子，稟明該旗王、貝勒、管旗章京等，登記部院檔案，准養爲子，令入伊旗佐領下丁冊，若不稟明該旗王、貝勒、管旗章京等，私自抱養者，將所養之子撤交本人，免罪完結。

承受絕嗣人畜產

一、外藩蒙古身歿無嗣，若在日，將族兄弟之子，具呈稟明本扎薩克王、貝勒、貝子、公等養無子者，准其承受家產。若拾取抱養遺棄之子及異姓家奴之子，不准承受家產。若在日，無爲巳〔已〕[五]子者，准其承受家產。若族中兄弟無子，在日，稟明王、貝勒等抱養異姓人子爲嗣者，亦承受家產。若歿後有同姓人，而其妻抱養異姓之子者，不准。若養侍妾所生之子爲子，則生子之婦不得嫁夫、售賣，倘若嫁夫、售賣，則不准養之爲子。若無近族，而亦無所養異姓之子，將家產給該管王、貝勒、貝子、公、台吉等。

蒙古結親行聘給畜

一、兩姓結親，俱系平人，其聘禮牲畜給馬二匹、牛二隻、羊二十隻，若違例多給，將額外牲畜照例存公，減者無罪。婿故，將所給之畜取回。女故，取回一半。若父母願給，而婿憎嫌不娶，所給牲畜不准取回。所聘之女年至二十而不娶，其父母另有願聘之處，聽之。

休妻

一、凡人休所娶之妻，其夫妻和睦時用完之物，不准賠還，將婦人帶來現存之物全行給回。

王等娶王等議定之婦

一、已〔已〕未管旗王、貝勒、貝子、公、台吉、塔布囊等議定之婦，若王、貝勒、貝子、公、台吉、塔布囊乘間娶之，娶者、嫁者系王，則罰十戶；貝勒、貝子、公罰七戶；台吉、塔布囊罰五戶，俱令原聘之人挑取。其議定之婦離異其夫，給與本人。

娶他人議定之婦

一、平人將平人議定之婦乘間娶之，娶者、嫁者俱系有頂帶之人，各罰三九牲畜；平人各罰一九牲畜，將所娶之婦離異，給與本人。

扎薩克貝勒等駐宿處食羊

一、扎薩克貝勒、貝子、公駐宿處食羊。若食牛，罰五畜，不給廩給，罰牛。若無扎薩克貝勒、貝子、公食廩給，罰馬。

有龍牌之使者騎烏拉食廩給

一、有龍牌之使者，騎烏拉，駐宿處食廩給，不給廩給，罰牛；不給烏拉，罰三九牲畜。若令牧羣徙避者，罰一九牲畜。其無龍牌之使者，若騎烏拉，食廩給，拿縛送院。貝勒等將扎薩克貝勒因公所差之人毆打者，罰三九牲畜。若平人毆打，罰一九牲畜。

征取屬下人差使

一、凡蒙古王、台吉等，每年向伊屬下人征收差使，有五牛以上之人取羊一隻；有二十隻羊之人取羊一隻；有四十隻羊之人取羊二隻；雖多不准增取。有兩牛之人取米六釜；有一牛者取米三釜。其進貢、會盟、移營、嫁娶等事，百家以上者，於十家内取馬一匹、牛車一輛；有三隻乳牛以上者，取奶子一肚；有五隻乳牛以上者，取奶子酒一瓶；有百隻羊以上者，增取氈子一條。若混行多征，差使者治罪。

王等嫁女媵送

一、外藩親王之女，照内地親王格格媵送之例，不算乳父母，侍女八人，閑散五戶。外藩郡王之女，照内地郡王格格媵送之例，不算乳父母，侍女七人，閑散四戶。外藩貝勒之女，照内地貝勒格格媵送之例，不算乳父母，侍女六人，閑散三戶。外藩貝子之女，照内地貝子格格媵送之例，不算乳父母，侍女五人，閑散二戶〔六〕。外藩鎮國公之女，照内地鎮國公格格媵送之例，不算乳父母，侍女四人，閑散二戶。外藩輔國公之女，照内地輔國公格格媵送之例，不算乳父母，侍女三人，閑散二戶媵送。再，外藩頭等台吉、塔布囊以下，四等台吉、塔布囊以上之女，照内地護國將軍、輔國將軍之女例，屬下人不過一對，家人不過三對媵送。再，台吉、塔布囊等嫁女，既俱受聘，不可不比照内地護國將軍、輔國將軍媵送侍女，令額外跟隨侍女二人。再，親王以下，台吉、塔布囊以上，遣其乳父母跟隨與否，送嫁之人不及此數者，聽其父母之便。

蒙古等遇災年互相賑濟

一、外藩蒙古等倘遇災〔七〕年，該扎薩克并旗内富戶、喇嘛等，令其設法養贍。如再不敷，以同盟之牛羊協濟養贍，將協濟養贍人等名數造冊送院。倘遇連年荒歉，同盟内不能養贍，盟長會同該扎薩克、公，同報院請旨，派員查明，撥銀賑濟。該扎薩克王、公、台吉、塔布囊等將次年俸銀預先支領，入於賑恤内使用。賑濟後，若該扎薩克王、公、台吉、塔布囊等仍不愛養屬下之人，又致困厄，將受困之人撤出，本盟内之扎薩克有賢能者，賞給，令其養贍。

大遼河牧放牛馬計其孳缺數目議敘議處〔八〕

乾隆三十三年四月　本院遵旨議奏定例

一、科爾沁十旗牧放大遼河，所牧之馬匹於三年年終，將孳缺現存寔數查明。彙總奏聞時，除此三年内倒斃之馬匹及十分中孳息一分者，無庸議敘外，孳生至二三分者，將該扎薩克紀錄一次；協理台吉等在於本旗所罰牲畜内，著各賞牲畜五頭以上，俱照此例，核計分數，分別議敘。其十分中所缺不及一分者，將所缺馬匹著落，該扎薩克、協理台吉等照數賠補外，仍將該扎薩克罰俸半年；協理台吉等各罰牲畜五頭，暫存公所，以備賞賜効力人等。如缺一分以上至二分者，將該扎薩克罰俸一年，協理台吉等各罰一九牲畜；二分以上者，計其分數議處，所缺馬匹俱著落，該扎薩克、協理台吉等照數賠補。喀喇沁、土默特等四旗牧放之大遼河牛馬，亦照此例辦理。

外藩蒙古等不准賣與内地旗人〔九〕

乾隆三十七年七月内，本院爲郭爾羅斯台吉濟魯木扎〔十〕布等，私將家奴五庫特等賣與伊屯口領催張凰〔十一〕偶一案，將濟魯木扎布等革退台吉職銜，閑散蒙古等重加懲責。買人之領催張凰偶等，革退領催差使，重加懲責，俱交各該管地方折磨辱使。失察之該扎薩克、協理台吉、盟長等，分別議處。領催張鳳〔凰〕偶之該管上司官員，交部，分別議處等因，擬議奏定。

一、凡巳〔已〕入檔案之蒙古等，毋許擅行售賣；即或未入檔之庄〔十二〕頭，亦衹准本旗互相買賣，不許私賣與别旗及内地之人，違者將承賣承買之人從重治罪。失察之扎薩克、協理台吉、盟長等，分别罰俸罰九，將所賣之人不給原價，撤出，交入本旗，充當差使。

【校記】

〔一〕乾隆五十四年本無，乾隆三十一年（1766）本有『内地民人不許娶蒙古婦女』條。一、凡民人在口外蒙古地方貿易種地者，不得娶蒙古婦女爲妻。若有偷娶嫁者，被察發覺，將所娶婦人離異，給回母家。偷娶之民照内地例治罪，將偷嫁之媒証蒙古等，各罰一九牲畜。

〔二〕『牌』為『牌』字的異體字。

〔三〕『⿰耳㒼』為『瞞』字的誤寫。

〔四〕『⿱犬女』為『妄』字的異體字。

〔五〕『巳』為『已』字的誤寫。

〔六〕乾隆三十一年（1766）、五十四年（1789）本爲『二戶』，嘉慶十九年增訂本爲『三戶』。

〔七〕『灾』字在其他本均寫作『災』。

〔八〕『大遼河牧放牛馬計其孳缺數目議叙議處』條在乾隆三十一年（1766）本無，新增條。

〔九〕『外藩蒙古等不准賣與內地旗人』條在乾隆三十一年（1766）本無，新增條。

〔十〕『扎』字在嘉慶十九年（1814）增訂本爲『札』。

〔十一〕『張凰偶』在乾隆五十四年（1789）本中出現三次，兩次記爲『張凰偶』，一次記爲『張鳳偶』。

〔十二〕嘉慶十九年（1814）本作『莊』。

蒙古律例卷之三　朝貢

目錄

年禮慶賀

一、外藩蒙古王、貝勒等年例〔一〕，俱穿朝服，望闕，行三跪九叩禮。

年禮蒙古王等來朝

一、年禮，蒙古王、貝勒、貝子、公、台吉等來朝時，內扎薩克編作三班；外喀爾喀、青海之厄魯特扎薩克編作四班，一年一班來朝。非其班次不來之扎薩克缺，該旗協理旗務台吉等各來一人，公主子孫有親誼之台吉等，按一家一人合算，編作三起，輪班前來。

年禮朝賀定限

一、外藩蒙古王、貝勒、貝子、公、台吉、大臣等年例〔禮〕來朝，定於十二月十五以後，二十五以前到齊。

歲貢九白

一、喀爾喀圖謝圖汗、車臣汗、哲卜尊丹巴瑚圖克圖，歲貢進白駱駝一隻、白馬八匹。各賞三十兩重銀茶桶一個、茶喇一個、緞子三十疋、毛青布七十疋。

公主親王等愿來報院轉奏

一、外藩蒙古之固倫公主、親王以下，固山格格、公等以上，遇朝貢、會親、嫁女、娶婦俱報院，請旨，方許前來；不請旨，不准私來。

未及年歲之王貝勒貝子公等年禮不必前來

一、外藩蒙古王、貝勒、貝子、公等物故，其承襲幼子未及十八歲者，年禮不必前來，年至十八，入其父之班次行走。

王等來時帶伴黨跟役

一、公主等來京，固倫公主，護衛官二十三員，伴婆一十三人〔二〕，跟役十四名，拴馬十五匹，館内餧養馬六十五匹。和碩公主，護衛官十四員，伴婆十六人，跟役十名，拴馬十三匹，館内餧養馬六十匹。和碩格格，伴婆二十人，跟役十五名，拴馬十匹，館内餧養馬五十匹。多羅郡王之女多羅格格，伴婆十八人，跟役十二名，拴馬八匹，館内餼養馬四十匹。多羅貝勒之女多羅格格，伴婆十五人，跟役十名，拴馬六匹，館内餼養馬三十五匹。固山格格，伴婆十二人，跟役八名，拴馬四匹，館内餼養馬二十五匹。公之女格格，伴婆一人，跟役九名，拴馬三匹，館内餼養馬十匹。額駙等來京，若和碩公主額駙，護衛官六員，伴黨九人，跟役十名，拴馬六匹，館内餼養馬三十五匹。和碩格格額駙，伴黨十三人，跟役十二名，拴馬四匹，館内餼養馬三十五匹。多羅郡王之婿多羅額駙，伴黨十人，跟役十名，拴馬四匹，館内餼養馬二十五匹。多羅貝勒之婿多羅額駙，伴黨八人，跟役七名，拴馬四匹，館内餼養馬二十五匹。固山額駙，伴黨三人，跟役七名，拴馬三匹，館内餼養馬十五匹。公之婿，跟役六名，拴馬一匹，館内餼養馬八匹。王等來京，照固倫公主應付食物。科爾沁圖謝圖親王、卓裡[三]克圖親王、達爾漢親王等，護衛官各二十三員，伴黨七人，跟役十名，拴馬十五匹，館内餼養馬六十五匹，照固倫公主應付食物。科爾沁貝勒阿喇布坦，護衛官十一員，伴黨九人，跟役十名，拴馬十五匹，館内餼養馬六十五匹。和碩親王，護衛官二十三員，伴黨七人，跟役十名，拴馬十五匹，館内餼養馬六十匹。多羅郡王，護衛官十八員，伴黨七人，跟役十名，拴馬十匹，館内餼養馬五十匹。多羅貝勒，護衛官十一員，伴黨九人，跟役十名，拴馬八匹，館内餼養馬四十匹。固山貝子，護衛官八員，伴黨七人，跟役十名，拴馬六匹，館内餼養馬三十五匹。公，護衛官六員，伴黨六人，跟役八名，拴馬四匹，館内餼養馬二十五匹。扎薩克台吉、塔布囊，跟役十名，拴馬三匹，館内餼養馬十匹。公主之子孫、台吉、塔布囊，伴黨三人，跟役三名，拴馬三匹，館内餧養馬十五匹。親誼台吉，跟役六名，拴馬三匹，館内餧養馬十五匹。不系親誼尋常台吉、塔布囊，跟役四名，拴馬一匹，館内餧養馬八匹。管旗章京、副章京、子、男，各跟役四名，拴馬一匹，館内餧養馬五匹。長史、叅佐領、騎都尉、雲騎都尉、護衛、典儀、驍騎校等，各跟役一名，拴馬一匹，館内餧養馬三匹。若止伴黨、領催、馬甲、閑散獨自前來，各拴馬一匹。

假冒台吉進貢

一、凡假冒台吉進貢，鞭一百、罰三九牲畜。若台吉不來，另差人頂替進貢者，將台吉革職，罰五九牲畜；將頂替進貢人鞭一百、罰三九牲畜；將爲首前來之台吉，捏報之台吉俱革職，罰五九牲畜；將同來不首出之台吉等各罰三九牲畜，將假冒領出緞布等物、路費俱追出繳院。

冊檔無名職銜未到之人遣來進貢

一、凡台吉、塔布囊等進貢，該扎薩克將各人職名、年歲、附丁若干、貢物數目，逐一開明，給付印文遣來。倘將冊檔無名職銜、未到台吉等，混行瞻狥，給付印文遣來者，將該扎薩克王、貝勒、貝子、公、台吉、塔布囊等各罰俸一年，協理台吉等各罰五九牲畜。

【校記】

〔一〕乾隆三十一年（1766）本、五十四年（1789）本均爲『例』字，嘉慶十九年（1814）增訂本改爲『禮』字。

〔二〕乾隆三十一年（1766）、五十四年（1789）本均爲『一十三人』，嘉慶十九年（1814）增訂本爲『二十三人』。

〔三〕嘉慶十九年（1814）增訂本爲『卓里克圖』。

蒙古律例卷之四　會盟行軍

目録

外藩蒙古各旗着〔四〕遣人候信

禁止妄行跪拜駐劄大臣〔五〕

三年會盟一次

一、外藩蒙古三年赴盟一次，審事、比丁。

會盟巳〔已〕示而王等不到

一、會盟巳〔已〕示，而巳〔已〕未管旗之王、貝勒、貝子、公、台吉、塔布囊不到者，各罰俸六個月；無俸台吉、塔布囊等罰馬十匹。負約不到，計日罰馬。

凡會盟傳集管旗章京不到

一、凡會盟傳集，外藩蒙古管旗章京以下，十家長以上不到者，管旗章京罰馬五匹；副章京四匹；条領三匹；佐領兩匹；驍騎校一匹。小領催等罰犍牛一隻；十家長罰三歲牛一隻。負約不到者，管旗章京罰馬四匹；副章京三匹；条領兩匹；佐領一匹；驍騎校犍牛一隻；小領催三歲牛一隻；十家長鞭二十七。索騎校、小領催、十家長照外藩蒙古佐領、驍騎校、小領催、十家長治罪。

倫總管照外藩蒙古副章京治罪；副總管照衆領治罪；佐領、驍騎校、小領催、十家長治罪。

每年春間扎薩克王等點驗軍裝弓箭

一、每歲春間，扎薩克王、貝勒、貝子、公、台吉、塔布囊并各旗台吉等，各聚兵一處，修整盔甲、弓箭，較射以試之。如未經監修，即行起程前赴約所，其總閱時，系某旗軍械缺壞，即將某旗扎薩克該管人等罰俸六個月。若台吉兵丁軍械缺壞，罰五畜。各盔後尾衣背上不錠號條，軍器等物、鞶帶無號記者，罰三畜。馬不烙印、不拴號牌者，罰兩歲牛一隻，給付舉發之人。

梅針大披子兎兒乂骲頭各色箭上未書號記

一、梅針大披子兎兒乂骲頭各色箭上，不書號記者，罰三歲牛一隻，給付摘發之人。

隣邊部落忽有兵警即速會於被警之境

一、凡隣境部落忽有兵警，巳〔已〕未管旗王、貝勒、貝子、公、台吉、塔布囊，將戶口收送內地，一面帶領屬下所有兵丁速集於被警之境，一面行文各隣近旗分，令即領兵一同救援，畢集後，同議征進。若不速會於被警之境，或隣近旗分王等雖奉調取，不即領兵赴援者，俱削爵。

奉派出征王等不行前往

一、凡奉派出征之王、扎薩克貝勒、貝子、公、台吉、塔布囊不行親往者，削爵，仍發往軍前。若控制全旗盡不往前者，即以軍法從事。約定之處，一日不到者，罰俸三個月；兩三日不到，罰俸六個月；四日不到，罰俸九個月；五日以上不到，罰俸一年。

奉派出征官兵躲避不赴

一、凡奉派出征之官員，領催、披甲人等，於起程之日，躲避不前，官則革職，罰三九牲畜，仍令披甲赶送軍前；領催、披甲人等則鞭一百，仍發往軍前。

王等騎瘦行軍傳禁之馬

一、巳〔已〕未管旗王、貝勒、貝子、公、台吉、塔布囊等，將行軍傳禁之馬匹騎瘦者，各罰俸六個月；無俸台吉、塔布囊，罰馬十匹。

王貝勒貝子公台吉等敗陣

一、凡王、貝勒、貝子、公、台吉、塔布囊等戰陣時，別旗敗北，獨一旗王、貝勒等接戰，以援別旗，將敗北之旗下王、貝勒、貝子、公、台吉、塔布囊等各罰屬下人一佐領，給付接戰之人。別旗王、貝勒等接戰，而一旗之王、貝勒、貝子、公、台吉、塔布囊等敗北，將敗北之王、貝勒、貝子、公、台吉、塔布囊等革去封爵，作爲平人，其屬下人盡行撤出，撥給接戰之王等。若一旗内，半戰半北者，將敗陣之王、貝勒、貝子、公、台吉、塔布囊革去職銜，作爲平人，其屬下人俱撥給該旗接戰之人。若一旗内，半雖戰敗，而半屬無計前赴者，免罪，將敗北之王、貝勒等革去封爵，作爲平人，其屬下全行撤出，撥給該旗之無罪王、貝勒、貝子、公、台吉、塔布囊等，或賞給交戰之王、貝勒、貝子、公、台吉、塔布囊等。若各旗未及成列，而獨有一旗之王、貝勒、貝子、公、台吉、塔布囊成列出戰，則視其功之大小、擄之多寡，以爲賞賜。若平人敗陣者，斬，其產畜妻子籍沒。不論台吉、平人，但身先入陣破敵者，賞。凡野戰對陣迎面進兵之際，王、貝勒、貝子、公、大臣等若不按等級率爾馳入，或見敵兵少，不行偵探、妄先衝馳者，將所騎之馬罰出，此次之俘裁去。凡臨陣對壘，宜整暇成列，以各為趨進，其進時有不入汛地，而附於他人尾後，或棄其隊伍，而入於他人隊中，或他人巳〔已〕進，而伊獨立，視不前，按罪治以斬首、籍沒、責打、革職、收贖之法。追成列而進時，不得以少前少却，而謂巳〔已〕先彼後，此漸不可長。再追逐奔潰之兵，宜遣以壯兵健馬，若王、貝勒、管旗章京等勿得突爾而前，樹旗整隊後再行追躡。若所追之人，或悞陷伏兵，或分逐而遇游兵，王、貝勒、管旗章京等卽行接戰，兵丁起程時，各隨纛分隊起行，若有一二人攜取遺忘物件，往來亂行，或醉酒者，隨所見聞，卽行懲責，恐忘行規，堅志以行之，喧嘩者，禁之。違者，管旗章京、副章京、叅佐領向各管隊伍婉詞以詢其故，將喧嘩之人，隨所見聞，卽行懲責。如有一二擅離旗纛行走者，拿送該旗王、貝勒、管旗章京處，罰犍牛一隻，給付摘發之人。失火者斬。若偷竊鞍、轡、籠、絆、韂片者，以盜賊鞭責。至連夜赶行時，勿得喧嘩呼哨，違者罪之。軍行時，若一二人離伍行刦被殺，將伊妻子卽作爲俘，罪坐該管旗章京。廟宇勿得毁壞，行人勿得妄殺，抗者斬之，順者養之。俘者衣勿剝、夫婦勿離，卽不可作俘之人，衣亦勿剝。不得侵犯王、貝勒、貝子、公、台吉、塔布囊、管旗章京、副章京、叅佐領、驍騎校、小領催、披甲人等。勿令俘虜看守馬匹，若令看馬以致取馬逃逸者，罪之。諸處領兵前往之王、貝勒等，務宜安定地方、救濟民人，嚴飭所屬章京、兵丁，不得混行搶掠、貽害良民，能安輯者，賞必及之，且卽陞之。若違例縱放所屬章京、兵丁搶奪、刦掠、妄拿平民，指爲盜賊，以圖有獲混行殺戮者，必從重治罪。若勢均力敵，正當鏖戰之際，而能以馬付仆者騎出，即向仆者取馬以還，從前陣間給馬之人，公等以下，副章京等以上，令出馬十匹；条領、輕車都尉以下，馬六匹，平人，馬二匹。

圍獵行軍會盟回時不按次序先自歸家

一、凡往圍場行軍會盟諸處而回，不候次序先回家者，巳〔已〕未管旗王、貝勒、貝子、公、台吉、塔布囊等，罰俸三個月；無俸台吉、塔布囊，罰馬五匹；雖跟隨之伴黨，亦人各罰所騎之馬。

外藩蒙古各旗着遣人候信

一、内外諸扎薩克旗分，每年十月一次，十二月一次，每旗各令遣一人前來候信。

禁止妄行跪拜駐劄大臣

乾隆五十二年四月二十九日奉旨

嗣後，公以上於謁見欽差大臣時，如系伊等私事，尚可跪拜；其因公事，跪拜大臣之處統行禁止。如此定後，益可以示朕於外藩蒙古人等，一視同仁至意，並可分别秩序。永著爲例。欽此。

【校記】

〔一〕嘉慶十九年（1814）增訂本用作『閒』。

〔二〕嘉慶十九年（1814）增訂本用作『檢』。

〔三〕『躲』字同『躲』字。

〔四〕嘉慶十九年（1814）增訂本爲『著』。

〔五〕乾隆三十一年（1766）本、三十六年（1771）本無，此爲新增條。

蒙古律例卷之五　邊境卡哨

目錄

凡使者由某旗卡哨而來即令該哨章京遞送

使者途中被竊將坐哨章京等治罪

凡由邊前來之逃人兩日内送院

坐哨者曠職

坐哨人等軍器不全

坐哨人等疎漏逃人

他王侵入人各所分地界

一、人各所分地方，巳〔已〕未管旗之別王侵入，罰馬十匹；貝勒、貝子、公，馬七匹；台吉、塔布囊，馬五匹；平人，每家牛一隻。

侵過所分地界另行游牧

一、侵過所分地界，另行游牧者，巳〔已〕未管旗王、貝勒、貝子、公、台吉、塔布囊等，罰俸一年；無俸台吉、塔布囊等，罰馬五十匹；系平人，則見知之人，將本人并畜産一同收領。

貿易宜稟明王等

一、凡貿易者，稟明扎薩克王、貝勒，管旗章京、副章京，以一章京爲主領，令十人以上合夥而行。若夥中無主領之人，或被旁人拿獲，或生出事故，將管旗王、貝子等，管旗章京、副章京、叅佐領幷爲匪之人，俱議以罪。至探望親戚及有事故行走之人，各稟明管旗王、貝勒、貝子、公，或管旗章京、副章京，令將所去情節開單持往。若持單前往之人於往返途間，或出爲匪，將給單之王、貝勒，管旗章京、副章京一並議罪。若僞造假單，詐冒而行，拿獲時，爲首者鞭一百，罰三九牲畜；爲從者鞭九十，罰二九牲畜。

黑龍江瓜爾察索倫地方不准購買貂皮

一、凡巳〔已〕未管旗王、貝勒、貝子、公、台吉、塔布囊、官員、平人，購買黑龍江瓜爾察索倫地方貂皮，或違禁攔截給價者，王、貝勒、貝子、公、扎薩克台吉、塔布囊等罰俸一年；閑散台吉、塔布囊罰五九牲畜；官員、平人罰三九牲畜。將私領價本前往之爲首者，擬絞監候，爲從者罰三九牲畜，其所帶價本追出入官。

偷捕貂參私相買賣

一、凡將私捕之貂參私相買賣，被旁人拿獲首告，將貂參交戸部，買者賣者各鞭一百，罰一九牲畜，賞給拿獲首告之人。

偷捕貂參

一、蒙古王、公主、郡主等屬下人，幷旗人及打牲人等，私往禁地偷捕貂鼠、採挖人參被獲，將財主幷率領前往之爲首者，擬絞監候，畜產籍沒。爲從者，系另戸，鞭一百，罰三九牲畜；系家奴，枷號兩個月，鞭一百，罰伊主三九牲畜，將採捕之物全行入官。

禁地遣人採捕貂參

一、凡入禁地偷採貂參被獲，其知而遣往之主人，系已〔已〕未管旗王、貝勒、貝子、公、扎薩克台吉、塔布囊等，罰俸九個月；系無俸台吉、官員、平人，罰三九牲畜，將打牲人幷牲畜俱賞給旗下因公效力人等，採捕之物入官。

偷在圍場内打牲

一、凡蒙古等，偷在圍場内打牲被獲，交八溝理事同知審訊。初次者，枷號一個月；兩次者，枷號兩個月；三次者，枷號三個月，俱在圍場附近處所示衆，滿日，鞭一百，交各該扎薩克嚴行管束，仍報院詳查。

蒙古等進口出口記〔記〕數

一、凡内外各扎薩克蒙古等，俱令由山海關、喜峯口、古北口、獨石口、張家口、殺虎口行走。進口時，俱稟明，邊門章京等記〔記〕數後，方准入；其出口時，仍驗對原數後方准出。倘有添買之物，報院轉行兵部，給與口票，以便出口，除此六邊門外，其餘邊門不准行走。

置買軍器等物給票

一、内外諸扎薩克内，人丁孳生，編設佐領，或軍器殘缺，應行修補者，該扎薩克等出具保呈，將置買軍器數目繕寫印文報院，註明兵部票内，方准置買。若成套成副者，奏明請旨後，方准置買。倘逾票内數目，額外多帶，或於入口原數較多，發覺時，巳〔已〕未管旗王、貝勒、貝子、公、扎薩克台吉、塔布囊，罰俸六個月；閑散台吉，管旗章京以下，驍騎校以上，罰一九牲畜；平人，鞭八十，將額外多帶軍器入官。

軍器等物不准賣給俄羅斯

一、内外諸扎薩克蒙古等，不得將盔甲、弓箭、軍器賣給俄羅斯及厄魯特、回子人等。若有偷賣，并遺送親戚，或被獲，或被人拿獲首告者，巳〔已〕未管旗王、貝勒、貝子、公、扎薩克台吉、塔布囊等，罰俸一年；無俸台吉、塔布囊，罰馬五十匹。平人爲首者，擬絞監候，產畜籍沒；爲從者，鞭一百，罰三九牲畜，抄罰之產畜，俱賞給拿獲首告之人。若奴僕，首主令其出離主家。

凡使者由某旗卡哨而來即令該哨章京遞送

一、準〔一〕噶爾、厄魯特〔二〕、俄羅斯之使者，由某旗卡哨而來，該哨章京即僉派領催、披甲人等護送。著落前途旗分，由各旗直遞送至張家口。若在某旗地方被竊，嚴查確實，令其賠償；不實，則登記檔案，發覺時酌議。若更換疲乏馬駝，以跟役爲証立字，并註其姓名、佐領。

使者途中被竊將坐哨章京等治罪

一、凡使者由某旗經過其旗下，坐哨章京等宜行照料護送。倘不照料護送，以致被竊，將坐哨章京等，罰三九牲畜，披甲人等，鞭一百。

凡由邊前來之逃人兩日内送院

一、凡由邊上逃到之人，被該貝勒等撞遇，將逃來首犯於兩日内作速先解該院。若過兩日，將扎薩克王、貝勒、貝子、公、台吉、塔布囊，罰俸三個月。

坐哨者曠職

一、出派坐哨之章京、披甲人等，曠玩不坐，佐領則革職，罰三九牲畜；驍騎校革職，罰二九牲畜，存公。同派坐哨之披甲人等鞭一百；坐哨人等不坐所指之處，另坐他處者，章京、驍騎校革職，披甲人等，鞭八十。

坐哨人等軍器不全

一、章京、驍騎校本分軍器不全，罰二九牲畜，存公。披甲人等軍器不全，鞭八十。佐領、驍騎校未將坐哨人等軍器不全之處查出，罰一九牲畜，存公。

坐哨人等疎漏逃人

一、坐哨之章京、披甲人等疎漏逃人，追赶不及而回者，佐領革職，罰三九牲畜；驍騎校革職，罰二九牲畜；小領催革退，罰五牲畜，鞭一百；披甲人等，各鞭一百。

【校記】

〔一〕蒙古律例三種刻本均寫作『準』，而部分抄本及清代文獻又作『准』。

〔二〕清代文獻又作『額魯特』。

蒙古律例卷之六　盜賊

目錄

台吉行竊不准開復

未經受職台吉行竊治罪

台吉行竊審明定案後交該旗約束

蒙古民人原偷牲畜著落賠償

偷竊皇上圍獵臨幸營盤馬匹治罪

賊分首從治罪

王等窩賊

賊罪可疑者發誓〔五〕

牲畜被竊將齒色呈報該扎薩克等登記檔案

事主認獲被竊牲畜

圍場軍前認獲被竊馬匹

牲畜被竊他人要截獲之

盜賊宰殺遺棄牲畜之肉混行拾取

走失牲畜移知隣封扎薩克

走失牲畜途人勿得擒拿

跴緝被竊馬匹

踪跡入舊游牧處者發誓

踪跡制限以骲頭射到者發誓

搜贓宜帶証佐

潛得被竊牲畜之信

潛得信息之牲畜別經發覺

潛得信息案内王等無庸發誓

偷竊財物

偷竊猪狗雞鵝

官員平人強刦殺傷人

乾隆二十八年十一月内，軍機大臣等遵旨會同刑部、理藩院議奏定例

一、官員、平人或一二人夥衆強刦什物殺人者，不分首從，俱即處斬，梟首示衆。強刦傷人得財者，

不分首從，皆卽處斬，籍沒其妻子產畜，給付事主。若傷人而未得財，爲首一人擬斬監候，籍沒產畜，給付事主，其妻子暫存該旗，俟將來秋審，減等放出，該犯妻子僉發河南、山東，交驛站充當苦差。其從賊，產畜抄給事主外，妻子僉發河南、山東，交驛站充當苦差。

官員平人強刦而未殺人

乾隆二十八年十一月内，軍機大臣等遵旨會同刑部、理藩院議奏定例

一、官員、平人強刦什物而未傷人，系一人，將其妻子產畜一並發河南、山東，交驛站充當苦差；或二三人，或夥衆偷竊，將起意一人擬絞監候，籍沒其產畜，給付事主，其妻子暫存該旗，俟將來秋審，減等放出，該犯妻子僉發河南、山東，交驛站充當苦差。從賊幷妻子產畜俱發河南、山東，交驛站充當苦差。

官員平人偷竊牲畜等物拒捕傷人

乾隆二十八年十一月内，軍機大臣等遵旨會同刑部、理藩院議奏定例

一、官員、平人或一二人夥衆偷竊牲畜等物，事主旁人知而追逐，拒捕殺人者，將殺人首賊擬斬立決，籍

沒其妻子產畜，給付事主。從賊幷妻子僉發南省，給駐防兵丁爲奴，籍沒其產畜，給付事主。若傷而未死，首賊擬斬監候，籍沒其產畜，給付事主。其妻子暫存該旗，俟將來秋審，減等放出，該犯妻子僉發河南、山東，交驛站充當苦差。餘人幷產畜妻子俱發河南、山東，交驛站充當苦差。

搶奪斬犯

一、凡搶奪，擬定死罪，人犯不分首從，俱斬監候。若搶奪罪不至死，人犯爲首者，罰三九牲畜，餘人罰一九牲畜。

刦竊殺人

一、凡刦竊駝、馬、牛、羊等畜殺人者，擬斬決，梟示。

蒙古地方偷竊牲畜者視其牲畜之數分別首從治罪

乾隆五十年十二月初九日刑部會同本院奏准定例

一、三十匹以上者，不分首從，絞監候，秋審時俱入情實；爲從並未同行，但於竊後分贓者，減等，發遣雲南、貴州、廣东、廣西烟瘴地方。

二十四至三十四者，首從俱絞監候，秋審時，爲首者入於情實；爲從同行分贓者，入於緩決；雖經同謀，並未同行，但於竊後分贓者，減等，發遣湖廣、福建等省。

十四至二十四者，爲首者，絞監候，秋審時入於情實；爲從同行分贓者，發遣雲南、貴州、廣东、廣西烟瘴地方；雖經同謀，並未同行，但於竊後分贓者，發遣山東、河南地方。

六匹至九匹，爲首者，發遣雲南、貴州、廣东、廣西烟瘴地方；爲從同行分贓者，發遣湖廣、福建等省；雖經同謀，並未同行，但於竊後分贓者，鞭一百。

三匹至五匹，爲首者，發遣湖廣、福建、江西、浙江、江南；爲從同行分贓者，發遣山東、河南；雖經同謀，並未同行，但於竊後分贓者，鞭一百。

一二匹，爲首者，發遣河南、山東；爲從同行分贓者，鞭一百；雖經同謀，並未同行，但於竊後分贓者，鞭九十。

再，羊隻一項，與牛、駝、馬匹價值逈〔迥〕異，以羊四隻作牛、駝、馬一隻計算。所竊之羊不及四隻者，爲首，鞭一百；爲從同行分贓者，鞭九十；雖經同謀，並未同行，但於竊後分贓者，鞭八十。

以上首從賊犯，應發遣者，仍照舊，均交驛，充當苦差；應鞭責者，蒙古照例鞭責，民人折責發落。

厄魯特土爾扈特杜爾伯特和碩特輝特烏梁海人等偷竊牲畜不分首從治罪

乾隆五十一年四月二十二日，軍機大臣會同刑部、理藩院議覆定例

一、嗣後，凡新降土爾扈特、杜爾伯特、厄魯特、和碩特、輝特、烏梁海等蒙古，偷竊馬、牛、駝隻數至十匹者，不分首從，均擬絞監候，秋審時俱入情實。其一二匹至九匹者，仍照從前改定條例，不分首從，分別發遣。羊隻仍以四羊作一牲畜治罪，俟二十餘年後再行請旨，分別多寡，照現定條例辦理。

蒙古等偷竊四項牲畜合計次數擬罪

乾隆五十四年七月二十九日奉旨

嗣後，將偷竊馬畜之賊，詢明系一年內行竊二次者，俱合計次數擬罪；若巳〔已〕經年者，只就一次科斷。欽此。

犯至死罪首賊逃逸未獲將從賊監候待質

乾隆五十四年十月初四日奉上諭據恒瑞等奏請

將盜竊商民貨物之蒙古綽克圖、達什分別擬罪。起意之綽克圖現今在逃，照例擬絞，獲日絞決。從犯

達什發往雲貴烟瘴地方等語，所辦於理，尚有未協。蒙古荒野地方，並無墻垣，商人貨物，蒙古人等易於盜竊，必須立法，嚴禁地方能示警。今綽克圖起意，邀同達什行竊，而綽克圖尚未緝獲，即將從犯達什發遣，則蒙古人等於首犯擬絞之處，不惟無從得知，難以示警；而從犯發遣後，首犯就獲時，伊既知無人質証，必致推諉狡賴，不肯承認。今綽克圖既未經緝獲，將達什照綽克圖應得之絞罪擬議，送部監禁，俟緝獲綽克圖，審明之日，再將達什照例發遣。如未經緝獲綽克圖，將達什永遠監禁，著爲令。各蒙古地方嗣後如有似此首犯逃逸者，俱照此办理。欽此。

台吉等收留驚逸馬匹不報照依竊盜革去台吉職銜後開復

乾隆四十八年十二月初六日本院奏定條例

一、嗣後，凡台吉等收留牲畜不報，照依竊盜革去台吉者，以六年爲限。逾六年後，果能改過，奮勉旗務，該扎薩克等據實保舉報部，由部具奏開復。

台吉行竊議罪

一、凡台吉行竊爲匪，革退台吉職銜，作爲平人，其馬畜取付失主，其屬下家奴撤〔撥〕〔六〕給伊近支兄弟。將該扎薩克照疎於查察、管束不嚴例議處。如犯別項之罪，革退台吉，過三年後果能改悔，該扎薩克聲叙緣由，具保報院轉奏，復其台吉職銜。

台吉行竊不准開復

乾隆四十四年九月二十五日奉旨

嗣後，台吉等如有犯别項罪過革退台吉者，三年後果能改過，照例准其開復台吉職銜；如因行竊革退台吉者，概不准其開復。將此永著爲例。欽此。

未經受職台吉行竊治罪

乾隆四十三年六月本院具奏定例

一、台吉等未經受職以前初次行竊牲畜者，不准受職，發往鄰盟，嚴加管束，將伊所有牲畜給與事主。倘不悛改，復行偷竊，照平人例治罪。

台吉行竊審明定案後交該旗約束

乾隆四十六年二月本院具奏定例

一、凡台吉等爲竊，審明，如僅革去台吉無餘罪者，定案後一面報部，一面将該犯卽交該旗管束。

蒙古民人原偷牲畜著落賠償

乾隆二十六年軍機大臣議覆吉林烏喇〔七〕將軍恒魯奏准定例

一、蒙古等，將原偷牲畜花費無賞着〔著〕〔八〕落，該旂〔九〕台吉照數賠償；若旂民不能賠償原竊牲畜着〔著〕落，該管等官賠償。

偷竊皇上圍獵臨幸營盤馬匹治罪

一、皇上圍獵臨幸，營盤馬匹被竊，不分蒙古、民人，五匹以上者，擬絞立決，示衆，以昭烱戒；三匹以上者，卽發雲貴、两廣烟瘴地方；一、二匹者，發湖廣、福建、江西、浙江、江南等省，俱交驛站，分別當差著伍。

賊分首從治罪

一、凡偷竊牲畜，止將起意之一人爲首。若上盜時分路偷兩三處牲畜，或前後數次偷竊者，各就本案議罪。

王等窩賊

一、巳〔已〕未管旗王、貝勒、貝子、公、台吉、塔布囊等窩賊，各罰俸一年；無俸台吉、塔布囊，罰五九牲畜。若不肯承認窩賊，令其伯叔發誓，無伯叔，令伯叔之子發誓。

賊罪可疑者發誓

一、偷駝、馬、牛、羊四項牲畜，賊情可疑者，令其發誓，入誓者免罪完結；不入誓者，視其所偷牲畜數目多寡，照例分別定擬，該主，罰一九牲畜。若該主將賊舉出，視其賊之情罪輕重，分別立決、監候、發遣，該主免議。

牲畜被竊將齒色呈報該扎薩克等登記檔案

一、凡被竊牲畜，先將數目、口齒、毛色、月日開明保送扎薩克處記檔，若後來馬數、齒、色、月日不符，或先不曾呈報扎薩克處記檔者，概不准行。

事主認獲被竊牲畜

一、被竊牲畜事主認明，而謂授之者另有其人，即令其人質對。若其人不認，更令原人發誓，誓則免罪，其畜徑行認領。

圍場軍前認獲被竊馬匹

一、被竊之馬，於圍場軍前認獲，而其人若謂所得另有情節，則令以他馬補其額，所認之馬徑行領去。

牲畜被竊他人要截獲之

一、牲畜被竊，他人要截獲之，一則令給謝儀，兩以上，十以下者，令取一，多則按十取一。若牲畜之主謂非被竊，而不給者，令佐領、驍騎校發誓，誓則免其謝儀，不誓令給謝儀。若將〔十〕截獲牲畜詐冒收去，發覺時將假冒之人以賊論。

盜賊宰殺遺棄牲畜之肉混行拾取

一、盜賊偷竊牲畜，宰殺遺棄之肉，或他人拾取，著令賠償。若在跡限之內，擇管旗章京發誓，不發誓以跡入論罪。

走失牲畜移知隣封扎薩克

一、凡走失牲畜，三日後報明，隣封扎薩克貝勒、貝子、公等尋拿每畜一隻，以一羊作謝儀。若騎所獲牲畜者，罰五畜。若詐稱己畜冒領者，罰三九牲畜；悮領者，罰一九牲畜。若畜主不出暫收之隱匿者，罰一九牲畜。

走失牲畜途人勿得擒拿

一、走失之畜，途人勿得擒拿，擒拿者以賊論。若羊，則於所見之日起，每赶宿一夕，二十以下而取一，多則每二十而取一。

踹緝被竊馬匹

一、凡蹤跡所入之案，踹蹤無證佐，無庸發誓。若行路之人，雖無證佐，亦准踹蹤，過村時再覓證佐。

蹤跡入舊游牧處者發誓

一、凡游牧之日，而賊蹤適以其日入於游牧舊處者，令其發誓。

蹤跡制限以骲頭射到者發誓

一、蹤跡制限，以骲頭射到居人住址者，令發誓；射不到者，不發誓。

搜贓宜帶證佐

一、搜贓須帶證佐前往。不准搜者以賊論。

潛得被竊牲畜之信

一、牲畜被竊，以潛告而認明原贓，其竊者以賊論。

潛得信息之牲畜别經發覺

一、凡被竊牲畜之人，控稱有潛來告知者，必令將來告之人姓名，寫出具控，若誣告，或被竊牲畜别經發覺，其來告之人罰三九牲畜，給發誓之台吉，并加倍給過之人各半分之，原告罰三九牲畜，給付被告之人。

潛得信息案内王等毋〔十二〕庸發誓

一、有以潛得信息呈控案件，巳〔已〕未管旗王、貝勒、貝子、公、額駙等無〔毋〕庸發誓，惟擇該旗人以誓之。若台吉、塔布囊等，則令自誓。若貨財被竊，經人潛來致信，或賊踪徑入，二者令擇都統等發誓，若不發誓，即令加倍給與。若貝勒、貝子、公之使人，則罰兩歲牛一隻。

偷竊財物

一、偷竊金銀，貂鼠、水獺等皮，布疋，吃食等物者，照數取償所偷之物，值兩歲牛價者，罰三九牲畜；值羊價者，罰一九牲畜；不值羊者，罰三歲牛一隻。

偷竊猪狗雞鵝

一、偷猪、狗者，罰五畜；偷鵝、鴨、雞者，罰三歲牛，仍令賠償被竊之物。

【校記】

〔一〕乾隆三十一年（1766）本原文為『民人蒙古偷竊牲畜等物之爲從者治罪原偷牲畜著落賠償』，乾隆十四年（1749）六月十三日理藩院奏准定例：一、偷竊蒙古馬畜等物，爲從者，其産畜妻子交隣封盟長爲奴之處一並停止，鞭一百，罰三九牲畜，給付事主。民人偷竊口外蒙古牲畜，系爲從，亦鞭一百，罰三九牲畜，給付事主。

乾隆二十六年（1761）軍機大臣覆准吉林烏拉〔喇〕將軍恒魯奏定：應罰從賊之三九牲畜，勒限一年，於犯人名下著追，給付事主。若照罰數全給者，將鞭一百之罪一並豁免，罰得過半者，鞭一百，完結；全不給者，停罰，發山東、河南等處。若旗民偷蒙古牲畜，俱照此治罪。若蒙古等將原偷牲畜花費無償著落，該旗台吉照數賠償，若旗民不能賠償原竊牲畜著落，該管等官賠償。

該條乾隆五十四年（1789）本修改。

〔二〕乾隆三十一年（1766）本原文為『偷四項牲畜者計贓分別絞遣』。乾隆二十四年（1759）九月十一日奉上諭：蒙古野地並無房屋院落，而蒙古等俱賴四項牲畜養生，故偷牲畜之賊，其罪視内地竊賊所定較重。但今蒙古例内，偷畜寡少之賊，擬以絞監候，過數年仍減等放出，定例并無分輕重，此輩皆素習爲賊之人，減等放出，仍令住蒙古野地，仍偷牲畜，於有業蒙古全無裨益。嗣後，此等賊匪内，若偷畜較多，情節可惡者，當時入情實，倘偷畜寡少，情有可原者，不若即視其偷畜多少，以爲遠近，分別發遣内地，庶蒙古野地可以清肅行竊之人，亦知儆畏，其當作何改定之處，著刑部會同該院詳察定議，具奏，欽此，欽遵刑部會同理藩院於本年十月初七日議覆。奏准定例。

一、偷蒙古等四項牲畜至十頭以上者，首賊擬絞，就近在同知衙門監候秋審，作爲情實；自六頭至九頭者，將首賊卽發雲貴、兩廣等省煙瘴地方；自三頭至五頭者，發湖廣、福建、江西、浙江、江南等省；若數止一二者，發山東、河南等省俱交驛站，充當苦差。民人在蒙古地方偷牲畜，在九數以下者，亦照此例，分別治罪，爲從者，俱照例，鞭一百，罰三九牲畜，給付事主。

一、皇上圍獵、臨幸，營盤馬匹被竊，不分蒙古、民人，五匹以上者，擬絞立决，示衆，以昭炯戒；三匹以上者，即發雲貴、兩廣煙瘴地方；一二匹者，發湖廣、福建、江西、浙江、江南等省，俱交驛站，分別當差著伍。若爲從，並知情故買，系民，俱較正賊減一等；系蒙古，亦照例鞭一百，罰三九牲畜，給付事主。

該條乾隆五十四年（1789）本删除。

〔三〕乾隆三十一年（1766）本『賊分首從治罪』條，一、凡偷竊牲畜，止將起意之一人爲首，隨行上盜爲從者，減一等。若上盜時分路偷兩三處牲畜，或前後數次偷竊者，各就本案分別首從議罪。該條乾隆五十四年本删除。

〔四〕乾隆三十一年（1766）本為『台吉行竊應議罪』。一、凡台吉行竊爲匪，革退台吉職銜，作爲平人，其馬畜取付失主，其屬下家奴撤〔撥〕給伊近支兄弟。將該扎薩克照疎於查察、管束不嚴例議處。若爲匪之台吉，仍不悛改，又行爲匪，該扎薩克即將伊奴隸辱使，若能改悔，過三年後，該扎薩克聲敘緣由，具保報院轉奏，復其台吉職銜。

乾隆五十四年（1789）本修改。另外，乾隆五十四年（1789）本中無『台吉三次犯竊應議罪』條、『所罰牲畜分別賞賜』條。

『台吉三次犯竊應議罪』條：乾隆三十一年（1766）四月奏准增入。一、台吉以兩次行竊，革去職銜，作爲奴僕；後又復行偷竊，無庸復其台吉職銜，准平人例治罪。

〔五〕『賊罪可疑者發誓』條乾隆三十一年（1766）本：一、偷駝、馬、牛、羊四項牲畜，賊情可疑者，令其發誓，入誓者免罪完結；不入誓者，擬絞監候，該主罰一九牲畜，將賊犯所有牲畜，一並給付事主，其妻子暫存該旗，俟將來秋審減等放出，該犯妻子僉發隣封盟長處賞給，同盟内因公効力台吉等爲奴。若各該主將賊舉出，視其賊之情罪輕重，分別立決監候，若將賊已正法，其妻子免其爲奴，取其所有牲畜，給付事主。

乾隆五十四年本修改。

〔六〕乾隆三十一年（1766）、五十四年（1789）本均寫作『撤』。嘉慶十九年（1814）增訂本寫作『撥』。

〔七〕嘉慶十九年（1814）增訂本寫作『拉』。

〔八〕嘉慶十九年（1814）增訂本寫作『著』。

〔九〕乾隆三十一年（1766）、五十四年（1789）本均寫作『旗』。

〔十〕此處脱『來』字。

〔十一〕嘉慶十九年（1814）增訂本寫作『無』。

蒙古律例卷之七　人命

目錄

王等故殺別旗之人

一、凡巳〔已〕未管旗王、貝勒等，將別旗之人故殺、鬭殺、謀殺，同謀殺者，按其所殺之數賠人，王等，罰馬一百匹；貝勒、貝子、公等，罰馬七十匹；台吉、塔布囊等，罰馬五十匹，給被殺者之妻子。若平人，將起意者，斬監候，從而加功者，絞監候，抄沒其產畜，給被殺者之妻子。其未加功者，以及妻子產畜一並送隣封盟長處，賞公事効力台吉等，爲奴。

王等以刃物戳殺屬下家奴

一、王等將各屬下人、家奴用刃物戳砍、故殺、鬭殺、醉殺者，罰馬四十匹；貝勒、貝子、公等，三十匹；台吉、塔布囊等，罰三九牲畜，給被殺者之胞兄弟，將其妻子一並遣赴旗内願往之處。再，悮〔一〕打致死者，將致死之故自行說出，若無鬭故不令出去，王、貝勒、貝子、公、台吉、塔布囊，各罰俸九個月；無俸台吉、塔布囊，罰三九牲畜，存公。管旗章京以下，平人以上，各將家奴用刃物戳砍、射殺、醉殺、故殺、鬭殺者，若管旗章京、副章京，各罰三九牲畜；叅佐領、驍騎校，各罰二九牲畜；平人，罰一九牲畜，給被殺者之妻子，連其兄弟出旗。再，悮打致死者，將致死之故各禀知扎薩克貝勒等，若無鬭，故不禀出者，罰牲畜存公。

鬪毆殺人

一、凡鬪毆傷重，五十日内死者，下手之人，絞監候。

因戲過失殺人

一、凡人因戲過失殺人者，罰給三九牲畜。

過失殺人

一、凡官員、平人過失殺人者，若有証佐成招者，毋庸發誓，罰給三九牲畜。若無証可疑之罪，於過失旗分内擇人發誓，若發誓，罰給三九牲畜；若不發誓者，絞監候。瞎人眼目者，額罰三九牲畜；折人肢體者，罰一九牲畜；若未至殘廢平復者，罰馬。

夫故殺妻

一、凡官員、平人擅行故殺妻者，絞監候。若與妻吵鬧毆打過失致死者，罰三九牲畜，給妻之母家。

若妻有事，故不告而擅殺者，罰三九牲畜。若以金刃將妻射砍戳殺，以木棍打死者，照故殺，絞監候。

奴殺家主

一、家奴殺其主者，凌遲處死。

迎殺來投逃人

一、凡官員等將來投逃人迎殺者，爲首一人，絞。若平人，將爲首一人，斬監候，餘罰三九牲畜，俱給所指投之貝勒。若所指投之貝勒不出，給首者，一半，一半，存公。

王等將家奴射砍割去耳鼻

一、凡人將家奴砍射割其耳鼻者，巳〔已〕未管旗王等，額罰五九牲畜；貝勒、貝子、公等，罰四九牲畜；台吉、塔布囊等，罰三九牲畜；官員，罰二九牲畜；白人〔二〕，罰一九牲畜。若致死者，照故殺、讎殺，治罪。

鬭毆損傷眼目折傷肢體

一、爭鬧毆打損傷眼目、折傷肢體者，額罰三九牲畜；平復者，罰一九牲畜；墮孕婦之胎者，罰一九牲畜。若以拳毆、鞭桿打者，罰五牲畜；互打者，無罪；打落牙齒者，罰一九牲畜；揝〔三〕落髮辮帽纓者，罰五牲畜。

【校記】

〔一〕『悮』與『誤』同。

〔二〕『白人』，亦作『白身人』，此處指『平人』。

〔三〕似印刷之脱落，嘉慶十九年（1814）增訂本寫作『揝』，與『揪』同。

蒙古律例卷之八　首告（一）

目錄

凡事本人具控

一、凡事本人控告，若旁人具控者，則理事官罰所騎之馬。

蒙古王等以下民人以上爭訟

一、蒙古王等以下，民人以上，互相爭訟者，雍正元年以後者，准審理。以前者，不准審理。

將王等所審事件復控

一、將王等審斷事件復控，若仍如該王所審，擬將控告之人，罰一九牲畜。若扎薩克貝勒、貝子、公等審斷者，罰五牲畜。若章京等審斷者，罰馬一匹。

出首隱瞞人丁

一、凡出首隱瞞人丁之事，必於比丁之年出首，若過二三年出首，則出首者，無庸議。

蒙古等妄行越訴誣告

乾隆三十九年六月本院奏准定例

一、蒙古等，凡有争控事件，務令先在該扎薩克、王、貝勒處呈控。倘負屈，許令在盟長處呈控。如盟長等又不秉公辦理，許令原告之人將曾經在該扎薩克處控告，如何辦理；復在該盟長處控告，如何判斷之處，按欵開明赴院呈控，由院詳核案情，或應仍交盟長等辦理，或應差派大臣辦理之處酌議，具奏請旨。若並未在該扎薩克王、貝勒等處控告，又不在盟長處具呈，而徑行赴院呈控者，不論是非，系台吉官員，罰取三九牲畜；系屬下家奴，鞭一百。若系尋常事件，仍交該扎薩克盟長等辦理；如関人命重案，由院詳詢，應派大臣辦理之處定議，具奏請旨；若巳〔已〕於該扎薩克盟長等處控告，而扎薩克盟長等因未秉公辦理赴院呈控者，由院按事之輕重，或派員辦理，或奏遣大臣辦理。俟審明之後，該扎薩克及盟長等所辦與例相符者，無庸置議；如扎薩克等辦理不公，將扎薩克議處；盟長等辦理不公，將盟長等議處；若所控不實，按事之輕重，將原告之人反坐其罪。

【校記】

〔一〕乾隆五十四年（1789）本增加『蒙古等妄行越訴誣告』條，删除『越等控院者不准審理』『未經審結之事告院』二條。『越等控院者不准審理』條：一、口外蒙古等一切事件，具控各旗王、貝勒等處。未結，王、貝勒等，連人發來控院。若不控王、貝勒等處，越等來控院者，不問事之是非，駁令回控扎薩克處。『未經審結之事告院』條：一、口外蒙古、民人，因彼處未經審結事件而來者，不許先私叩閽，將案情具文呈控理藩院。

蒙古律例卷之九　捕亡

目錄

王等商謀隱匿賊人不行舉出
明出賊人不給拿來
拿獲賊人解該旗收管就近令地方官監禁會審
徒罪以上人犯解送該地方官暫令監禁
自流所復逖[一]者分別治罪
踈脱斬犯
抄沒賊物賞給獲賊之人
家奴額〔厄〕魯特回子逖〔逃〕走
發遣爲奴之犯逃竄蒙古地方無論知情不知情容留者分別治罪

出卡哨投往外國之逃人治罪

一、凡出卡哨逃往外國之人執械拒追者，不分首從，皆立斬。若不拒追，即被擒獲，爲首者立斬，其餘者，立絞。若傷人逃逸，拿獲解到者，俱立斬。未傷人逃逸，拿獲解到者，照不拒追被獲之逃人，擬罪。若逃而未傷人，自回者，鞭一百，給伊本主。

拿獲逃人於逃人之主罰兩歲牛

一、村落中行走逃人何人拿獲者，由逃人之主罰兩歲牛一隻，給付拿獲之人，將逃人鞭一百。若隱匿逃人，將隱匿之人罰一九牲畜，給逃人之主。其匿逃之十家長，罰一九牲畜，給逃主之十家長。

拿獲逃人將逃人所帶物件分給一半

一、家奴脫逃，凡人於國内拿獲送來者，將逃人身所帶一切物件給拿之人一半，一半給伊主，逃人鞭一百。

追逃之人若殺爲首逃者給其俘虜產畜

一、凡追逃之人，若殺爲首逃走者，將俘虜產畜全給追趕之人。逃人若攜帶他人之馬逃走，追趕之人取其一半。若舉出爲首逃走之人，其俘不給追趕之人，給逃人之主。若逃人帶別人妻馬而逃者，將逃人之妻子產畜賠補其額。其逃人之家，若無，則不令賠補。系家奴，如有，則追賠；無，則亦不罰於伊主。

見逃人而遣去

一、凡見逃人而令其逃去者，若扎薩克王、貝勒、貝子、公，扎薩克台吉、塔布囊等，罰俸一年。若攻逃犯致人死者，有俘虜，則給一人補額倍，罰三九牲畜。若無俘虜，則由逃人之扎薩克王、貝勒等，額罰三九牲畜。

知逃往外國之逃人而遣去

一、巳〔已〕未管旗王、貝勒、貝子、公、台吉、塔布囊等，若知人逃往外國，給與馬騎遣往者，革退封號、職銜，取其屬下之人。有頂官員，絞，抄沒產畜；平人則斬，仍抄沒產畜。

追逃人之章京等趕不及而回

一、追逃人之章京、披甲人，趕不及而回，若不到卡哨而回者，革退佐領，罰三九牲畜；革退驍騎校，罰二九牲畜；革退小領催，罰五牲畜，鞭一百；披甲人，鞭一百。

全旗逃走者不分何旗追趕

一、全旗逃走，則不分何旗，以軍制起程追趕，若扎薩克王、貝勒、貝子、公、台吉等不追者，各罰俸一年。

繫撒袋人二十名以上逃走者何人附近即令追趕

一、繫撒袋人二十名以下逃走者，止伊旗下追趕。若繫撒袋人二十名以上逃走，則何人附近，其旗扎薩克王、貝勒、貝子、公、台吉、塔布囊等，計量逃人妥備馬匹、盤纏，知往何方，速追至盡頭處，不追者，各罰俸六個月；速將逃亡報院，不報者，各罰俸三個月。

王等隱匿殺來投逃人者

一、巳〔已〕未管旗王、貝勒、貝子、公、台吉、塔布囊等，若將殺來投逃人之人隱匿者，各罰俸一年，無俸台吉、塔布囊等，罰五九牲畜；以殺死出首之人，王等，罰馬十匹；貝勒、貝子、公等，罰馬七匹；台吉、塔布囊等，罰馬五匹，給出首者遣往伊願往之處，若不承認，令其伯叔發誓。

隱匿内地逃人

一、口外游民并滿洲家奴，嚴飭諸扎薩克之各該佐領緝拿解部。若隱匿内地逃人者，官革職，鞭一百，罰三九牲畜，俱給拿獲之人。該扎薩克等不察出，或經部院察出，或別人首出者，該扎薩克王、貝勒、貝子、公、台吉等，各罰俸一年；管旗章京、副章京、条領等，各罰三九牲畜；佐領、驍騎校俱革職，罰三九牲畜；領催、十家長等，鞭一百。出首之人，若系家奴，作爲另戶；若平人，由隱匿之人罰給三九牲畜。

王等商謀隱匿賊人不行舉出

一、巳〔已〕未管旗王、貝勒、貝子、公、台吉、塔布囊等，商謀隱匿賊人，不首出者，各罰俸六個月；無俸台吉、塔布囊等，各罰一九牲畜。

明出賊人不給拿來

一、將明出賊人不給擒來，令其脱逃者，巳〔已〕未管旗王、貝勒、貝子、公、台吉、塔布囊等，各罰俸一年；無俸台吉、塔布囊等，各罰五九牲畜，拿獲賊人解該旗收管，就近令地方官監禁。

拿獲賊人解該旗收管就近令地方官監禁會審

一、凡拿獲賊犯，解送賊之扎薩克旗分，令其收管蒙古。若在盛京、歸化城等處犯事，俱令犯事處收管，由該扎薩克等旗帶會審台吉等，會審。

乾隆二十五年山西按察司索琳奏准

歸化城各同知、通判，承辦蒙古與蒙古交涉命盜等案，由該同知、通判處驗訊通詳呈請。綏遠城將軍就近與土默特之杀領等官，會審。起限由將軍處咨院具奏完結，將蒙古與民人交涉命盜等案，亦呈請該將軍就近與土默特杀領等官，會審。起限由巡撫處咨會具奏完結，於各扎薩克等旗分行取會審官員之處，永行停止。結案後，將審擬之處，由歸綏道衙門行知該扎薩克等，其民人與民人交涉案件，仍照舊辦理。

乾隆二十五年刑部會同理藩院議覆山西巡撫鄂弼奏定

山西省大同府屬豊鎮通判所轄民人處所與察哈爾正黃、正紅旗連界，朔平府屬寧遠通判所轄民人處所與察哈爾鑲紅、鑲藍旗連界，此四旗蒙古等又與蘇尼特、四子等諸扎薩克旗分連界，除四旗〔二〕地方所出蒙古與蒙古交涉命盜等案，仍照舊例，由該察哈爾旗分承辦報院完結外，將四旗地方所出蒙古與民人交涉命盜等案，并兩通判所轄境内所出蒙古與民人交涉命盜等案内，不論察哈爾旗下蒙古諸扎薩克等之蒙古，俱按失事地方，令該通判等會同察哈爾四旗官員審定，亦停其於該扎薩克旗分行取。會審官員於結案後，將審擬之處，由該通判處行知該扎薩克等。將察哈爾各旗蒙古等往歸化城各同知、通判所屬地方，與土默特蒙古并民人交涉命盜案件，停其由察哈爾旗分派會審官員，令就近會同歸化城土默特官員審定。

乾隆二十五年刑部等衙門將直隸總督方觀承所奏議覆奏定

除將張家口、獨石口、多倫諾爾三同知與察哈爾旗分交涉案件，仍照舊會同各察哈爾旗下游牧處部院章京定限審訊外，將八溝、塔子溝兩廳與扎薩克交涉案件計其爲烏蘭哈達、三座塔駐劄部院章京管之。扎薩克旗分交伊等就近會審，停其由扎薩克派員會審，將多倫諾爾同知與喀爾喀部落交涉案件，交察哈爾鑲白、正藍兩旗游[三]牧處理事部院章京就近會審。亦停其由諸扎薩克派員會審，仍交各廳官。若有蒙古等命盜案件，將案内蒙古人犯姓名、何屬下佐領之處開明，行令該扎薩克等，拿解會審。結案後，將審擬之處，由部院章京處行知各扎薩克等，其審擬具詳時，令用該廳官職名詳文，内將會同部院章京審過字樣敘明，令合體制八溝、塔子溝與扎薩克交涉案件，多倫諾爾與喀爾喀部落交涉案件與部員會審，自會審日起限。若過期不會審，以致遲延會審，不依限審結者，俱交該督，將遲延逾限之處隨案附条將，過期不會審之官員，照推諉例議處，將會審不依限審結之官員，照承審遲延定例，議處。將各扎薩克等内交涉案件，仍照舊會審。凡應擬斬、絞監候蒙古人犯，若系科爾沁十旗、喀喇沁三旗、土默特兩旗、扎魯特兩旗、敖漢王吹木丕兒旗下、奈曼王阿咱拉旗下、喀爾喀貝勒噶爾桑旗下之人，令解送駐劄八溝蒙古、民人理事同知衙門，收監。若系巴林兩旗、翁牛特兩旗、烏珠穆秦〔沁〕兩旗、阿覇〔巴〕垓〔嘎〕兩旗、蘇尼特兩旗、蒿〔浩〕齊特兩旗、阿覇〔巴〕哈納爾兩旗、阿祿〔魯〕〔爾〕科爾沁貝勒達克丹旗下、克西〔什〕克騰扎薩克台吉齊巴克扎布旗下，並喀爾喀圖謝圖汗部落十九旗、喀爾喀車臣汗部二十一旗、厄〔額〕魯特額駙色布騰旺布旗下、貝子三都布旗下之人，令解送駐劄多倫諾爾蒙古、民人理事同知衙門收監。若系鄂爾多斯七旗、歸化城土默特兩旗、吳〔烏〕喇特三旗、厄〔額〕魯特貝勒羅卜藏多爾濟旗下、喀爾喀貝勒拉旺多爾濟旗下、毛明安扎薩克台吉齊旺錫拉布旗下、四子王阿喇〔四〕布坦多爾濟旗下、喀爾喀王額駙策凌部落二十旗〔五〕、喀爾喀扎薩克圖汗部落十五旗下之人，令解送駐劄歸化城蒙古、民人理事同知衙門，收監。

徒罪以上人犯解送該地方官暫令監禁

乾隆三十一年四月奏准增入

一、諸扎薩克等將凡擬徒罪以上人犯，一面報院，一面即派官兵解赴應禁地方官，暫令監禁。

自流所復逊〔逃〕者分别治罪

乾隆三十一年四月奏准增入

一、蒙古犯罪，發遣山東、河南者，復行脱逃，初次，枷號一個月，調發福建、湖廣等省；二次，枷號兩個月，調發雲南、貴州、廣東、廣西最遠極邊烟瘴等處；至三次，枷號三個月，仍舊發回原調發處，原發福建、湖廣者，按照脱逃次數止，調發最遠極邊烟瘴處所。蒙古等免死，減等，充軍，自配所脱逃拿獲時，審無爲匪者，亦一體加等調發，仍分别脱逃次數，初次，枷號兩個月；二次，枷號三個月，刺字。再，凡人犯巳〔已〕經正法，只伊妻子應流者，酌發南省駐防處所，給兵丁，爲奴。

疎脱斬犯〔六〕

一、凡將收管之斬犯疎脱者，收管之章京，罰三九牲畜；驍騎校，罰二九牲畜，革職；小領催，鞭一百；披甲人，鞭八十。若收管不至，於斬之人犯踈脱者，章京，罰二九牲畜；驍騎校，罰一九牲畜；小領催，鞭八十；披甲人，鞭五十。踈脱之犯，經旁人拿獲，將所罰章京、領催牲畜給拿之人。如未經拿獲，所罰牲畜，存公。

抄沒賊物賞給獲賊之人

一、凡拿獲賊犯者，將所抄贜物并所罰牲畜分作二分，一分賞給獲賊之人，一分給付事主。

家奴額〔厄〕魯特回子迯〔逃〕走

乾隆三十八年十一月本院奏准定例

一、官兵等自軍營帶來之額〔厄〕魯特回子内，另有關涉重情者，仍令聲明緣由具奏，恭候欽定，遵照辦理；如非關緊要，並無别情之迯〔逃〕犯，無論拿獲及自行投回，系初次，則枷號一個月，鞭一百，交原主，嚴加管束；二次迯〔逃〕走，即發福州、廣州，給與旗下官兵，爲奴。其在京居住之額〔厄〕魯特回子王公等，自原籍帶來之額〔厄〕魯特回子家奴，如有迯〔逃〕走者，仍照八旗迯〔逃〕奴例，計其迯〔逃〕走次數、年月，分别辦理。

發遣爲奴之犯逃竄蒙古地方無論知情不知情容留者分别治罪

乾隆四十九年九月十一日刑部會同本院奏准定例

一、嗣後，凡發遣爲奴之犯，逃至蒙古地方，如有知情容留藏匿者，杖一百，徒三年，官員，革職，照例治罪。其不知情冒昧容留者，杖八十。巳〔已〕未管旗之王、貝勒、貝子、公、台吉、塔布囊等，如有知情容留發遣爲奴人犯者，罰俸一年；無俸者，各罰二九牲畜；其不知情冒昧容留者，巳〔已〕未管旗之王、貝勒、貝子、公，罰俸六個月；副台吉〔七〕、塔布囊，各罰一九牲畜；其失察之該盟長，罰俸三個月。

【校記】

〔一〕『逊』為『逃』之異體字，同『逃』。

〔二〕嘉慶十九年（1814）增訂本寫作『鎮』字。

〔三〕乾隆三十一年（1766）本寫作『游』字。

〔四〕嘉慶十九年（1814）增訂本寫作『拉』字。

〔五〕乾隆三十一年（1766）本，嘉慶十九年（1814）增訂本均寫作『三十旗』。

〔六〕嘉慶十九年（1814）增訂本寫作『疎漏斬犯』。

〔七〕『副台吉』，似指二等台吉。乾隆三十一年（1766）本無此條，嘉慶本亦寫作『副台吉』。

蒙古律例卷之十　雜犯

目録

蒙古等互相誘賣

誘賣内地之人

姦平等人之妻

王等姦平人之妻

平人姦福晉

匪類發遣河南山東

射殺牲畜

違用禁物

一、長出煖帽之纓、遮耳帽、剪沿氊帽，自腋下結束之偏練垂，如有見穿用此等物件者，貝勒等，罰馬；平人，罰三歲牛。

不許先後賀年

一、不許先後賀年，如違賀年者，巳〔已〕未管旗王等，罰一九牲畜；貝勒、貝子、公等，罰七牲畜；台吉、塔布囊等，罰五牲畜；平人，罰馬一匹，給見之人。

誹謗王等

一、平人明誹謗巳〔已〕未管旗王等者，罰三九牲畜；貝勒、貝子、公等，罰二九牲畜；台吉、塔布囊等，罰一九牲畜。若背地誹謗者，審實，仍照此。罵首領大臣者，罰一九牲畜；罵副章京者，罰七牲畜；罵叅領者，罰五牲畜；罵佐領者，罰三牲畜，所罰牲畜給被罵之人。

王等擅動有刃之物

一、巳〔已〕未管旗王、貝勒、貝子、公、台吉、塔布囊等，擅動有刃之物者，各罰俸六個月；無俸台吉、塔布囊等，罰一九牲畜；平人，罰五牲畜。

不容行人住宿致被凍死

一、凡不容行人住宿，致被凍死者，額賠，罰一九牲畜；未死者，罰兩歲牛。若令歇宿，其財畜被竊者，令家主賠補。

悮〔誤〕留行人所騎之馬

一、凡將行人所騎牲畜，稱伊被竊走失之牲畜，悮〔誤〕取留下者，罰五牲畜，給被索之人。

病人臥〔卧〕人家内

一、出痘之病人，臥〔卧〕人家内，若此病人禳病，由此傳染以致死人者，罰三九牲畜；痊癒者，罰一九牲畜；不出痘者，罰馬一匹。

看守瘋人

一、凡瘋病之人，交伊祖父、伯叔、兄弟、子侄至近親戚看守；無親戚者，交隣舍、鄉長看守。若疎脱致令殺人者，鞭八十。

薰獸穴失火

一、薰獸穴而失火，如有人見，則見之者，罰給一九牲畜；若延燒以致牲畜死者，罰令賠補；致人死者，罰三九牲畜。若由悮〔誤〕失火，見之者，罰給五牲畜；若延燒致牲畜死者，罰令賠補；致人死者，額罰一九牲畜。

讎害放火

一、凡官員、平人讎害放火，致死人者，放火之人系官員，絞；平人，斬監候。除其妻子外，抄沒産畜，給付事主。致死牲畜者，官員，革職，除妻子外，抄沒産畜，給付事主；平人，鞭一百，除妻子外，抄沒産畜，給付事主。

發塚

一、官員、平人，刨發王、貝勒、貝子、公及其妻之墳塚者，首犯一人，擬斬立決，抄沒其妻子産畜；爲從者，鞭一百，罰三九牲畜，將正法之賊人妻子産畜，一並給付墳主。刨發台吉、塔布囊等墳墓者，爲首一人，絞監候；爲從者，鞭一百，罰二九牲畜，給付墳主。刨發官員墳墓者，爲首一人，鞭一百，罰三九牲畜；其餘鞭一百，罰一九牲畜，俱給付墳主。刨發平人墳墓者，爲首一人，鞭一百，罰一九牲畜；其餘鞭八十，罰一九牲畜，俱給付墳主。若有欲修築墳墓者，准其修築，若伊等欲從蒙古例葬埋，各聽其主便。人死，毋許殺馬、插嘛呢杆子，渡口山嶺毋掛絹條手巾。如違禁而行，如有人見，則見之者，罰給五牲畜。

蒙古等互相誘賣

一、凡蒙古等互相哄誘，將良人賣爲奴婢、妻妾、子孫者，不分已賣、未賣，鞭一百，罰三九牲畜；被誘之人，鞭一百。

誘賣内地之人

一、口外蒙古等，將内地男婦、子女誘賣，或爲妻妾、奴婢者，不分良人、奴婢，已賣、未賣，但經誘拐，被誘之人如不知情，爲首者，絞監候；爲從者，鞭一百，罰三九牲畜；被誘之人，不坐。若止一人，亦擬絞。若和誘賣爲妻妾、奴婢、子孫，被誘之人知情，不分已賣、未賣，鞭一百，罰三九牲畜；被誘之人，鞭一百。

姦平等人之妻

一、平人姦平人之妻者，取其妻，罰五九牲畜，將姦婦交本夫殺之。若不殺，將所罰牲畜給伊貝勒。

調戲其餘婦人者，罰三九牲畜。

王等姦平人之妻

一、巳〔已〕未管旗王等姦平人之妻者，罰九九牲畜；貝勒、貝子、公等，罰七九牲畜；台吉、塔布囊等，罰五九牲畜，將所罰牲畜給姦婦之夫。

平人姦福晉

一、平人與福晉姦者，姦夫淩遲，福晉斬，姦夫妻子爲奴。

匪類發遣河南山東

乾隆二十八年十一月内軍機大臣等遵旨會同刑部理藩院議奏定例

一、官員、平人爲匪，不可留於旗下者，俱連妻子産畜發往河南、山東，交驛站，充當苦差。

射殺牲畜

一、射砍殺牲畜者，額賠一九牲畜；悞〔誤〕射死馬者，加倍追罰；未死平復者，罰兩歲牛。

【校記】

〔一〕『悞』與『誤』同。

〔二〕乾隆三十一年（1766）本、五十四年（1789）本均寫作『塚』，而嘉慶十九年（1814）增訂本寫作『冢』。

蒙古律例卷之十一　喇嘛例

目錄

喇嘛格隆等准其穿用黄色金黄紅色衣服

一、喇嘛、格隆等穿用黄色、金黄、紅色衣服；班第等穿紅色衣服。喇嘛、班第之帽，准作素色，五巴什、烏巴三察停其穿用黄色、金黄、紅色。喇嘛等，若御賜各樣衣服，准其穿用。大喇嘛等，若違此穿用者，罰一九牲畜；班第、五巴什、烏巴三察，鞭八十。

後黄寺每年聚四百喇嘛念經

一、後黄寺每年聚四百喇嘛念經，由院領銀一千兩賞給。

禁止喇嘛班第等私行

一、凡人欲請喇嘛、班第等治病念經者，將緣由稟明該管大喇嘛，准其帶往。帶往之人送回，特交付大喇嘛。若喇嘛、班第等宿於所去之家，不告大喇嘛，私自行走，請喇嘛之人不告知大喇嘛，帶往令宿其家内者，將擅行住宿之喇嘛、班第，罰三九牲畜，存公。將私自帶往之人，交院，治罪。若宿於無夫之婦人家内，革退喇嘛，鞭一百；外地婦人，亦鞭一百；内地婦人，交該部，治罪。若齊巴汗察行姦者，將齊巴汗察革退，鞭一百；該管大喇嘛，罰三九牲畜；扎薩克喇嘛等，二九牲畜；德木齊等，各罰一九，存公。喇嘛等住房内若容留婦人者，大喇嘛，罰二九牲畜；德木齊等，一九牲畜；格隆、班第等，各罰五牲畜，存公。盛京、錫勒圖庫倫、歸化城外四十九旗所有喇嘛等，雖進貢來念經治病行走者，各稟明該管之大喇嘛，該管旗之王、貝勒等，訂期行走。

喇嘛所住廟内禁止容留婦人

一、喇嘛所住廟宇内，禁止婦人行走，若喇嘛等住房内令婦人行走者，容留之大喇嘛，罰二九牲畜；德木齊，一九牲畜；格隆、班第等，罰五牲畜，存公。所往婦人之夫，若系内地官員、民人，一並交該部，治罪。

喇嘛等犯罪令先革退喇嘛

一、凡喇嘛等因事拘審，先革退喇嘛，再審。俟訊明無罪，復其喇嘛。犯罪所抄財物，送院，收存，作賞給諸寺廟喇嘛等項之用。

喇嘛等容留賊盜

一、凡喇嘛，若容留犯罪賊盜者，與犯人一律科罪。

蒙古律例卷之十二　斷獄（二）

目錄

食俸王台吉等議處

凡事出兩造私議完結

出首事件不令首者發誓

出首之人不令入扎薩克等名下

死罪可疑令其發誓

袒護賊犯發誓

未及十歲之子行竊不坐罪

蒙古人在内地犯事照内地律治罪民人在蒙古地方犯事照蒙古律治罪

凡死罪人犯扎薩克等審訊報院

死罪人犯援赦免罪

凡死罪人犯欲求免死叩院

死罪人犯收贖

抄沒賊人産畜不給喇嘛

抄沒賊犯妻子不給内地人爲奴

綏決減等之蒙古人犯應罰牲畜無獲

内扎薩克喀爾喀等處移覆土默特旗下咨交定限

相驗〔二〕蒙古等命案

毋庸解〔三〕部就近由彼徑行發遣

罰罪九數

一、罰罪之九數，乃馬二匹、犍牛二隻、乳牛二隻、三歲牛二隻、兩歲牛一隻；五數，則犍牛一隻、乳牛一隻、三歲牛一隻、兩歲牛二隻，罰犯人三歲牛一隻，給與追罰之人。

凡罰罪牲畜兩造扎薩克差人取牛

一、罰給牲畜犯人之扎薩克，差人取三歲牛一隻；受贓罰之扎薩克，差人於其牲畜内十中取一，二十中取二，三十中取三，此外不准多取。

凡罰罪貝勒各取其一

一、凡罰罪其貝勒，按九數取一，不足九數不取。

凡出首事件所罰物内給首者一半

一、凡出首事件，所罰物内給首者一半。

懷讎取畜

一、凡以首出事件，讎取牲畜者，巳〔已〕未管旗王，罰三九牲畜；貝勒、貝子、公等，罰二九牲畜；台吉、塔布嚢等，罰一九牲畜；其以讎所取牲畜，給回伊主，將其人遣赴伊願往之處。

罰罪無畜者令章京等發誓

一、凡罰取無畜者，令佐領或擇佐領内材幹人發誓，若誓保其無畜，而續經犯出者，將犯出牲畜追取，其發誓人，罰一九牲畜。

罰三九以上案件擇管旗章京等令其發誓

一、罰三九以上案件，擇管旗章京發誓，罰一九以下案件者，於佐領内揀擇發誓。

凡罰罪案件不令王等發誓

一、凡罰罪案件，不令巳〔已〕未管旗王、貝勒、貝子、公、額駙、協理台吉等，發誓，令擇伊旗内台吉、塔布囊等，發誓。

罰罪牲畜不足者責打

一、凡罰取牲畜，不足一，則鞭二十五；不足二，則鞭五十；不足三，則鞭七十五；不足四數以上牲畜，則鞭一百，不許多責。

存公牲畜賞與公事効力之人

一、凡應存公罰取牲畜，交該盟長、扎薩克等照數追出，賞給實在出力奮勉之人，將賞過之處，報院，察核。

斬絞人犯解送原犯事地方正法

乾隆二十五年刑部議覆奉天副都統增海所奏定例

一、蒙古内行刦傷人得財者，將首從加功人等法，應立决，并偷四項牲畜等犯内，秋後勾到者，俱解送原犯事地方正法，應梟首示衆者，令梟首示戒。

食俸王台吉等議處

一、凡食俸之蒙古王、貝勒、貝子、公、台吉、官員等，若犯私罪，其應罰馬匹牲畜，給付事主者，仍罰給馬匹牲畜。若犯公罪，其馬匹牲畜應存公者，俱按伊所犯之罪，連俸銀緞疋一並罰。無俸之人，仍罰馬匹牲畜。

凡事出兩造私議完結

一、凡事出，不許兩造私議。若私議完結，系貝勒等，罰三九牲畜；平人，罰一九牲畜，由伊旗扎薩克貝勒帶人至犯人扎薩克貝勒處講和，如至兩日不給人者，其扎薩克貝勒按日罰三歲牛。事結以前，不騎烏拉，不食廪給；事結，給領時，由犯人旗分議給騎烏拉、駐宿、食廪，給其領取之扎薩克所差之人。雖有九數，止由牲畜内取三，不准多取，抽罰頭馬一匹，其給領之扎薩克所差之人。雖有九數，止由罰畜内取三歲牛一隻。若至十日，而所罰牲畜不行全給者，系犯人旗下王等，罰馬十匹；貝勒、貝子、公等，罰馬七匹；台吉等，罰馬五匹，由馬羣拿取。倘將所罰之馬搶奪者，聲敘緣由，報院，向奪罰馬之王、貝勒、貝子、公、台吉等，將應罰馬匹牲畜照數追取外，各罰俸三個月。

出首事件不令首者發誓

一、凡出首事件，不令首者發誓，令賊犯發誓。

出首之人不令入扎薩克等名下

一、凡出首事件之人，并案内干連人等，應遣赴旗内願往之處者，不令入管旗王、貝勒、貝子、公、協理台吉、塔布囊及伊子名下，擇入不管旗王、貝勒、貝子、公、閑散台吉、塔布囊等名下。

死罪可疑令其發誓

一、凡不招承應死重罪，無証佐可疑之犯，令其發誓。

袒護賊犯發誓

一、凡台吉、官員袒護賊人發誓後，贓物仍自其人犯出，其袒護賊人發誓者，若不承認其非，令伯叔發誓。不發誓者，台吉、塔布囊等，各罰五九牲畜；官員、十家長者等，各罰三九牲畜。

未及十歲之子行竊不坐罪

一、凡未滿十歲之子行竊者，免罪；十歲以上者，坐罪。

蒙古人在内地犯事照内地律治罪民人在蒙古地方犯事照蒙古律治罪

乾隆二十六年刑部會同理藩院議覆山西按察司索琳所奏定例

一、蒙古等在内地犯事，照依刑律定擬；民人在蒙古處犯事，照依蒙古律定擬。

凡死罪人犯扎薩克等審訊報院

一、凡應擬絞斬之蒙古人犯，由諸扎薩克處審訊，聲敘罪情，報院，由院會同三法司定擬，具奏請旨。

死罪人犯援赦免罪

一、凡打死人命，應擬絞之。蒙古等遇赦免，其絞罪由免罪人犯追罰三九牲畜，給付屍親。

凡死罪人犯欲求免死叩院

一、凡死罪重犯欲求免死，於事發以前赴院叩者，免死，鞭一百，將其妻子一並發往鄰封盟長處，賞給公事効力台吉等，爲奴，將其產畜給付事主。

死罪人犯收贖

一、死罪蒙古有人納贖者，令納九九馬匹，准贖。若贖妻子者，聽兩主之便。若贖干涉内地民人之死罪，蒙古等視其妻、十歲以上子女數目，各納一九牲畜，其妻子一並准贖。若不贖妻子，該犯亦不准贖。

抄沒賊人產畜不給喇嘛

一、凡人偷竊喇嘛牲畜，將抄沒賊犯產畜，不給喇嘛，俱存公。

抄沒賊犯妻子不給内地人爲奴

一、凡蒙古旂〔四〕人偷竊民人牲畜者，將巳〔已〕正法賊人妻子不給事主，賞給蒙古内公事効力台吉等爲奴。

緩決減等之蒙古人犯應罰牲畜無獲

乾隆三十七年九月本院奏准定例

一、凡傷人致死，擬絞緩決之蒙古重犯，遇恩詔減等後，仍照蒙古律罰取三九牲畜，給付屍親，完結。如照數無獲者，即發山東、河南等省，交驛站，充當苦差。

内扎薩克喀爾喀等處移覆土默特旗下咨文定限

乾隆三十八年正月本院議覆綏遠城將軍容保等具奏定例

一、歸化城土默特地方之命盜案内，有關提扎薩克等旂〔五〕下之人犯及咨查事故並特令緝拿者，喀爾喀四愛曼〔愛馬克〕定限六個月内，扎薩克各旗定限四個月。該扎薩克等如逾限推諉，不將人犯解送，不即查覆案情，遲延日月者，由承辦官員申報該上司，即行指名条奏，報院，嚴加查議。

相驗〔驗〕蒙古等命案

乾隆四十年閏十月本院具奏定例

一、凡蒙古與民人有關人命事件，仍照向例辦理。若止蒙古有關人命應行相驗〔驗〕事件，各處駐劄部員卽於各該處，就近會同同知、通判、州縣，帶領仵作驗〔驗〕明屍骨，會同該扎薩克審明，報部，由部照例，具奏完结。

毋庸解部就近由彼徑行發遣

乾隆五十二年九月二十七日本院會同刑部奏准定例

一、嗣後，發遣人犯内，有由京經過發遣者，仍行解部發遣。其路遠遶途，發遣者毋庸解部，由本院議奏後發交該處，由彼就近遵照部定配所遞解〔六〕發遣。

【校記】

〔一〕乾隆五十四年（1789）本增加『緩决減等之蒙古人犯應罚牲畜無獲』『内扎薩克喀爾喀等處移覆

土默特旗下咨交定限』『相驗蒙古等命案』『毋庸解部就近由彼徑行發遣』四項内容。嘉慶十九年（1814）增訂本沿之。

〔二〕『騐』為『驗』之異體字。

〔三〕『觧』為『解』之異體字。

〔四〕〔五〕『旂』為『旗』之異體字，嘉慶十九年（1814）增訂本寫作『旗』。

〔六〕『遞解』語在嘉慶十九年（1814）增訂本寫作『分別』。

索引

A

B

C

財帛 財務 財物 叅將 叅領 叅佐領 冊檔 察哈爾八旗 察哈爾各旗 察哈爾四旗 察哈爾旗 察哈爾旗分 察哈爾旗下游牧處 察哈爾鑲白正藍兩旗 察哈爾鑲紅鑲藍旗 察哈爾正黃正紅旗 茶桶 茶喇 差徭 產畜 韂片 綽克圖 昌營 車臣汗 呈控 承襲幼子 赤峯 吃食 勅書 勅諭 朝服 朝貢 抄没 充軍 讎殺 初次者 出痘者 出獵行军 出首之人 出首者 出首事件 吹木丕兒 刺字 從賊 從者 村落

D

大臣 大典 達爾漢親王 達克丹 達什 大喇嘛 大遼河 大披子 帶翎 代賣換贓 纛 盜賊 檔案 德木齊 等級 嫡福晉 地方官 地界 嫡派子孫 貂叅 頂帶 頂戴 坐褥 殿 典儀 貂 貂皮 貂鼠 丁 丁冊 定例 董成糾 鬬殺 杜爾伯特 獨石口 渡口 都統 都尉 斷獄 緞布 緞子 隊伍 兌贓 多倫諾爾 多羅貝勒 多羅額駙 多羅格格之多羅額駙 多羅格格之子 多羅郡王 多羅郡王之嫡福晉 多羅郡王之女多羅格格 多羅郡王之壻〔婿〕

E

鵝 鄂弼 鄂爾多斯七旗 额爾克圖 額駙 厄魯特 厄魯特貝勒 厄魯特額駙 额魯特 俄羅斯 恩賜 恩科

F

G

H

漢阿林盟長　號記　蒿齊特兩旗　號條　號牌　河南　賀年　和碩格格　和碩格格額駙　和碩格格親王　和碩格格之和碩額駙　和碩格格之子　和碩公主　和碩公主額駙　和碩公主之和碩額駙　和碩親王　和碩特　黑龍江瓜爾察索倫　恒魯　恒瑞　紅傘　後黃寺　戶口差徭　戶部　湖廣　戶口　瑚圖克圖　護衛　護衛官　皇上　會盟　會盟傳集　會盟行軍　輝特　會親　會審　會審官員　貨財　獲賊之人

J

雞　級　吉林烏喇將軍　祭廟　籍没　繫撒袋人　濟魯木扎布　祭祀　祭壇　祭文　家産　枷號　家奴　嫁娶　家人　家主　箭　減等　姦夫　姦婦　姦婦之夫　監禁　健馬　犍牛　見之者　江南　江西　絞監候　堦　結親行聘　禁地　進貢　禁物　近親戚　金刃　金銀　近支兄弟　京　酒　九白　九九馬匹　九九牲畜　舊例　九數　具控者　居人　拒追者　絹條　絶嗣人　軍機大臣　軍器　郡王　郡王多羅貝勒之子弟　郡王之女多羅格格　軍械　軍裝　軍制

K

喀爾喀　喀爾喀貝勒　喀爾喀貝子　喀爾喀部落　喀爾喀車臣汗部二十一旗　喀爾喀四愛曼　喀爾喀圖謝圖

N

P

Q

羣上官

R

熱河 人 人材 人丁 人犯 人命 人參 刃物 乳父母 乳牛 入誓者

S

賽吉拉呼 參 三次者 三畜 三等台吉 三都布 三法司 三跪九叩禮 三戶 三九牲畜 三牲畜 三歲牛 三潭葉什 散秩大臣 色布騰旺布 色未濟特 殺虎口 砂鎗 殺人者 山東 山海關 山嶺 山西按察司 山西省大同府 山西巡撫 尚書 射殺 審結 審理 審事 牲畜 牲畜之肉 盛京 聲敘緣由 聲敘罪情 生子之婦 食俸 十戶 事故 十家長 事件 侍郎 侍女 侍妾所生之子 侍衛 什物 食物 世襲罔替 失主 事主 使者 示衆 首告手巾 受困之人 瘦行軍傳禁之馬 首領 首領大臣 獸穴 首賊 首者 授之者 庶出之子 數目 屬下官員 屬下人 屬員 拴馬 水獺 朔平府 嗣 四等 四等台吉 寺廟 屍親 四歲牛 四項牲畜 四子 四子王 死罪重犯 宋三 俗家 素魯克人 蘇尼特 蘇尼特兩旗 綏遠城將軍 所分地界 索琳 索倫 索倫總管

T

W

X

喜峯口 錫勒圖 襲職 現存之物 賢能者 閑散 閑散台吉 閑散台吉塔布囊 閑散王 香案 鄉長 効力人
小領催 小馬 驍騎校 梟首 協濟養贍 協理旗務台吉 協理台吉 謝儀 信息 兄弟 刑部 行軍 行軍傳禁之馬
匹 姓名 行人 休妻 壻〔婿〕 畜産 恤賞 恤賞恩賜 喧嘩者 喧嘩之人 遜都布多爾濟 巡撫 尋常台吉
汛地

Y

鴨 牙齒 衙門 眼目 烟瘴地方 羊 養贍 伊屯口 衣服 衣服錢文 議定之婦 一九牲畜 伊犁 一年 遺棄
之子 衣物 異姓人子 異姓家奴之子 遺忘物件 移營 驛站 儀仗 儀仗刀鎗 議罪 隱瞞人丁 隱匿逃人例 隱
匿者 隱匿之人 印文 因戲過失殺人 營 應付食物 營盤 用完之物 雍正元年 遊兵 有頂官員 有事故行走
之人 遊民 遊牧處 遊牧處理事部院 遊牧之察哈爾八旗 有刃之物 有業蒙古 御前侍衛 員 院 原案 原調
發處 原告 院落 原品 員外郎 緣由 遠族兄弟 原住旗分 越等控院 月日 欲修築墳墓者 孕婦 雲貴 雲南
雲騎尉 雲騎都尉

Z

雜犯 灾年 贓物 繫帶 扎魯特兩旗 扎薩克 扎薩克俸 澤巴格 賊 賊盜 賊犯 賊匪 賊情可疑者 賊人賊物 賊罪可疑者 賊之扎薩克旗分 增海 扎魯特兩旗 詐冒 扎薩克喇嘛 斬犯 斬監候 斬決 氈帽 氈子 張鳳偶 張家口 章京 長史 長史護衛 長子 哲卜尊丹巴 哲卜尊丹巴瑚圖克圖 遮耳帽 浙江 鎮國公 賑恤 賑濟 爭訟 徵收差使 正賊 證佐 職 紙 旨 治病念經 直隸總督 職名 肢體 職銜 紙張 衆 重犯 重銀 周創兒 猪 豬 駐防兵丁 主領之人 主人 住宿 駐宿處 駐劄部員 駐劄大臣 駐劄歸化城蒙古民人理事同知衙門 住址 壯兵 追逃之人 卓裡克圖親王 準噶爾 子 子弟 子爵 子男 子孫 子侄 宗 踪跡 踪跡所入之案總目 走失牲畜 祖父 族人 族兄弟 族長 醉殺 坐次 佐領 坐哨人 坐哨者 坐罪

參考文獻

史料

一、（清）祁韻士纂修：欽定外藩蒙古回部王公表傳，乾隆年間武英殿刊本、文淵閣四庫全書本。

一、（清）祁韻士纂：皇朝藩部要略（重刊本），浙江書局，光緒十年。

一、（清）劉錦藻撰：清朝續文獻通考，商務印書館，一九二一年。

一、（清）清高宗敕撰：清朝文獻通考，商務印書館，一九三六年。

一、（清）趙爾巽等撰：清史稿，中華書局，一九六二年。

一、（清）賀長齡輯：清朝經世文編，文海出版社，一九七二年。

一、（清）蔣良騏撰，林樹惠、傅貴九校點：東華錄，中華書局，一九八〇年。

一、（清）松森等修：钦定理藩部則例，全國圖書館文獻縮微複製中心，一九九二年。

一、蒙古律（手抄本），燕京大學圖書館藏。

一、蒙古律例，中央民族大學圖書館藏。

一、蒙古律例，內蒙古大學蒙古學學院資料室藏。

一、蒙古律例，内蒙古自治區圖書館藏。

一、蒙古律例，内蒙古社會科學院情報中心藏。

一、蒙古律例·附增例，文殿閣書莊，一九三六年。

一、蒙古律例（刊本），東京大學附屬東洋文化研究所大木文庫藏本。

一、蒙古律例（手抄本），東京大學附屬東洋文化研究所大木文庫藏本。

一、欽定理藩院則例（刊本），東京大學附屬東洋文化研究所大木文庫、内蒙古大學圖書館、中央民族大學圖書館、内蒙古自治區圖書館、内蒙古社會科學院情報中心、内蒙古師範大學金峰書院藏。

一、欽定理藩院則例，嘉慶、道光、光緒朝漢文、蒙古文刻本。

一、清太祖努爾哈赤實錄，故宫博物院，一九三一年。

一、清太祖武皇帝努兒哈奇實錄，故宫博物院，一九三二年。

一、大清歷朝實録，中華書局，一九八六年。

一、大清會典則例，商務印書館，一九八六年。

一、回疆則例，全國圖書館文獻縮微複製中心，一九八八年。

一、清會典事例（全十二册），中華書局，一九九一年。

一、大清會典則例，上海古籍出版社，一九九五年。
一、清代蒙古史料合輯，全國圖書館文獻縮微複製中心，二〇〇三年。
一、大清五朝會典，綫裝書局，二〇〇六年。
一、中國社會科學院中国邊疆史地研究中心編：蒙古律例，全國圖書館文獻縮微複製中心，一九八八年。
一、中國社會科學院中国邊疆史地研究中心編：清代理藩院資料輯錄，全國圖書館文獻縮微複製中心，一九八八年。
一、中國第一歷史檔案館、内蒙古大學蒙古學學院整理：清内閣蒙古堂檔，内蒙古人民出版社，二〇〇五年。
一、金峰、尼日拉圖校注：理藩院則例（蒙古文），内蒙古文化出版社，一九八九年。
一、楊選第、金峰校注：理藩院則例，内蒙古文化出版社，一九九八年。
一、張榮錚、金懋初、劉勇強、趙音：欽定理藩部則例，天津古籍出版社，一九九八年。
一、田濤、鄭秦點校：大清律例，法律出版社，一九九九年。
一、齊木德道爾吉編：清朝太祖太宗世祖朝實録蒙古史史料抄，内蒙古大學出版社，二〇〇一年。

一、羅振玉輯録：太祖高皇帝實録稿本三種，哈爾濱出版社，二〇〇二年。

一、包銀海校注：理藩院則例（蒙古文），民族出版社，二〇〇六年。

一、趙雲田點校：乾隆朝内府抄本理藩院則例，中國藏學出版社，二〇〇六年。

一、趙雲田點校：欽定大清會典事例・理藩院，中國藏學出版社，二〇〇六年。

一、姜亞沙、經莉、陳湛綺主編：理藩院公牘則例三種，全國圖書館文獻縮微複製中心，二〇一〇年。

一、郭成偉主編：大清律例根源，上海辭書出版社，二〇一二年。

一、包思勤點校：欽定理藩院則例，遼寧民族出版社，二〇一九年。

一、李保文：康熙六年蒙古律書，歷史檔案，二〇〇二年第四期。

一、李保文譯：理藩院律書，故宫學刊（總第一輯），紫禁城出版社，二〇〇四年。

一、[蒙]巴・巴雅爾賽罕校注：蒙古律例，二〇〇四年。

論著

一、張晉藩、郭成康：清入關前國家法律制度史，遼寧人民出版社，一九八八年。

一、張晉藩主编：清朝法制史，法律出版社，一九九四年。

一、趙雲田：關於乾隆朝内府抄本理藩院則例，西北史地，一九八八年第二期。

一、趙雲田：清代治理邊陲的樞紐——理藩院，新疆人民出版社，一九九五年。

一、那仁朝格圖：13—19世紀蒙古法制沿革史研究，遼寧民族出版社，二〇一五年。

一、那仁朝格圖、魯哈達：中國少數民族法史通覽（第一卷），陝西人民出版社，二〇一七年。

一、徐曉光：清代蒙藏地區法制研究，四川民族出版社，一九九六年。

一、劉廣安：清代民族立法研究，中國政法大學出版社，一九九三年。

一、奇格：古代蒙古法制史，遼寧民族出版社，一九九九年。

一、蘇亦工：明清律典與條例，中國政法大學出版社，二〇〇〇年。

一、張世明：中國經濟法歷史淵源原論，中國民主法制出版社，二〇〇二年。

一、盧秀麗編：遼寧省圖書館滿文古籍圖書綜録，遼寧民族出版社，二〇〇二年。

一、周寶峰主编：蒙古學百科全書·法學卷，内蒙古人民出版社，二〇〇七年。

一、烏力吉陶格套：清至民國時期蒙古法制研究——以中央政府對蒙古的立法及其演變為線索，内蒙古大學出版社，二〇〇七年。

一、黑龍：滿蒙關系史論考，民族出版社，二〇一三年。

一、成崇德：清代邊疆民族研究，故宫出版社，二〇一五年。

一、［日］萩原守：清朝的蒙古例——蒙古律例、理藩院則例及其他，中國法制史考證（丙編第四卷），中國社會科學出版社，二〇〇三年。

一、趙雲田：清代蒙古政教制度，中華書局，一九八九年。

一、趙雲田：蒙古律例和理藩院則例，清史研究，一九九五年第三期。

一、李保文：清朝蒙古律的題名及其歷史作用，故宫學刊（總第三辑），紫禁城出版社，二〇〇七年。

一、李保文：關於『大清崇德三年軍律』的幾個問題，内蒙古師範大學學報，二〇一一年第一期。

一、達力扎布：蒙古律例及其與理藩院則例的關系，清史研究，二〇〇三年第四期。

一、達力扎布：康熙三十五年蒙古律例研究，民族史研究（第五輯），民族出版社，二〇〇四年。

一、徐曉光、陳光國：清朝對『蒙古例』、理藩院則例的制定與修訂，内蒙古社會科學，一九九四年第三期。

一、楊選第：近年來清朝理藩院則例的整理研究概況，内蒙古社會科學，一九九九年第三期。

一、王長青：康熙六年法典研究（日文），東京外國語大學大學院地域文化研究課碩士學位論文，二〇〇六年。

一、〔美〕V. A. 梁贊諾夫斯基：蒙古法基本原理，東亞經濟調查科刊，一九三一年。

一、〔美〕V. A. 梁贊諾夫斯基：蒙古習慣法研究，東亞經濟調查科刊，一九三五年。

一、〔俄〕迪雷科夫：蒙古律書，一九九八年。

一、〔俄〕迪雷科夫著，李秀梅譯：康熙三十五年本『蒙古律例』俄譯本序言，蒙古学信息，二〇〇四年第三期。

一、〔日〕島田正郎：明末清初蒙古法研究，創文社，一九九八年。

一、〔日〕楠木賢道：天聰年間愛新國對蒙古諸部的法律支配進程，社會文化史學，一九九九年第四十號。

一、〔德〕多羅特婭·豪切特：17世紀清代蒙古立法——根據康熙朝（1662—1722年）蒙古法典，一九九八年。

附錄一：蒙古律例（乾隆三十一年刊印本）

總目

蒙古律例卷之一　官銜

目錄

不稱王等封號

皇上出入迎送

迎接敕諭

迎接欽差大臣侍衛

下嫁外藩之公主以及王等物故恩賞祭祀

留蒙古額駙名爵

公主之子親王子弟給與職銜

一、公主之子、親王等子弟，作爲頭等；和碩格格之子、郡王、多羅貝勒之子弟，作爲二等；多羅格格之子，貝子、公等之子弟，作爲三等；再，王、貝勒之族兄弟，并頭等台吉以下台吉等子弟，俱作爲四等台吉。

台吉職銜著嫡派子孫承襲

一、將外藩台吉、喀喇沁、土默特塔布囊等，編作四等，頭等台吉、塔布囊十五人；二等十二人；三等八人；四等四人。令其相兼，其帽頂、坐褥照依頭、二、三、四品官用，身故，其職銜只令嫡派子孫、胞兄弟承襲罔替。

各旗補放管旗章京副章京

一、外藩蒙古佐領旗分，每旗補放管旗章京一員、副章京二員；凡十佐領以下之旗分，各放管旗章京一員、副章京一員。

管旗章京缺出由台吉内拔補

一、凡管旗章京、副章京、參佐領之缺出，該扎薩克等，於本旗内揀選漢仗好、能管轄之台吉、塔布囊，以原品補放。若台吉内不得堪補之人，於平人之内，將漢仗好、能管轄者拔補，其驍騎校、小領催、馬甲缺出，於能當差、有牲畜之人内拔補。

台吉塔布囊等補授管旗章京等官不撤其甲

一、補放管旗章京、副章京、參佐領，若由屬下人補放者，照常撤甲；若由台吉、塔布囊等拔補者，不撤其甲。

襲職捏報無子

一、凡承襲王、貝勒、貝子、公、扎薩克台吉等職銜，若有子而捏報無子呈報，將該扎薩克王、台吉，并協理旗務之台吉，俱革退辦理旗務之職，罰俸一年；無俸協理台吉，罰五九牲畜。

補放協理旗務台吉

一、内外各旗補放協理旗務之台吉，同各扎薩克辦事缺出，該扎薩克會同該盟長，於閑散王以下，台吉以上，擇其人材明敏、能辦事管轄者，保舉正陪各一人，送院帶領引見補放。

補放王等長史護衛

一、外藩蒙古王、貝勒等之長史、護衛，照依内地王、貝勒等例補放。

王貝勒貝子公等儀仗

一、親王儀仗，貼金紅傘二柄、纛二桿、旗十根；郡王儀仗，貼金傘一柄、纛一桿、旗八根；貝勒儀仗，紅傘一柄、纛一桿、旗六根；貝子儀仗，紅傘一柄、旗六根；鎮國公儀仗，紅傘一柄、旗六根；輔國公儀仗，紅傘一柄、旗六根，出獵行軍攜帶。

藩王坐次

一、外藩親王坐於内地親王之次，外藩郡王坐於内地郡王之次，外藩貝勒坐於内地貝勒之次，外藩貝子坐於内地貝子之次，外藩公坐於内地公之次。再，外藩台吉拜坐之處，不論品級俱在堦上叩拜，若來者在十人以内，於殿内坐，若至十人以外，其餘俱於堦上儀仗刀鎗之後坐。

給管旗章京等官之頂戴坐褥

一、外藩蒙古管旗章京、副章京、条佐領、驍騎校之帽頂、坐褥，較内地之都統、副都統、条佐領、驍騎校，各降一級給與。

不稱王等封號

一、巳〔已〕未管旗王、貝勒、貝子、公等之封號不全稱呼，將稱呼不全之人罰一九牲畜，所罰牲畜給與王等。

皇上出入迎送

一、外藩蒙古王、貝勒、台吉等，凡遇祭壇祭廟，俱在午門外按照本翼站班，皇上出入時，跪迎跪送。

迎接勅諭

一、外藩王、貝勒，當大典會盟審事，派往大臣齎捧有寶勅諭至蒙古境界，該境之民問明大臣職名、所至情由，先急往告王、貝勒等，該王、貝勒在五里之外迎接。同衆下馬，在右邊站立，俟勅諭既過，騎馬自後赶至，欽差大臣列於左，迎接之王、貝勒列於右，勅諭在前。抵家之後，恭設香案，齎往之大臣將勅諭敬置案上，左立右向。王、貝勒等一跪三叩，跪候，齎往之大臣將勅諭自案捧下，交與宣讀之筆帖式，該筆帖式立讀，巳〔已〕畢，齎往之大臣將勅諭捧置案上，王、貝勒等一跪三叩。齎往之大臣將勅諭自案捧下，遞與王、貝勒，王、貝勒兩手跪接，遞給伊屬下之人，一跪三叩。拜畢，交收掌勅諭之人。王、貝勒等與齎往之大臣彼此兩跪兩叩，安置中位，齎往之大臣坐於左，王、貝勒等坐於右。

迎接欽差大臣侍衛

一、奉旨恤賞、恩賜并别項事件遣往之大臣、侍衛至境，本境民人問明大臣所至情由，先往告知，王、貝勒急遣其屬下官員，在五里之外迎接，王、貝勒等在營外迎接。抵家之後，跪領恤賞、恩賜。若系衣物，則佩服，向上兩跪六叩；若系財帛、食物，跪領，亦兩跪六叩。王、貝勒與前往之大臣等彼此一跪一叩，亦安置中位，王、貝勒等坐於左，前往之大臣等坐於右。及送還時，亦送至迎接之處。外藩王、貝勒、貝子、公等遣人來進方物，若蒙皇上恤賞、恩賜，遣回，抵家時，王、貝勒自家迎出，向上兩跪六叩。接受其餘六部一切事件，俱將情由奉旨作文，令各部大臣前往。本境民人問明大臣之名以及前往情由，急告知各王、貝勒，王、貝勒等聞知，即令屬下官員在五里之外迎接，該員下馬在右邊排立，俟文書既過，自後乘馬赶至，前往之大臣列於左，迎接之官列於右，前引文書至家，王、貝勒自家迎出，躬身兩手接受，安置桌上，開讀訖，王、貝勒等坐於左，前往之大臣等坐於右。

下嫁外藩之公主以及王等物故恩賞祭祀

一、下嫁外藩之固倫公主并親王之嫡福晉以下，公之女、公之妻以上，再，親王以下，頭等台吉、塔布囊本身効力所得子爵以上，歿後，恩賞紙張、羊、酒祭祀，内閣撰擬滿洲、蒙古祭文，酌差禮部、理藩院官員讀文、奠酒；如和碩親王薨逝，御賜牛一隻、羊八隻、酒九瓶、紙一萬張，内閣撰擬滿洲、蒙古祭文，差内大臣一員，御前侍衛、禮部、理藩院尚書、侍郎各一員，郎中、員外郎各一員；多羅郡王則牛一隻、羊六隻、酒七瓶、紙八千張，内閣撰擬滿洲、蒙古祭文，差御前侍衛一員，禮部、理藩院侍郎或郎中、員外郎各一員；多羅貝勒則牛一隻、羊四隻、酒五瓶、紙六千張。固山貝子則羊五隻、酒五瓶、紙五千張；鎮國公則羊四隻、酒四瓶、紙四千張；輔國公則羊四隻、酒四瓶、紙三千張，内閣撰擬滿洲、蒙古祭文，差御前侍衛一員，禮部、理藩院郎中、員外郎各一員；頭等台吉、塔布囊則羊三隻、酒三瓶、紙二千張；本身効力所得子爵則羊二隻、酒二瓶、紙一千張，内閣撰擬滿洲、蒙古祭文，酌差禮部、理藩院官員祭祀。下嫁外藩之固倫公主薨逝，御賜牛一隻、羊八隻、酒九瓶、紙一萬張，内閣撰擬滿洲、蒙古祭文，差内大臣一員，侍衛一員，禮部、理藩院尚書、侍郎或郎中、員外郎各一員；和碩公主、和碩格格、親王之嫡福晉則牛一隻、羊六隻、酒七瓶、紙八千張，内閣撰擬滿洲、蒙古祭文，差御前侍衛，禮部、理藩院侍郎一員或郎中、員外郎各一員；多羅郡王之女、多羅格格、郡王之嫡福晉則羊五隻、酒五瓶、紙六千張，内閣撰擬滿洲、蒙古祭文，酌差禮部、理藩院官員；多羅貝勒之女、多羅格格、貝勒之福晉則羊三隻、酒三瓶、紙五千張；固山格格、固山貝子之福晉則羊二隻、酒二瓶、紙四千張；公之女、格格、公之妻則羊二隻、酒二瓶、紙三千張；多羅貝勒之女、多羅格格、貝勒福晉以下，公之女、格格、公之妻以上，不給祭文，酌遣禮部、理藩院官員往祭。蒙恩差遣之大臣，將祭文齎至墓所，其兄弟帶領屬員離墓所一里外跪迎，俟過，隨入讀文。奠酒時，衆人俱跪。讀文奠酒畢，起立，祭畢，將欽差大臣送於原迎之處，向上謝恩，行三跪九叩禮。

留蒙古額駙名爵

一、外藩蒙古額駙等，格格歿後，另行娶妻者，查明，革退額駙名爵，停給俸祿。若格格歿後，不娶妻者，仍留額駙名爵，照常食俸。

蒙古律例卷之二　戶口差徭

目錄

承受絕嗣人畜産

蒙古結親行聘給畜

休妻

王等娶王等議定之婦

娶他人議定之婦

内地民人不許娶蒙古婦女

扎薩克貝勒等駐宿處食羊

有龍牌之使者騎烏拉食廪給

征取屬下人差使

王等嫁女媵送

蒙古等遇災年互相賑濟

外藩蒙古三年一次比丁

一、外藩蒙古三年一次比丁，若隱瞞人丁，將所瞞之丁入於丁册，計其所瞞丁數，每十丁將管旗之王、貝勒、貝子、公、扎薩克台吉、塔布囊罰俸三個月。比丁稽察不慎，致瞞人丁，將該旗協理台吉、管旗章京、副章京罰三九牲畜；該叅佐領罰二九牲畜；驍騎校罰一九牲畜，俱給出首之人，將小領催、十家長各鞭八十。再，王、台吉之屬下人，將本王、台吉，幷王、台吉之子弟所瞞該管之丁首出及家人將家主，幷家主之子弟所瞞之丁首出者，將首者連父、兄、子弟、家奴一並聽赴願往之處，若首出他人所瞞之丁，則不令首者出其主家，若所首虛妄，鞭一百，罰三九牲畜。

歸化城蒙古三年一次比丁

一、歸化城兩旗土默特蒙古三年一次比丁，比丁時，如有隱瞞，將該都統、副都統，罰五九牲畜；叅領罰，三九牲畜；佐領革職，罰二九牲畜；驍騎校革職，罰一九牲畜，給付首者官員。内若有由京補放者，送兵部，議處。出首之人隱瞞之丁仍留於原佐領，若所瞞之丁系蒙古家人，賞給兩旗公事効力官員爲奴。

三丁披一副甲

一、三丁披甲一副，凡遇出兵遣二留一。

一百五十丁作一佐領

一、每一百五十丁作一佐領，六個佐領放一条領。

十家放一長

一、十家放一長，如有不放者，將扎薩克王、貝勒、貝子、公、台吉、塔布囊，罰俸三個月。

十家之人行竊十家長罰馬一匹

一、十家之人行竊，將十家長罰馬一匹，若十家長將賊舉出，照出首之例收領，若十家之牲畜被竊，十家長領取罰馬一匹。

禁止私當喇嘛班第

一、凡喇嘛等，若將家奴及他人送來之人收爲班第，并將無籍喇嘛、班第隱匿存留者，將該管之大喇嘛革退管轄之職，罰三九牲畜，格隆、班第等罰三九牲畜。內地人若將家人作爲班第送與喇嘛，留於家內，并將無籍私行之喇嘛、班第隱留者，自該都統以下，小領催以上，將隱匿之人與首者一並交部，質審明白，從重治罪。再，外藩蒙古地方，除檔内所載之喇嘛外，將私自混行之喇嘛、班第盡行驅逐，若隱留不逐，并將屬下家奴私爲班第，倘被旁人及屬下家奴首出者，系王、貝勒、貝子、公、扎薩克台吉等，各罰俸一年；若系無俸之台吉，罰馬五十匹；官，則革職；平人，鞭一百。該管王、貝勒、貝子、公、台吉，罰俸九個月；管旗章京、副章京、參領，罰一九牲畜；佐領、驍騎校罰，二九牲畜；小領催、十家長，鞭一百，將所罰之畜作爲三分，一分給付首者。若系屬下家奴首出，令出其主家，將私爲班第之人，私住之喇嘛、班第俱革退，發回本旗本主。游牧之察哈爾八旗素魯克人等，亦照此按等治罪。

披甲壯丁不許私爲烏巴什

一、凡披甲壯丁不得私爲烏巴什，年老殘疾、丁冊裁名之人，有願爲烏巴什者，聽之。若披甲壯丁私爲烏巴什，照私爲喇嘛、班第之例治罪。

禁止私爲齊巴汗察

一、凡内外婦人，不許爲齊巴汗察。若私爲齊巴汗察。照私爲喇嘛、班第之例治罪。

離别年夂〔久〕之族人不准歸宗

一、凡系離散就食、他往買賣年夂〔久〕遠族兄弟，告求歸宗者，概不准行。若由夂〔久〕住之旗分逃往别旗者，逐回。若匿不發回，照隱匿逃人例治罪，將逃人鞭一百，仍發回原住旗分。

乏嗣人抱養他人之子

一、凡乏嗣抱養他人之子，稟明該旗王、貝勒、管旗章京等，登記部院檔案，准養爲子，令入伊旗佐領下丁冊，若不稟明該旗王、貝勒、管旗章京等，私自抱養者，將所養之子撤交本人，免罪完結。

承受絕嗣人畜產

一、外藩蒙古身歿無嗣，若在日，將族兄弟之子，具呈稟明本扎薩克王、貝勒、貝子、公等養爲巳〔己〕子者，准其承受家產。若拾取抱養遺棄之子及異姓家奴之子，不准承受家產。若在日，無抱養爲嗣之子，其家產族間承受。若族中兄弟無子，在日，稟明王、貝勒等抱養異姓人子爲嗣者，亦承受家產。若歿後有同姓人，而其妻抱養異姓之子者，不准。若養侍妾所生之子爲子，則生子之婦不得嫁夫、售賣，倘若嫁夫、售賣，則不准養之爲子。若無近族，而亦無所養異姓之子，將家產給該管王、貝勒、貝子、公、台吉等。

蒙古結親行聘給畜

一、兩姓結親，俱系平人，其聘禮牲畜給馬二匹、牛二隻、羊二十隻，若違例多給，將額外牲畜，照例，存公，減者，無罪。婿故，將所給之畜取回。女故，取回一半。若父母願給，而婿憎嫌不娶，所給牲畜不准取回。所聘之女年至二十而不娶，其父母另有願聘之處，聽之。

休妻

一、凡人休所娶之妻，其夫妻和睦時用完之物，不准賠還，將婦人帶來現存之物全行給回。

王等娶王等議定之婦

一、巳〔已〕未管旗王、貝勒、貝子、公、台吉、塔布囊等議定之婦，若王、貝勒、貝子、公、台吉、塔布囊乘間娶之，娶者、嫁者系王，則罰十戶；貝勒、貝子、公罰七戶；台吉、塔布囊罰五戶，俱令原聘之人挑取。其議定之婦離異其夫，給與本人。

娶他人議定之婦

一、平人將平人議定之婦乘間娶之，娶者、嫁者，俱系有頂帶之人，各罰三九牲畜；平人，各罰一九牲畜，將所娶之婦離異，給與本人。

内地民人不許娶蒙古婦女

一、凡民人在口外蒙古地方貿易種地者，不得娶蒙古婦女爲妻。若有偷娶嫁者，被察發覺，將所娶婦人離異，給回母家。偷娶之民照内地例治罪，將偷嫁之媒證蒙古等，各罰一九牲畜。

扎薩克貝勒等駐宿處食羊

一、扎薩克貝勒、貝子、公，駐宿處食羊，若食牛，罰五畜，不給廪給，罰牛。若無扎薩克貝勒、貝子、公，食廪給，罰馬。

有龍牌之使者騎烏拉食廪給

一、有龍牌之使者，騎烏拉，駐宿處食廪給，不給廪給，罰牛；不給烏拉，罰三九牲畜。若令牧羣徙避者，罰一九牲畜。其無龍牌之使者，若騎烏拉，食廪給，拿縛，送院。貝勒等將扎薩克貝勒因公所差之人毆打者，罰三九牲畜。若平人毆打，罰一九牲畜。

征取屬下人差使

一、凡蒙古王、台吉等，每年向伊屬下人征收差使，有五牛以上之人取羊一隻；有二十隻羊之人取羊一隻；有四十隻羊之人取羊二隻；雖多不准增取。有兩牛之人取米六釜；有一牛者取米三釜，其進貢、會盟、移營、嫁娶等事，百家以上者，於十家内取馬一匹、牛車一輛；有三隻乳牛以上者，取奶子一肚；有五隻乳牛以上者，取奶子酒一瓶；有百隻羊以上者，增取氊子一條。若混行多征，差使者治罪。

王等嫁女媵送

一、外藩親王之女，照内地親王格格媵送之例，不算乳父母，侍女八人，閑散五戶。外藩郡王之女，照内地郡王格格媵送之例，不算乳父母，侍女七人，閑散四戶。外藩貝勒之女，照内地貝勒格格媵送之例，不算乳父母，侍女六人，閑散三戶。外藩貝子之女，照内地貝子格格媵送之例，不算乳父母，侍女五人，閑散二戶。外藩鎮國公之女，照内地鎮國公格格媵送之例，不算乳父母，侍女四人，閑散二戶。外藩輔國公之女，照内地輔國公格格媵送之例，不算乳父母，侍女三人，閑散二戶媵送。再，外藩頭等台吉、塔布囊以下，四等台吉、塔布囊以上之女，照内地護國將軍、輔國將軍之女例，屬下人不過一對，家人不過三對媵送。再，台吉、塔布囊等嫁女，既俱受聘，不可不比照内地護國將軍、輔國將軍媵送侍女，令額外跟隨侍女二人。再，親王以下，台吉、塔布囊以上，遣其乳父母跟隨與否，送嫁之人不及此數者，聽其父母之便。

蒙古等遇災年互相賑濟

一、外藩蒙古等倘遇災年，該扎薩克并旗内富戶、喇嘛等，令其設法養贍。如再不敷，以同盟之牛羊協濟養贍，將協濟養贍人等名數造冊，送院。倘遇連年荒歉，同盟内不能養贍，盟長會同該扎薩克、公，同報院請旨，派員查明，撥銀賑濟。該扎薩克王、公、台吉、塔布囊等，將次年俸銀預先支領，入於賑恤内使用。賑濟後，若該扎薩克王、公、台吉、塔布囊等，仍不愛養屬下之人，又致困厄〔厄〕，將受困之人撤出，本盟内之扎薩克有賢能者，賞給，令其養贍。

蒙古律例卷之三　朝貢

目錄

年禮慶賀

一、外藩蒙古王、貝勒等年例，俱穿朝服，望闕，行三跪九叩禮。

年禮蒙古王等來朝

一、年禮，蒙古王、貝勒、貝子、公、台吉等來朝時，内扎薩克編作三班；外喀爾喀、青海之戹〔厄〕魯特扎薩克編作四班，一年一班來朝。非其班次不來之扎薩克缺，該旗協理旗務台吉等各來一人，公主子孫有親誼之台吉等，按一家一人合算，編作三起，輪班前來。

年禮朝賀定限

一、外藩蒙古王、貝勒、貝子、公、台吉大臣等年例來朝，定於十二月十五以後，二十五以前到齊。

歲貢九白

一、喀爾喀圖謝圖汗、車臣汗、哲卜尊丹巴瑚圖克圖，歲貢進白駱駝一隻、白馬八匹。各賞三十兩重銀茶桶一個、茶喇一個、緞子三十疋、毛青布七十疋。

公主親王等愿來報院轉奏

一、外藩蒙古之固倫公主、親王以下，固山格格、公等以上，遇朝貢、會親、嫁女、娶婦，俱報院請旨，方許前來；不請旨，不准私來。

未及年歲之王貝勒貝子公等年禮不必前來

一、外藩蒙古王、貝勒、貝子、公等物故，其承襲幼子未及十八歲者，年禮不必前來，年至十八，入其父之班次行走。

王等來時帶伴黨跟役

一、公主等來京，固倫公主，護衛官二十三員，伴婆一十三人，跟役十四名，拴馬十五匹，館内餧養馬六十五匹。和碩公主，護衛官十四員，伴婆十六人，跟役十名，拴馬十三匹，館内餧養馬六十匹。和碩格格，伴婆二十人，跟役十五名，拴馬十匹，館内餧養馬五十匹。多羅郡王之女多羅格格，伴婆十八人，跟役十二名，拴馬八匹，館内餧養馬四十匹。多羅貝勒之女多羅格格，伴婆十五人，跟役十名，拴馬六匹，館内餧養馬三十五匹。固山格格，伴婆十二人，跟役八名，拴馬四匹，館内餧養馬二十五匹。公之女格格，伴婆一人，跟役九名，拴馬三匹，館内餧養馬十匹。額駙等來京，若和碩公主額駙，護衛官六員，伴黨九人，跟役十名，拴馬六匹，館内餧養馬三十五匹。和碩格格額駙，伴黨十三人，跟役十二名，拴馬四匹，館内餧養馬三十五匹。多羅郡王之婿多羅額駙，伴黨十人，跟役十名，拴馬四匹，館内餧養馬二十五匹。多羅貝勒之婿多羅額駙，伴黨八人，跟役七名，拴馬四匹，館内餧養馬二十五匹。固山額駙，伴黨三人，跟役七名，拴馬三匹，館内餧養馬十五匹。公之婿，跟役六名，拴馬一匹，館内餧養馬八匹。王等來京，照固倫公主應付食物。科爾沁圖謝圖親王、卓裡克圖親王、達爾漢親王等，護衛官各二十三員，伴黨七人，跟役十名，拴馬十五匹，館内餧養馬六十五匹。照固倫公主應付食物。科爾沁貝勒阿喇布坦，護衛官十一員，伴黨九人，跟役十名，拴馬十五匹，館内餧養馬六十五匹。和碩親王，護衛官二十三員，伴黨七人，跟役十名，拴馬十五匹，館内餧養馬六十匹。多羅郡王，護衛官十八員，伴黨七人，跟役十名，拴馬十匹，館内餧養馬五十匹。多羅貝勒，護衛官十一員，伴黨九人，跟役十名，拴馬八匹，館内餧養馬四十匹。固山貝子，護衛官八員，伴黨七人，跟役十名，拴馬六匹，館内餧養馬三十五匹。公，護衛官六員，伴黨六人，跟役八名，拴馬四匹，館内餧養馬二十五匹。扎薩克台吉、塔布囊，跟役十名，拴馬三匹，館内餧養馬十匹。公主之子孫、台吉、塔布囊，伴黨三人，跟役三名，拴馬三匹，館内餧養馬十五匹。親誼台吉，跟役六名，拴馬三匹，館内餧養馬十五匹。不系親誼尋常台吉、塔布囊，跟役四名，拴馬一匹，館内餧養馬八匹。管旗章京、副章京、子、男，各跟役四名，拴馬一匹，館内餧養馬五匹。長史、叅佐領、驍騎都尉、雲騎都尉、護衛、典儀、驍騎校等，各跟役一名，拴馬一匹，館内餧養馬三匹。若止伴黨、領催、馬甲、閑散獨自前來，各拴馬一匹。

假冒台吉進貢

一、凡假冒台吉進貢，鞭一百、罰三九牲畜。若台吉不來，另差人頂替進貢者，將台吉，革職，罰五九牲畜，將頂替進貢人鞭一百、罰三九牲畜；將爲首前來之台吉，捏報之台吉，俱革職，罰五九牲畜；將同來不首出之台吉等，各罰三九牲畜，將假冒領出緞布等物、路費俱追出繳院。

册檔無名職銜未到之人遣來進貢

一、凡台吉、塔布囊等，進貢，該扎薩克將各人職名、年歲、附丁若干、貢物數目，逐一開明，給付印文遣來。倘將册檔無名職銜、未到台吉等，混行瞻狥，給付印文遣來者，將該扎薩克王、貝勒、貝子、公、台吉、塔布囊等，各罰俸一年，協理台吉等，各罰五九牲畜。

蒙古律例卷之四　會盟行軍

目錄

外藩蒙古各旗着遣人候信

三年會盟一次

一、外藩蒙古三年赴盟一次，審事、比丁。

會盟巳〔已〕示而王等不到

一、會盟巳〔已〕示，而巳〔已〕未管旗之王、貝勒、貝子、公、台吉、塔布囊，不到者，各罰俸六個月；無俸台吉、塔布囊等，罰馬十匹，負約不到，計日罰馬。

凡會盟傳集管旗章京不到

一、凡會盟傳集，外藩蒙古管旗章京以下，十家長以上不到者，管旗章京罰馬五匹；副章京四匹；叅領三匹；佐領兩匹；驍騎校一匹。小領催等罰犍牛一隻；十家長罰三歲牛一隻。負約不到者，管旗章京罰馬四匹；副章京三匹；叅領兩匹；佐領一匹；驍騎校犍牛一隻；小領催三歲牛一隻；十家長鞭二十七。索倫總管照外藩蒙古副章京治罪；副總管照叅領治罪；佐領、驍騎校、小領催、十家長照外藩蒙古佐領、驍騎校、小領催、十家長治罪。

每年春間扎薩克王等點驗軍裝弓箭

一、每歲春間，扎薩克王、貝勒、貝子、公、台吉、塔布囊并各旗台吉等，各聚兵一處，修整盔〔盔〕甲、弓箭，較射以試之。如未經監修，卽行起程前赴約所，其總閱時，系某旗軍械缺壞，卽將某旗扎薩克該管人等，罰俸六個月。若台吉兵丁軍械缺壞，罰五畜。各盔〔盔〕後尾衣背上不錠號條、軍器等物、鞶帶無號記者，罰三畜。馬不烙印、不拴號牌者，罰兩歲牛一隻，給付舉發之人。

梅針大披子兔兒乂骲頭各色箭上未書號記

一、梅針大披子兔兒乂骲頭各色箭上，不書號記者，罰三歲牛一隻，給付摘發之人。

隣邊部落忽有兵警卽速會於被警之境

一、凡隣境部落忽有兵警，巳〔已〕未管旗王、貝勒、貝子、公、台吉、塔布囊，將戶口收送內地，一面帶領屬下所有兵丁速集於被警之境，一面行文各隣近旗分，令卽領兵一同救援，畢集後，同議征進。

若不速會於被警之境，或隣近旗分王等雖奉調取，不即領兵赴援者，俱削爵。

奉派出征王等不行前往

一、凡奉派出征之王、扎薩克、貝勒、貝子、公、台吉、塔布囊不行親往者，削爵，仍發往軍前。若控制全旗盡不往前者，即以軍法從事。約定之處，一日不到者，罰俸三個月；兩三日不到，罰俸六個月；四日不到，罰俸九個月；五日以上不到，罰俸一年。

奉派出征官兵躲避不赴

一、凡奉派出征之官員，領催、披甲人等，於起程之日，躲避不前，官則革職，罰三九牲畜，仍令披甲赶送軍前，領催、披甲人等則鞭一百，仍發往軍前。

王等騎瘦行軍傳禁之馬

一、巳〔已〕未管旗王、貝勒、貝子、公、台吉、塔布囊等，將行軍傳禁之馬匹騎瘦者，各罰俸六個月；無俸台吉塔布囊，罰馬十匹。

王貝勒貝子公台吉等敗陣

一、凡王、貝勒、貝子、公、台吉、塔布囊等戰陣時，別旗敗北，獨一旗王、貝勒等接戰，以援別旗，將敗北之旗下王、貝勒、貝子、公、台吉、塔布囊等，各罰屬下人一佐領，給付接戰之人。別旗王、貝勒等接戰，而一旗之王、貝勒、貝子、公、台吉、塔布囊等敗北，將敗北之王、貝勒、貝子、公、台吉、塔布囊等，革去封爵，作爲平人，其屬下人盡行撤出，撥給接戰之王等。若一旗內，半戰半北者，將敗陣之王、貝勒、貝子、公、台吉、塔布囊，革去職銜，作爲平人，其屬下人俱撥給該旗接戰之人。若一旗內，半雖戰敗，而半屬無計前赴者，免罪，將敗北之王、貝勒等，革去封爵，作爲平人，其屬下全行撤出，撥給該旗之無罪王、貝勒、貝子、公、台吉、塔布囊等，或賞給交戰之王、貝勒、貝子、公、台吉、塔布囊等。若各旗未及成列，而獨有一旗之王、貝勒、貝子、公、台吉、塔布囊成列出戰，則視其功之大小、擄之多寡，以爲賞賜。若平人敗陣者，斬，其產畜、妻子，籍沒。不論台吉、平人，但身先入陣破敵者，賞。凡野戰對陣迎面進兵之際，王、貝勒、貝子、公、大臣等若不按等級率爾馳入，或見敵兵少，不行偵探、妄先衝馳者，將所騎之馬，罰出，此次之俘裁去。凡臨陣對壘，宜整暇成列，以各為趨進，其進時有不入汛地，而附於他人尾後，或棄其隊伍，而入於他人隊中，或他人已進，而伊獨立，視不前，按罪治以斬首、籍沒、責打、革職、收贖之法。追成列而進時，不得以少前少却，而謂巳〔已〕先彼後，此漸不可長。再追逐奔潰之兵，宜遣以壯兵健馬，若王、貝勒、管旗章京等勿得突爾而前，樹旗整隊後再行追躡。若所追之人，或悮陷伏兵，或分逐而遇游兵，王、貝勒、管旗章京等卽行接戰，兵丁起程時，各隨纛分隊起行，若有一二人攜取遺忘物件，往來亂行，或醉酒者，隨所見聞，卽行懲責，恐忘行規，堅志以行之，喧嘩者，禁之。違者，管旗章京、副章京、叅佐領向各管隊伍婉詞以詢其故，將喧嘩之人，隨所見聞，卽行懲責。如有一二擅離旗纛行走者，拿送該旗王、貝勒、管旗章京處，罰犍牛一隻，給付摘發之人。失火者斬。若偷竊鞍、轡、籠、絆、韂片者，以盜賊鞭責。至連夜赶行時，勿得喧嘩呼哨，違者罪之。軍行時，若一二人離伍行刦被殺，將伊妻子卽作爲俘，罪坐該管旗章京。廟宇勿得毀壞，行人勿得妄殺，抗者斬之，順者養之。俘者衣勿剝、夫婦勿離，卽不可作俘之人，衣亦勿剝。不得侵犯王、貝勒、貝子、公、台吉、塔布囊、管旗章京、副章京、叅佐領、驍騎校、小領催、披甲人等。勿令俘虜看守馬匹，若令看馬以致取馬逃逸者，罪之。諸處領兵前往之王、貝勒等，務宜安定地方、救濟民人，嚴飭所屬章京、兵丁，不得混行搶掠、貽害良民，能安輯者，賞必及之，且卽陞之。若違例縱放所屬章京、兵丁搶奪、刦掠、妄拿平民，指爲盜賊，以圖有獲混行殺戮者，必從重治罪。若勢均力敵，正當鏖戰之際，而能以馬付仆者騎出，卽向仆者取馬以還，從前陣間給馬之人，公等以下，副章京等以上，令出馬十匹，叅領輕車都尉以下，馬六匹；平人，馬二匹。

圍獵行軍會盟回時不按次序先自歸家

一、凡往圍場行軍會盟諸處而回，不候次序先回家者，已〔已〕未管旗王、貝勒、貝子、公、台吉、塔布囊等，罰俸三個月；無俸台吉、塔布囊，罰馬五匹；雖跟隨之伴黨，亦人各罰所騎之馬。

外藩蒙古各旗着遣人候信

一、内外諸扎薩克旗分，每年十月一次，十二月一次，每旗各令遣一人前來候信。

蒙古律例卷之五　邊境卡哨

目錄

凡使者由某旗卡哨而來卽令該哨章京遞送

使者途中被竊將坐哨章京等治罪

凡由邊前來之逃人兩日内送院

坐哨者曠職

坐哨人等軍器不全

坐哨人等疎漏逃人

他王侵入人各所分地界

一、人各所分地方，已〔已〕未管旗之別王侵入，罰馬十匹；貝勒、貝子、公，馬七匹；台吉、塔布囊，馬五匹；平人，每家牛一隻。

侵過所分地界另行游牧

一、侵過所分地界，另行游牧者，已〔已〕未管旗王、貝勒、貝子、公、台吉、塔布囊等，罰俸一年；無俸台吉、塔布囊等，罰馬五十匹；系平人，則見知之人，將本人并畜産，一同收領。

貿易宜禀明王等

一、凡貿易者，禀明扎薩克王、貝勒，管旗章京、副章京，以一章京爲主領，令十人以上合夥而行。若夥中無主領之人，或被旁人拿獲，或生出事故，將管旗王、貝子等，管旗章京、副章京、糸佐領并爲匪之人，俱議以罪。至探望親戚及有事故行走之人，各禀明管旗王、貝勒、貝子、公，或管旗章京、副章京，令將所去情節開單持往。若持單前往之人於往返途間，或出爲賊匪，將給單之王、貝勒，管旗章京、副章京，一並議罪。若僞造假單，詐冒而行，拿獲時，爲首者，鞭一百，罰三九牲畜；爲從者，鞭九十，罰二九牲畜。

黑龍江瓜爾察索倫地方不准購買貂皮

一、凡巳〔已〕未管旗王、貝勒、貝子、公、台吉、塔布囊、官員、平人，購買黑龍江瓜爾察索倫地方貂皮，或違禁攔截給價者，王、貝勒、貝子、公、扎薩克台吉、塔布囊等，罰俸一年；閑散台吉、塔布囊，罰五九牲畜；官員、平人，罰三九牲畜。將私領價本前往之爲首者，擬絞監候，爲從者，罰三九牲畜，其所帶價本追出入官。

偷捕貂參私相買賣

一、凡將私捕之貂參私相買賣，被旁人拿獲首告，將貂參交戶部，買者賣者，各鞭一百，罰一九牲畜，賞給拿獲首告之人。

偷捕貂參

一、蒙古王、公主、郡主等屬下人，幷旗人及打牲人等，私往禁地偷捕貂鼠、採挖人參被獲，將財主幷率領前往之爲首者，擬絞監候，畜產，籍沒。爲從者，系另戶，鞭一百，罰三九牲畜；系家奴，枷號兩個月，鞭一百，罰伊主三九牲畜，將採捕之物全行入官。

禁地遣人採捕貂參

一、凡入禁地偷採貂參被獲，其知而遣往之主人，系巳〔已〕未管旗王、貝勒、貝子、公、扎薩克台吉、塔布囊等，罰俸九個月；系無俸台吉、官員、平人，罰三九牲畜，將打牲人幷牲畜俱賞給旗下因公効力人等，採捕之物入官。

偷在圍場内打牲

一、凡蒙古等，偷在圍場内打牲被獲，交八溝理事同知審訊。初次者，枷號一個月；兩次者，枷號兩個月；三次者，枷號三個月，俱在圍場附近處所示衆，滿日，鞭一百，交各該扎薩克嚴行管束，仍報院詳查。

蒙古等進口出口記〔記〕數

一、凡内外各扎薩克蒙古等，俱令由山海關、喜峯口、古北口、獨石口、張家口、殺虎口行走。進口時，俱稟明，邊門章京等記〔記〕數後，方准入；其出口時，仍驗對原數後方准出。倘有添買之物，報院轉行兵部，給與口票，以便出口，除此六邊門外，其餘邊門不准行走。

置買軍器等物給票

一、内外諸扎薩克内，人丁孳生，編設佐領，或軍器殘缺，應行修補者，該扎薩克等出具保呈，將置買軍器數目繕寫印文報院，註明兵部票内，方准置買。若成套成副者，奏明請旨後，方准置買。倘逾票内數目，額外多帶，或於入口原數較多，發覺時，已〔已〕未管旗王、貝勒、貝子、公、扎薩克台吉、塔布囊，罰俸六個月；閑散台吉、管旗章京以下，驍騎校以上，罰一九牲畜；平人，鞭八十，將額外多帶軍器入官。

軍器等物不准賣給俄羅斯

一、内外諸扎薩克蒙古等，不得將盔甲、弓箭、軍器賣給俄羅斯及厄魯特、回子人等。若有偷賣，并遺送親戚，或被獲，或被人拿獲首告者，已〔已〕未管旗王、貝勒、貝子、公、扎薩克台吉、塔布囊等，罰俸一年；無俸台吉、塔布囊，罰馬五十匹。平人爲首者，擬絞監候，產畜籍沒；爲從者，鞭一百，罰三九牲畜，抄罰之產畜，俱賞給拿獲首告之人。若奴僕，首主令其出離主家。

凡使者由某旗卡哨而來卽令該哨章京遞送

一、凖噶爾、厄魯特、俄羅斯之使者，由某旗卡哨而來，該哨章京卽僉派領催、披甲人等護送。著落前途旗分，由各旗直遞送至張家口。若在某旗地方被竊，嚴查確實，令其賠償；不實，則登記檔案，發覺時酌議。若更換疲乏馬駝，以跟役爲證立字，并註其姓名、佐領。

使者途中被竊將坐哨章京等治罪

一、凡使者由某旗經過其旗下，坐哨章京等宜行照料護送。倘不照料護送，以致被竊，將坐哨章京等，罰三九牲畜，披甲人等，鞭一百。

凡由邊前來之逃人兩日内送院

一、凡由邊上逃到之人，被該貝勒等撞遇，將逃來首犯於兩日内作速先解該院。若過兩日，將扎薩克王、貝勒、貝子、公、台吉、塔布囊，罰俸三個月。

坐哨者曠職

一、出派坐哨之章京、披甲人等，曠玩不坐，佐領則革職，罰三九牲畜；驍騎校，革職，罰二九牲畜，存公。同派坐哨之披甲人等，鞭一百；坐哨人等不坐所指之處，另坐他處者，章京、驍騎校，革職，披甲人等，鞭八十。

坐哨人等軍器不全

一、章京、驍騎校本分軍器不全，罰二九牲畜，存公；披甲人等軍器不全，鞭八十。佐領、驍騎校未將坐哨人等軍器不全之處查出，罰一九牲畜，存公。

坐哨人等疎漏逃人

一、坐哨之章京、披甲人等疎漏逃人，追赶不及而回者，佐領，革職，罰三九牲畜；驍騎校，革職，罰二九牲畜；小領催，革退，罰五牲畜，鞭一百；披甲人等，各鞭一百。

蒙古律例卷之六　盜賊

目録

潛得信息之牲畜別經發覺

潛得信息案内王等毋庸發誓

偷竊財物

偷竊猪狗雞鵝

官員平人強刦殺傷人

乾隆二十八年十一月内，軍機大臣等遵旨會同刑部、理藩院議奏定例

一、官員、平人或一二人夥衆強刦什物殺人者，不分首從，俱即處斬，梟首示衆。強刦傷人得財者，不分首從，皆即處斬，籍沒其妻子、產畜，給付事主。若傷人而未得財，爲首一人，擬斬監候，籍沒產畜，給付事主，其妻子，暫存該旗，俟將來秋審，減等放出，該犯妻子，僉發河南山東，交驛站充當苦差。其從賊，產畜抄給事主外，妻子，僉發河南山東，交驛站充當苦差。

官員平人強刦而未殺人

乾隆二十八年十一月内，軍機大臣等遵旨會同刑部、理藩院議奏定例

一、官員、平人強刦什物而未傷人，系一人，將其妻子產畜一並發河南、山東，交驛站充當苦差；或二三人，或夥衆偷竊，將起意一人擬絞監候，籍沒其產畜，給付事主，其妻子暫存該旗，俟將來秋審，減等放出，該犯妻子僉發河南、山東，交驛站充當苦差。從賊幷妻子產畜俱發河南、山東，交驛站充當苦差。

官員平人偷竊牲畜等物拒捕傷人

乾隆二十八年十一月内，軍機大臣等遵旨會同刑部、理藩院議奏定例

一、官員、平人或一二人夥衆偷竊牲畜等物，事主旁人知而追逐，拒捕殺人者，將殺人首賊，擬斬立決，籍沒其妻子、產畜，給付事主。從賊幷妻子，僉發南省，給駐防兵丁爲奴，籍沒其產畜，給付事主。若傷而未死，首賊，擬斬監候，籍沒其產畜，給付事主。其妻子，暫存該旗，俟將來秋審，減等放出，該犯妻子，僉發河南山東，交驛站充當苦差。餘人幷產畜、妻子，俱發河南山東，交驛站充當苦差。

搶奪斬犯

一、凡搶奪，擬定死罪，人犯不分首從，俱斬監候。若搶奪罪不至死，人犯爲首者，罰三九牲畜，餘人，罰一九牲畜。

刦竊殺人

一、凡刦竊駝、馬、牛、羊等畜殺人者，擬斬立決，梟首示衆。

民人蒙古偷竊牲畜等物之爲從者治罪原偷牲畜着落賠償

乾隆十四年六月十三日理藩院奏准定例

一、偷竊蒙古馬畜等物，爲從者，其産畜、妻子，交隣封盟長爲奴之處一並停止，鞭一百，罰三九牲畜，給付事主。民人偷竊口外蒙古牲畜，系爲從，亦鞭一百，罰三九牲畜，給付事主。

乾隆二十六年軍機大臣覆准吉林烏拉將軍恒魯奏定

一、應罰從賊之三九牲畜，勒限一年，於犯人名下着追，給付事主。若照罰數全給者，將鞭一百之罪一並豁免，罰得過半者，鞭一百，完結；全不給者，停罰，發山東、河南等處。若旗民偷蒙古牲畜，俱照此治罪。若蒙古等將原偷牲畜花費無償着落，該旗台吉照數賠償，若旗民不能賠償原竊牲畜着落，該管等官賠償。

所罰牲畜分別賞賜

乾隆三十一年四月奏准增入

一、扎薩克旗罰得從盜牲畜，分爲三股，一償事主，一給拿獲盜犯之人，其一存公以備鼓舞効力人等賞賜之需。

偷四項牲畜者計贓分別絞遣

乾隆二十四年九月十一日奉上諭

蒙古野地並無房屋院落，而蒙古等俱賴四項牲畜養生，故偷牲畜之賊，其罪視内地竊賊所定較重。但今蒙古例内，偷畜寡少之賊，擬以絞監候，過數年仍減等放出，定例並無分輕重，此輩皆素習爲賊之人，減等放出，仍令住蒙古野地，仍偷牲畜，於有業蒙古全無裨益。嗣後，此等賊匪内，若偷畜較多，情節可惡者，當時入情實，倘偷畜寡少，情有可原者，不若即視其偷畜多少，以爲遠近，分別發遣内地，庶蒙古野地可以清肅行竊之人，亦知儆畏，其當作何改定之處，著刑部會同該院詳察定議，具奏，欽此。

欽遵刑部會同理藩院於本年十月初七日議覆。奏准定例。

一、偷蒙古等四項牲畜至十頭以上者，首賊擬絞，就近在同知衙門監候，秋審作爲情實；自六頭至九頭者，將首賊卽發雲貴、兩廣等省烟瘴地方；自三頭至五頭者，發湖廣、福建、江西、浙江、江南等省；若數止一二者，發山東、河南等省俱交驛站，充當苦差。民人在蒙古地方偷牲畜，在九數以下者，亦照此例，分别治罪，爲從者，俱照例鞭一百，罰三九牲畜，給付事主。

一、皇上圍獵、臨幸，營盤馬匹被竊，不分蒙古、民人，五匹以上者，擬絞立決，示衆，以昭炯戒；三匹以上者，卽發雲貴、兩廣烟瘴地方；一二匹者，發湖廣、福建、江西、浙江、江南等省，俱交驛站，分别當差著伍。若爲從，并知情故買，系民，俱較正賊減一等；系蒙古，亦照例鞭一百，罰三九牲畜，給付事主。

賊分首從治罪

一、凡偷竊牲畜，止將起意之一人爲首，隨行上盜爲從者，減一等。若上盜時分路偷兩三處牲畜，或前後數次偷竊者，各就本案分别首從議罪。

台吉行竊應議罪

一、凡台吉行竊爲匪，革退台吉職銜，作爲平人，其馬畜取付失主，其屬下家奴撤〔撥〕給伊近支兄弟。將該扎薩克照疎於查察、管束不嚴例，議處。若爲匪之台吉，仍不悛改，又行爲匪，該扎薩克即將伊奴隸辱使，若能改悔，過三年後，該扎薩克聲敘緣由，具保報院，轉奏，復其台吉職銜。

台吉三次犯竊應議罪

乾隆三十一年四月奏准增入

一、台吉以兩次行竊，革去職銜，作爲奴僕；後又復行偷竊，無庸復其台吉職銜，准平人例治罪。

王等窩賊

一、已〔已〕未管旗王、貝勒、貝子、公、台吉、塔布囊等，窩賊，各罰俸一年；無俸台吉、塔布囊，罰五九牲畜。若不肯承認窩賊，令其伯叔發誓，無伯叔，令伯叔之子，發誓。

賊罪可疑者發誓

一、偷駝、馬、牛、羊四項牲畜，賊情可疑者，令其發誓，入誓者，免罪完結；不入誓者，擬絞監候，該主罰一九牲畜，將賊犯所有牲畜，一並給付事主，其妻子，暫存該旗，俟將來秋審減等放出，該犯妻子，僉發隣封盟長處賞給，同盟内因公効力台吉等，爲奴。若各該主將賊舉出，視其賊之情罪輕重，分別立決、監候，若將賊已正法，其妻子免其爲奴，取其所有牲畜，給付事主。

牲畜被竊將齒色呈報扎薩克等記檔

一、凡被竊牲畜，先將數目、口齒、毛色、月日開明保送扎薩克處記檔，若後來馬數、齒、色、月日不符，或先不曾呈報扎薩克處記檔者，概不准行。

事主認獲被竊牲畜

一、被竊牲畜事主認明，而謂授之者另有其人，即令其人質對。若其人不認，更令原人發誓，誓則免罪，其畜徑行認領。

圍場軍前認獲被竊馬匹

一、被竊之馬，於圍場軍前認獲，而其人若謂所得另有情節，則令以他馬補其額，所認之馬徑行領去。

牲畜被竊他人要截獲之

一、牲畜被竊，他人要截獲之，一則令給謝儀，兩以上，十以下者，令取一，多則按十取一。若牲畜之主謂非被竊，而不給者，令佐領、驍騎校發誓，誓則免其謝儀，不誓令給謝儀。若將截獲牲畜詐冒收去，發覺時將假冒之人以賊論。

盜賊宰殺遺棄牲畜之肉混行拾取

一、盜賊偷竊牲畜，宰殺遺棄之肉，或他人拾取，著令賠償。若在跡限之内，擇管旗章京發誓，不發誓以跡入論罪。

走失牲畜移知隣封扎薩克

一、凡走失牲畜，三日後報明，隣封扎薩克貝勒、貝子、公等尋拿每畜一隻，以一羊作謝儀。若騎所獲牲畜者，罰五畜。若詐稱已畜冒領者，罰三九牲畜；悞領者，罰一九牲畜。若畜主不出暫收之隱匿者，罰一九牲畜。

走失牲畜途人勿得擒拿

一、走失之畜，途人勿得擒拿，擒拿者以賊論。若羊，則於所見之日起，每赶宿一夕，二十以下而取一，多則每二十而取一。

跴緝被竊馬匹

一、凡踪跡所入之案，跴踪無證佐，無庸發誓。若行路之人，雖無證佐，亦准跴踪，過村時再覔證佐。

踪跡入舊游牧處者發誓

一、凡游牧之日，而賊踪適以其日入於游牧舊處者，令其發誓。

踪跡制限以骲頭射到者發誓

一、踪跡制限，以骲頭射到居人住址者，令發誓；射不到者，不發誓。

搜贓宜帶證佐

一、搜贓須帶證佐前往，不准搜者以賊論。

潛得被竊牲畜之信

一、牲畜被竊，以潛告而認明原贓，其竊者以賊論。

潛得信息之牲畜別經發覺

一、凡被竊牲畜之人，控稱有潛來告知者，必令將來告之人姓名，寫出具控，若誣告，或被竊牲畜別經發覺，其來告之人，罰三九牲畜，給發誓之台吉，并加倍給過之人各半分之，原告，罰三九牲畜，給付被告之人。

潛得信息案内王等毋庸發誓

一、有以潛得信息呈控案件，巳〔已〕未管旗王、貝勒、貝子、公、額駙等，無庸發誓，惟擇該旗人以誓之。若台吉、塔布囊等，則令自誓。若貨財被竊，經人潛來致信，或賊踪徑入，二者令擇都統等發誓，若不發誓，卽令加倍給與。若貝勒、貝子、公之使人，則罰兩歲牛一隻。

偷竊財物

一、偷竊金銀，貂鼠、水獺等皮，布疋，吃食等物者，照數取償所偷之物，值兩歲牛價者，罰三九牲畜；值羊價者，罰一九牲畜；不值羊者，罰三歲牛一隻。

偷竊猪狗雞鵝

一、偷猪、狗者，罰五畜；偷鵝、鴨、雞者，罰三歲牛，仍令賠償被竊之物。

蒙古律例卷之七　人命

目錄

王等故殺别旗之人

一、凡已〔已〕未管旗王、貝勒等將别旗之人故殺、鬬殺、謀殺，同謀殺者按其所殺之數賠人，王等罰馬一百匹；貝勒、貝子、公等，罰馬七十匹；台吉、塔布囊等，罰馬五十匹，給被殺者之妻子。若平人，將起意者，斬監候，從而加功者，絞監候，抄沒其產畜，給被殺者之妻子。其未加功者，以及妻子、產畜一並送隣封盟長處，賞公事効力台吉等爲奴。

王等以刃物戳殺屬下家奴

一、王等將各屬下人、家奴用刃物戳砍，故殺、鬬殺、醉殺者，罰馬四十匹；貝勒、貝子、公等，三十匹；台吉、塔布囊等，罰三九牲畜，給被殺者之胞兄弟，將其妻子一並遣赴旗内願往之處。再，悞打致死者，將致死之故自行說出，若無鬬故不令出去，王、貝勒、貝子、公、台吉、塔布囊，各罰俸九個月；無俸台吉、塔布囊，罰三九牲畜，存公。管旗章京以下，平人以上，各將家奴用刃物戳砍、射殺、醉殺、故殺、鬬殺者，若管旗章京、副章京，各罰三九牲畜；叅佐領、驍騎校，各罰二九牲畜；平人，罰一九牲畜，給被殺者之妻子，連其兄弟出旗。再，悞打致死者，將致死之故各稟知扎薩克貝勒等，若無鬬，故不稟出者，罰牲畜，存公。

鬬毆殺人

一、凡鬬毆傷重，五十日内死者，下手之人，絞監候。

因戲過失殺人

一、凡人因戲過失殺人者，罰給三九牲畜。

過失殺人

一、凡官員、平人過失殺人者，若有證佐成招者，毋庸發誓，罰給三九牲畜。若無證可疑之罪，於過失旗分内擇人發誓，若發誓，罰給三九牲畜；若不發誓者，絞監候。瞎人眼目者，額罰三九牲畜；折人肢體者，罰一九牲畜；若未至殘廢平復者，罰馬。

夫故殺妻

一、凡官員、平人擅行故殺妻者，絞監候。若與妻吵鬧毆打過失致死者，罰三九牲畜，給妻之母家。

若妻有事，故不告而擅殺者，罰三九牲畜。若以金刃將妻射砍戳殺，以木棍打死者，照故殺絞監候。

奴殺家主

一、家奴殺其主者，凌遲處死。

迎殺來投逃人

一、凡官員等將來投逃人迎殺者，爲首一人，絞。若平人，將爲首一人，斬監候，餘罰三九牲畜，俱給所指投之貝勒。若所指投之貝勒不出，給首者一半，一半，存公。

王等將家奴射砍割去耳鼻

一、凡人將家奴砍射割其耳鼻者，巳〔已〕未管旗王等，額罰五九牲畜；貝勒、貝子、公等，罰四九牲畜；台吉、塔布囊等，罰三九牲畜；官員，罰二九牲畜；白人，罰一九牲畜。若致死者，照故殺、讎殺治罪。

鬭毆損傷眼目折傷肢體

一、爭鬧毆打損傷眼目、折傷肢體者，額罰三九牲畜；平復者，罰一九牲畜；墮孕婦之胎者，罰一九牲畜。若以拳毆、鞭桿打者，罰五牲畜；互打者，無罪；打落牙齒者，罰一九牲畜；揝落髮辮帽纓者，罰五牲畜。

蒙古律例卷之八　首告

目錄

凡事本人具控

一、凡事本人控告，若旁人具控者，則理事官，罰所騎之馬。

蒙古王等以下民人以上爭訟

一、蒙古王等以下，民人以上，互相爭訟者，雍正元年以後者，准審理。以前者，不准審理。

未經審結之事告院

一、口外蒙古、民人，因彼處未經審結事件而來者，不許先私叩閽，將案情具文呈控理藩院。

將王等所審事件復控

一、將王等審斷事件復控，若仍如該王所審，擬將控告之人罰一九牲畜。若扎薩克貝勒、貝子、公等審斷者，罰五牲畜。若章京等審斷者，罰馬一匹。

越等控院者不准審理

一、口外蒙古等一切事件，具控各旗王、貝勒等處。未結，王、貝勒等，連人發來控院。若不控王、貝勒等處，越等來控院者，不問事之是非，駁令回控扎薩克處。

出首隱瞞人丁

一、凡出首隱瞞人丁之事，必於比丁之年出首，若過二三年出首，則出首者，無庸議。

蒙古律例卷之九　捕亡

目録

王等商謀隱匿賊人不行舉出

明出賊人不給拿來

拿獲賊人解該旗收管就近令地方官監禁會審

徒罪以上人犯解送該地方官暫令監禁

自流所復逃者分別治罪

疎脱斬犯

抄沒賊物賞給獲賊之人

出卡哨投往外國之逃人治罪

一、凡出卡哨逃往外國之人執械拒追者，不分首從，皆立斬。若不拒追，即被擒獲，爲首者立斬，其餘者，立絞。若傷人逃逸，拿獲解到者，俱立斬。未傷人逃逸，拿獲解到者，照不拒追被獲之逃人，擬罪。若逃而未傷人，自回者，鞭一百，給伊本主。

拿獲逃人於逃人之主罰兩歲牛

一、村落中行走逃人何人拿獲者，由逃人之主罰兩歲牛一隻，給付拿獲之人，將逃人鞭一百。若隱匿逃人，將隱匿之人罰一九牲畜，給逃人之主。其匿逃之十家長，罰一九牲畜，給逃主之十家長。

拿獲逃人將逃人所帶物件分給一半

一、家奴脫逃，凡入於國内拿獲送來者，將逃人身所帶一切物件給拿之人一半，一半給伊主，逃人鞭一百。

追逃之人若殺爲首逃者給其俘虜產畜

一、凡追逃之人，若殺爲首逃走者，將俘虜產畜全給追赶之人。逃人若攜帶他人之馬逃走，追赶之人取其一半。若舉出爲首逃走之人，其俘不給追赶之人，給逃人之主。若逃人帶別人妻馬而逃者，將逃人之妻子產畜賠補其額。其逃人之家，若無，則不令賠補。系家奴，如有，則追賠；無，則亦不罰於伊主。

見逃人而遣去

一、凡見逃人而令其逃去者，若扎薩克王、貝勒、貝子、公，扎薩克台吉、塔布囊等，罰俸一年。若攻逃犯致人死者，有俘虜，則給一人補額倍，罰三九牲畜。若無俘虜，則由逃人之扎薩克王、貝勒等，額罰三九牲畜。

知逃往外國之逃人而遣去

一、巳〔已〕未管旗王、貝勒、貝子、公、台吉、塔布囊等，若知人逃往外國，給與馬騎遣往者，革退封號、職銜，取其屬下之人。有頂官員，絞，抄沒產畜；平人則斬，仍抄沒產畜。

追逃人之章京等赶不及而回

一、追逃人之章京、披甲人，赶不及而回，若不到卡哨而回者，革退佐領，罰三九牲畜；革退驍騎校，罰二九牲畜；革退小領催，罰五牲畜，鞭一百，披甲人，鞭一百。

全旗逃走者不分何旗追赶

一、全旗逃走，則不分何旗，以軍制起程追赶，若扎薩克王、貝勒、貝子、公、台吉等，不追者，各罰俸一年。

繫撒袋人二十名以上逃走者何人附近卽令追赶

一、繫撒袋人二十名以下逃走者，止伊旗下追赶。若繫撒袋人二十名以上逃走，則何人附近，其旗扎薩克王、貝勒、貝子、公、台吉、塔布囊等，計量逃人妥備馬匹盤纏，知往何方，速追至盡頭處，不追者，各罰俸六個月；速將逃亡，報院，不報者，各罰俸三個月。

王等隱匿殺來投逃人者

一、巳〔已〕未管旗王、貝勒、貝子、公、台吉、塔布囊等，若將殺來投逃人之人隱匿者，各罰俸一年，無俸台吉、塔布囊等，罰五九牲畜；以殺死出首之人，王等，罰馬十匹；貝勒、貝子、公等，罰馬七匹；台吉、塔布囊等，罰馬五匹，給出首者遣往伊願往之處，若不承認，令其伯叔發誓。

隱匿内地逃人

一、口外游民幷滿洲家奴，嚴飭諸扎薩克之各該佐領緝拿解部，若隱匿内地逃人者，官革職，鞭一百，罰三九牲畜，俱給拿獲之人。該扎薩克等不察出，或經部院察出，或別人首出者，該扎薩克王、貝勒、貝子、公、台吉等，各罰俸一年；管旗章京、副章京、叅領等，各罰三九牲畜；佐領、驍騎校俱革職，罰三九牲畜；領催、十家長等，鞭一百。出首之人，若系家奴，作爲另戶；若平人，由隱匿之人罰給三九牲畜。

王等商謀隱匿賊人不行舉出

一、已〔已〕未管旗王、貝勒、貝子、公、台吉、塔布囊等商謀隱匿賊人，不首出者，各罰俸六個月；無俸台吉、塔布囊等，各罰一九牲畜。

明出賊人不給拿來

一、將明出賊人不給擒來，令其脫逃者，已〔已〕未管旗王、貝勒、貝子、公、台吉、塔布囊等，各罰俸一年；無俸台吉、塔布囊等，各罰五九牲畜，拿獲賊人解該旗收管，就近令地方官監禁。

拿獲賊人解該旗收管就近令地方官監禁會審

一、凡拿獲賊犯，解送賊之扎薩克旗分，令其收管蒙古。若在盛京、歸化城等處犯事，俱令犯事處收管，由該扎薩克等旗帶會審台吉等會審。

乾隆二十五年山西按察司索琳奏准

一、歸化城各同知、通判，承辦蒙古與蒙古交涉命盜等案，由該同知、通判處驗訊通詳呈請。綏遠城將軍就近與土默特之參領等官會審起限。由將軍處咨院具奏，完結將蒙古與民人交涉命盜等案，亦呈請該將軍就近與土默特參領等官會審起限。由巡撫處咨會具奏完結，於各扎薩克等旗分行取會審官員之處，永行停止。結案後，將審擬之處，由歸綏道衙門行知該扎薩克等，其民人與民人交涉案件仍照舊辦理。

乾隆二十五年刑部會同理藩院議覆山西巡撫鄂弼奏定

一、山西省大同府屬豐鎮通判所轄民人處所與察哈爾正黃、正紅旗連界，朔平府屬寧遠通判所轄民人處所與察哈爾鑲紅、鑲藍旗連界，此四旗蒙古等又與蘇尼特、四子等諸扎薩克旗分連界，除四旗地方所出蒙古與蒙古交涉命盜等案，仍照舊例，由該察哈爾旗分承辦報院完結外，將四旗地方所出蒙古與民人交涉命盜等案，并兩通判所轄境内所出蒙古與民人交涉命盜等案内，不論察哈爾旗下蒙古諸扎薩克等之蒙古，俱按失事地方，令該通判等會同察哈爾四旗官員審定，亦停其於該扎薩克旗分行取。會審官員於結案後，將審擬之處，由該通判處行知該扎薩克等。將察哈爾各旗蒙古等往歸化城各同知、通判所屬地方，與土默特蒙古并民人交涉命盜案件，停其由察哈爾旗分派會審官員，令就近會同歸化城土默特官員審定。

乾隆二十五年刑部等衙門將直隸總督方觀承所奏議覆奏定

一、除將張家口、獨石口、多倫諾爾三同知與察哈爾旗分交涉案件，仍照舊會同各察哈爾旗下游牧處，部院章京定限審訊外，將八溝、塔子溝兩廳與扎薩克交涉案件計其爲烏蘭哈達、三座塔駐劄部院章京管之。扎薩克旗分交伊等就近會審，停其由扎薩克派員會審，將多倫諾爾同知與喀爾喀部落交涉案件，交察哈爾鑲白、正藍兩旗游〔游〕牧處理事部院章京就近會審。亦停其由諸扎薩克派員會審，仍交各廳官。若有蒙古等命盜案件，將案内蒙古人犯姓名、何屬下佐領之處開明，行令該扎薩克等拿解會審。結案後，將審擬之處，由部院章京處行知各扎薩克等，其審擬具詳時，令用該廳官職名詳文，内將會同部院章京審過字樣敘明，令合體制八溝、塔子溝與扎薩克交涉案件，多倫諾爾與喀爾喀部落交涉案件與部員會審，自會審日起限。若過期不會審，以致遲延會審，不依限審結者，俱交該督，將遲延逾限之處隨案附參將，過期不會審之官員，照推諉例議處，將會審不依限審結之官員，照承審遲延定例議處。將各扎薩克等內交涉案件，仍照舊會審。凡應擬斬、絞監候蒙古人犯，若系科爾沁十旗、喀喇沁三旗、土默特兩旗、扎魯特兩旗、敖漢王吹木丕兒旗下、奈曼王阿咱拉旗下、喀爾喀貝勒噶爾桑旗下之人，令解送駐劄八溝蒙古、民人理事同知衙門收監。若系巴林兩旗、翁牛特兩旗、烏珠穆秦兩旗、阿覇垓兩旗、蘇尼特兩旗、蒿齊特兩旗、阿覇哈納爾兩旗、阿祿科爾沁貝勒達克丹旗下、克西克騰扎薩克台吉齊巴克扎布旗下，幷喀爾喀圖謝圖汗部落十九旗、喀爾喀車臣汗部二十一旗、厄魯特額駙色布騰旺布旗下、貝子三都布旗下之人，令解送駐劄多倫諾爾蒙古、民人理事同知衙門收監。若系鄂爾多斯七旗、歸化城土默特兩旗、吳喇特三旗、厄魯特貝勒羅卜藏多爾濟旗下、喀爾喀貝勒拉旺多爾濟旗下、毛明安扎薩克台吉齊旺錫拉布旗下、四子王阿喇布坦多爾濟旗下、喀爾喀王額駙策凌部落二十旗、喀爾喀扎薩克圖汗部落十五旗下之人，令解送駐劄歸化城蒙古、民人理事同知衙門收監。

徒罪以上人犯解送該地方官暫令監禁

乾隆三十一年四月奏准增入

一、諸扎薩克等將凡擬徒罪以上人犯，一面報院，一面卽派官兵解赴應禁地方官，暫令監禁。

自流所復逃者分別治罪

乾隆三十一年四月奏准增入

一、蒙古犯罪，發遣山東、河南者，復行脫逃，初次，枷號一個月，調發福建、湖廣等省；二次，枷號兩個月，調發雲南、貴州、廣東、廣西最遠極邊煙瘴等處；至三次，枷號三個月，仍舊發回原調發處，原發福建、湖廣者，按照脫逃次數止調，發最遠極邊煙瘴處所。蒙古等免死，減等充軍，自配所脫逃拿獲時，審無爲匪者，亦一體加等調發，仍分別脫逃次數，初次，枷號兩個月；二次，枷號三個月，刺字。再，凡人犯巳〔已〕經正法，只伊妻子應流者，酌發南省駐防處所給兵丁，爲奴。

疎脫斬犯

一、凡將收管之斬犯疎脫者，收管之章京，罰三九牲畜；驍騎校，罰二九牲畜，革職；小領催，鞭一百；披甲人，鞭八十。若收管不至，於斬之人犯疎脫者，章京，罰二九牲畜；驍騎校，罰一九牲畜；小領催，鞭八十；披甲人，鞭五十。疎脫之犯，經旁人拿獲，將所罰章京、領催牲畜給拿之人，如未經拿獲，所罰牲畜，存公。

抄沒賊物賞給獲賊之人

一、凡拿獲賊犯者，將所抄贓物并所罰牲畜分作二分，一分賞給獲賊之人，一分給付事主。

蒙古律例卷之十　雜犯

目録

蒙古等互相誘賣

誘賣内地之人

姦平等人之妻

王等姦平人之妻

平人姦福晉

匪類發遣河南山東

射殺牲畜

違用禁物

一、長出煖帽之纓、遮耳帽、剪沿氈帽，自腋下結束之偏練垂，如有見穿用此等物件者，貝勒等，罰馬；平人，罰三歲牛。

不許先後賀年

一、不許先後賀年，如違賀年者，已未管旗王等，罰一九牲畜；貝勒、貝子、公等，罰七牲畜；台吉、塔布囊等，罰五牲畜；平人，罰馬一匹，給見之人。

誹謗王等

一、平人明誹謗已未管旗王等者，罰三九牲畜；貝勒、貝子、公等，罰二九牲畜；台吉、塔布囊等，罰一九牲畜。若背地誹謗者，審實，仍照此。罵首領大臣者，罰一九牲畜；罵副章京者，罰七牲畜；罵叅領者，罰五牲畜；罵佐領者，罰三牲畜，所罰牲畜給被罵之人。

王等擅動有刃之物

一、已未管旗王、貝勒、貝子、公、台吉、塔布囊等，擅動有刃之物者，各罰俸六個月；無俸台吉、塔布囊等，罰一九牲畜；平人，罰五牲畜。

不容行人住宿致被凍死

一、凡不容行人住宿，致被凍死者，額賠，罰一九牲畜；未死者，罰兩歲牛。若令歇宿，其財畜被竊者，令家主賠補。

悮留行人所騎之馬

一、凡將行人所騎牲畜，稱伊被竊走失之牲畜，悮取留下者，罰五牲畜，給被索之人。

病人臥〔卧〕人家内

一、出痘之病人，臥〔卧〕人家内，若此病人禳病，由此傳染以致死人者，罰三九牲畜；痊癒者，罰一九牲畜；不出痘者，罰馬一匹。

看守瘋人

一、凡瘋病之人，交伊祖父、伯叔、兄弟、子侄至近親戚看守；無親戚者，交隣舍、鄉長看守。若疎脱致令殺人者，鞭八十。

薰獸穴失火

一、薰獸穴而失火，如有人見，則見之者，罰給一九牲畜；若延燒以致牲畜死者，罰令賠補；致人死者，罰三九牲畜。若由悞失火，見之者，罰給五牲畜；若延燒致牲畜死者，罰令賠補；致人死者，額罰一九牲畜。

讎害放火

一、凡官員平人讎害放火，致死人者，放火之人系官員，絞；平人，斬監候。除其妻子外，抄沒産畜，給付事主。致死牲畜者，官員，革職，除妻子外，抄沒産畜，給付事主；平人，鞭一百，除妻子外，抄沒産畜，給付事主。

發塚

一、官員、平人，刨發王、貝勒、貝子、公及其妻之墳塚者，首犯一人，擬斬立決，抄沒其妻子産畜；爲從者，鞭一百，罰三九牲畜，將正法之賊人妻子、産畜，一並給付墳主。刨發台吉、塔布囊等墳墓者，爲首一人，絞監候；爲從者，鞭一百，罰二九牲畜，給付墳主。刨發官員墳墓者，爲首一人，鞭一百，罰三九牲畜；其餘鞭一百，罰一九牲畜，俱給付墳主。刨發平人墳墓者，爲首一人，鞭一百，罰一九牲畜，其餘鞭八十，罰一九牲畜，俱給付墳主。若有欲修築墳墓者，准其修築，若伊等欲從蒙古例葬埋，各聽其主便。人死，毋許殺馬、插嘛呢杆子，渡口山嶺毋掛絹條手巾。如違禁而行，如有人見，則見之者，罰給五牲畜。

蒙古等互相誘賣

一、凡蒙古等互相哄誘，將良人賣爲奴婢、妻妾、子孫者，不分已賣、未賣，鞭一百，罰三九牲畜；被誘之人，鞭一百。

誘賣内地之人

一、口外蒙古等，將内地男婦、子女誘賣，或爲妻妾、奴婢者，不分良人、奴婢，已賣、未賣，但經誘拐，被誘之人如不知情，爲首者，絞監候；爲從者，鞭一百，罰三九牲畜；被誘之人，不坐。若止一人，亦擬絞。若和誘賣爲妻妾、奴婢、子孫，被誘之人知情，不分已賣、未賣，鞭一百，罰三九牲畜；被誘之人，鞭一百。

姦平等人之妻

一、平人姦平人之妻者，取其妻，罰五九牲畜，將姦婦交本夫殺之。若不殺，將所罰牲畜給伊貝勒。調戲其餘婦人者，罰三九牲畜。

王等姦平人之妻

一、已未管旗王等姦平人之妻者，罰九九牲畜；貝勒、貝子、公等，罰七九牲畜；台吉、塔布囊等，罰五九牲畜，將所罰牲畜給姦婦之夫。

平人姦福晉

一、平人與福晉姦者，姦夫凌遲，福晉斬，姦夫妻子，爲奴。

匪類發遣河南山東

乾隆二十八年十一月内軍機大臣等遵旨會同刑部理藩院議奏定例

一、官員平人爲匪，不可留於旗下者，俱連妻子產畜發往河南、山東，交驛站，充當苦差。

射殺牲畜

一、射砍殺牲畜者，額賠一九牲畜；悮射死馬者，加倍追罰；未死平復者，罰兩歲牛。

蒙古律例卷之十一　喇嘛例

目録

喇嘛格隆等准其穿用黄色金黄紅色衣服

一、喇嘛、格隆等穿用黄色、金黄、紅色衣服；班第等穿紅色衣服。喇嘛、班第之帽，准作素色，五巴什、烏巴三察停其穿用黄色、金黄、紅色。喇嘛等，若御賜各樣衣服，准其穿用。大喇嘛等，若違此穿用者，罰一九牲畜；班第、五巴什、烏巴三察，鞭八十。

後黃寺每年聚四百喇嘛念經

一、後黃寺每年聚四百喇嘛念經，由院領銀一千兩賞給。

禁止喇嘛班第等私行

一、凡人欲請喇嘛、班第等治病念經者，將緣由稟明該管大喇嘛，准其帶往。帶往之人送回，特交付大喇嘛。若喇嘛、班第等宿於所去之家，不告大喇嘛，私自行走，請喇嘛之人不告知大喇嘛，帶往令宿其家内者，將擅行住宿之喇嘛、班第，罰三九牲畜，存公。將私自帶往之人，交院治罪。若宿於無夫之婦人家内，革退喇嘛，鞭一百；外地婦人，亦鞭一百；内地婦人，交該部治罪。若齊巴汗察行姦者，將齊巴汗察革退，鞭一百；該管大喇嘛，罰三九牲畜；扎薩克喇嘛等，二九牲畜；德木齊等，各罰一九，存公。喇嘛等住房内若容留婦人者，大喇嘛，罰二九牲畜；德木齊等，一九牲畜；格隆、班第等，各罰五牲畜，存公。盛京、錫勒圖庫倫、歸化城外四十九旗所有喇嘛等，雖進貢來念經治病行走者，各稟明該管之大喇嘛，該管旗之王、貝勒等，訂期行走。

喇嘛所住廟内禁止容留婦人

一、喇嘛所住廟宇內，禁止婦人行走，若喇嘛等住房内令婦人行走者，容留之大喇嘛，罰二九牲畜；德木齊，一九牲畜；格隆、班第等，罰五牲畜，存公。所往婦人之夫，若系内地官員、民人，一並交該部治罪。

喇嘛等犯罪令先革退喇嘛

一、凡喇嘛等因事拘審，先革退喇嘛，再審。俟訊明無罪，復其喇嘛。犯罪所抄財物，送院收存，作賞給諸寺廟喇嘛等項之用。

喇嘛等容留賊盜

一、凡喇嘛，若容留犯罪賊盜者，與犯人一律科罪。

蒙古律例卷之十二　斷獄

目録

食俸王台吉等議處

凡事出兩造私議完結

出首事件不令首者發誓

出首之人不令入扎薩克等名下

死罪可疑令其發誓

袒護賊犯發誓

未及十歲之子行竊不坐罪

蒙古人在内地犯事照内地律治罪民人在蒙古地方犯事照蒙古律治罪

凡死罪人犯扎薩克等審訊報院

死罪人犯援赦免罪

凡死罪人犯欲求免死叩院

死罪人犯收贖

抄沒賊人産畜不給喇嘛

抄沒賊犯妻子不給内地人爲奴

罰罪九數

一、罰罪之九數，乃馬二匹、犍牛二隻、乳牛二隻、三歲牛二隻、兩歲牛一隻；五數，則犍牛一隻、乳牛一隻、三歲牛一隻、兩歲牛二隻，罰犯人三歲牛一隻，給與追罰之人。

凡罰罪牲畜兩造扎薩克差人取牛

一、罰給牲畜犯人之扎薩克，差人取三歲牛一隻；受贓罰之扎薩克，差人於其牲畜内十中取一，二十中取二，三十中取三，此外不准多取。

凡罰罪貝勒各取其一

一、凡罰罪其貝勒，按九數取一，不足九數不取。

凡出首事件所罰物内給首者一半

一、凡出首事件，所罰物内給首者一半。

懷讎取畜

一、凡以首出事件，讎取牲畜者，已未管旗王，罰三九牲畜；貝勒、貝子、公等，罰二九牲畜；台吉、塔布囊等，罰一九牲畜；其以讎所取牲畜，給回伊主，將其人遣赴伊願往之處。

罰罪無畜者令章京等發誓

一、凡罰取無畜者，令佐領或擇佐領内材幹人發誓，若誓保其無畜，而續經犯出者，將犯出牲畜追取，其發誓人罰一九牲畜。

罰三九以上案件擇管旗章京等令其發誓

一、罰三九以上案件，擇管旗章京發誓，罰一九以下案件者，於佐領内揀擇發誓。

凡罰罪案件不令王等發誓

一、凡罰罪案件，不令已未管旗王、貝勒、貝子、公、額駙、協理台吉等發誓，令擇伊旗内台吉、塔布囊等發誓。

罰罪牲畜不足者責打

一、凡罰取牲畜，不足一，則鞭二十五；不足二，則鞭五十；不足三，則鞭七十五；不足四數以上牲畜，則鞭一百，不許多責。

存公牲畜賞與公事効力之人

一、凡應存公罰取牲畜，交該盟長、扎薩克等照數追出，賞給實在出力奮勉之人，將賞過之處報院察核。

斬絞人犯解送原犯事地方正法

乾隆二十五年刑部議覆奉天副都統增海所奏定例

一、蒙古内行刦傷人得財者，將首從加功人等法應立決，并偷四項牲畜等犯内，秋後勾到者，俱解送原犯事地方正法，應梟首示衆者，令梟首示戒。

食俸王台吉等議處

一、凡食俸之蒙古王、貝勒、貝子、公、台吉、官員等，若犯私罪，其應罰馬匹牲畜，給付事主者，仍罰給馬匹牲畜。若犯公罪，其馬匹牲畜應存公者，俱按伊所犯之罪，連俸銀緞疋一並罰。無俸之人，仍罰馬匹牲畜。

凡事出兩造私議完結

一、凡事出，不許兩造私議。若私議完結，系貝勒等，罰三九牲畜；平人，罰一九牲畜，由伊旗扎薩克貝勒帶人至犯人扎薩克貝勒處講和，如至兩日不給人者，其扎薩克貝勒按日罰三歲牛。事結以前，不騎烏拉，不食廩給；事結，給領時，由犯人旗分議給騎烏拉、駐宿、食廩，給其領取之扎薩克所差之人。雖有九數，止由牲畜内取三，不准多取，抽罰頭馬一匹，其給領之扎薩克所差之人。雖有九數，止由罰畜内取三歲牛一隻。若至十日，而所罰牲畜不行全給者，系犯人旗下王等，罰馬十匹；貝勒、貝子、公等，罰馬七匹；台吉等，罰馬五匹，由馬羣拿取。倘將所罰之馬搶奪者，聲敘緣由報院，向奪罰馬之王、貝勒、貝子、公、台吉等，將應罰馬匹牲畜照數追取外，各罰俸三個月。

出首事件不令首者發誓

一、凡出首事件，不令首者發誓，令賊犯發誓。

出首之人不令入扎薩克等名下

一、凡出首事件之人，并案内干連人等，應遣赴旗内願往之處者，不令入管旗王、貝勒、貝子、公、協理台吉、塔布囊及伊子名下，擇入不管旗王、貝勒、貝子、公、閑散台吉、塔布囊等名下。

死罪可疑令其發誓

一、凡不招承應死重罪，無證佐可疑之犯，令其發誓。

袒護賊犯發誓

一、凡台吉、官員袒護賊人發誓後，贓物仍自其人犯出，其袒護賊人發誓者，若不承認其非，令伯叔發誓。不發誓者，台吉、塔布囊等，各罰五九牲畜；官員、十家長者等，各罰三九牲畜。

未及十歲之子行竊不坐罪

一、凡未滿十歲之子行竊者，免罪；十歲以上者，坐罪。

蒙古人在内地犯事照内地律治罪民人在蒙古地方犯事照蒙古律治罪

乾隆二十六年刑部會同理藩院議覆山西按察司索琳所奏定例

一、蒙古等在内地犯事，照依刑律定擬；民人在蒙古處犯事，照依蒙古律定擬。

凡死罪人犯扎薩克等審訊報院

一、凡應擬絞斬之蒙古人犯，由諸扎薩克處審訊，聲叙罪情報院，由院會同三法司定擬具奏请旨。

死罪人犯援赦免罪

一、凡打死人命，應擬絞之，蒙古等遇赦免，其絞罪由免罪人犯追罰三九牲畜，給付屍親。

凡死罪人犯欲求免死叩院

一、凡死罪重犯欲求免死，於事發以前赴院叩者，免死，鞭一百，將其妻子一並發往鄰封盟長處，賞給公事効力台吉等爲奴，將其產畜給付事主。

死罪人犯收贖

一、死罪蒙古有人納贖者，令納九九馬匹，准贖。若贖妻子者，聽兩主之便。若贖干涉內地民人之死罪，蒙古等視其妻、十歲以上子女數目，各納二九牲畜，其妻子一並准贖。若不贖妻子，該犯亦不准贖。

抄沒賊人產畜不給喇嘛

一、凡人偷竊喇嘛牲畜，將抄沒賊犯產畜，不給喇嘛，俱存公。

抄沒賊犯妻子不給內地人爲奴

一、凡蒙古旗人偷竊民人牲畜者，將已正法賊人妻子不給事主，賞給蒙古內公事効力台吉等爲奴。

附錄二：蒙古律例（嘉慶十九年刊印增訂本）

總目

卷之十二　斷　獄　二十九條

增訂蒙古則例　二十三條

蒙古律例卷之一　官銜

目錄

不稱王等封號
皇上出入送迎
迎接勅諭
迎接欽差大臣侍衛
下嫁外藩之公主額駙王等物故恩賞致祭
留蒙古額駙名爵
順治年以前康熙年以後王公台吉等子嗣分別襲職
額駙等庶出之子給與職銜
頭二三等台吉等職銜分別承襲
陣亡賞給世職官員襲次完後賞給恩騎尉世襲罔替
承襲人員帶領引見
王公之子賞帶翎子
蒙古王公諸子之台吉塔布囊職銜准其以養子分別承襲

公主之子親王子弟給與職銜

一、公主之子、親王等子弟，作爲頭等；和碩格格之子、郡王多羅貝勒之子弟，作爲二等；多羅格格之子，貝子、公等之子弟，作爲三等；再，王、貝勒之族兄弟，并頭等台吉以下台吉等子弟，俱作爲四等台吉。

台吉職銜著嫡派子孫承襲

一、將外藩台吉、喀喇沁、土默特塔布囊等，編作四等，頭等台吉、塔布囊十五人；二等十二人；三等八人；四等四人。令其相兼，其帽頂、坐褥照依頭、二、三、四品官用，身故，其職銜只令嫡派子孫、胞兄弟承襲罔替。

各旗補放管旗章京副章京

一、外藩蒙古佐領旗分，每旗補放管旗章京一員、副章京二員；凡十佐領以下之旗分，各放管旗章京一員、副章京一員。

管旗章京缺出由台吉内拔補

一、凡管旗章京、副章京、參佐領之缺出，該札薩克等，於本旗内揀選漢仗好、能管轄之台吉、塔布囊，以原品補放。若台吉内不得堪補之人，於平人之内，將漢仗好、能管轄者拔補，其驍騎校、小領催、馬甲缺出，於能當差、有牲畜之人拔補。

台吉塔布囊等補拔管旗章京等官不撤其甲

一、補放管旗章京、副章京、參佐領，若由屬下人補放者，照常撤甲；若由台吉、塔布囊等拔補者，不撤其甲。

襲職捏報無子

一、凡承襲王、貝勒、貝子、公、札薩克台吉等職銜，若有子而捏報無子呈報，將該札薩克王、台吉，并協理旗務之台吉，俱革退辦理旗務之職，罰俸一年；無俸協理台吉，罰五九牲畜。

補放協理旗務台吉

一、内外各旗補放協理旗務之台吉，同各札薩克辦事缺出，該札薩克會同該盟長，於閑散王以下，台吉以上，擇其人材明敏、能辦事管轄者，保舉正陪各一人，送院帶領引見補放。

補放王等長史護衛

一、外藩蒙古王、貝勒等之長史、護衛，照依内地王、貝勒等例補放。

王貝勒貝子公等儀仗

一、親王儀仗，貼金紅傘二柄、纛二桿、旗十根；郡王儀仗，貼金傘一柄、纛一桿、旗八根；貝勒儀仗，紅傘一柄、纛一桿、旗八根；貝子儀仗，紅傘一柄、旗六根；鎮國公儀仗，紅傘一柄、旗六根；輔國公儀仗，紅傘一柄、旗六根，出獵行軍攜帶。

藩王坐次

一、外藩親王坐於内地親王之次，外藩郡王坐於内地郡王之次，外藩貝勒坐於内地貝勒之次，外藩貝子坐於內地貝子之次，外藩公坐於內地公之次。再，外藩台吉拜坐之處，不論品級俱在堦上叩拜。若來者在十人以內，於殿內坐，若至十人以外，其餘俱於堦上儀仗刀鎗之後坐。

給管旗章京等官之頂戴坐褥

一、外藩蒙古管旗章京、副章京、參佐領、驍騎校之帽頂、坐褥，較內地之都統、副都統、參佐領、驍騎校，各降一級給與。

不稱王等封號

一、已未管旗王、貝勒、貝子、公等之封號不全稱呼，將稱呼不全之人罰一九牲畜，所罰牲畜給與王等。

皇上出入迎送

一、外藩蒙古王、貝勒、台吉等，凡遇祭壇祭廟，俱在午門外按照本翼站班，皇上出入時，跪迎跪送。

迎接勅諭

一、外藩王、貝勒，當大典會盟審事，派往大臣齎捧有寶勅諭至蒙古境界，該境之民問明大臣職名、所至情由，先急往告王、貝勒等，該王、貝勒在五里之外迎接。同衆下馬，在右邊站立，俟勅諭既過，騎馬自後趕至，欽差大臣列於左，迎接之王、貝勒列於右，勅諭在前。抵家之後，恭設香案，齎往之大臣將勅諭敬置案上，左立右向。王、貝勒等一跪三叩，跪候，齎往之大臣將勅諭自案捧下，交與宣讀之筆帖式，該筆帖式立讀，已畢，齎往之大臣將勅諭捧置案上，王、貝勒等一跪三叩。齎往之大臣將勅諭自案捧下，遞與王、貝勒，王、貝勒兩手跪接，遞給伊屬下之人，一跪三叩。拜畢，交收掌勅諭之人。王、貝勒等與齎往之大臣彼此兩跪兩叩，安置中位，齎往之大臣坐於左，王、貝勒等坐於右。

迎接欽差大臣侍衛

一、奉旨恤賞、恩賜并別項事件遣往之大臣、侍衛至境，本境民人問明大臣所至情由，先往告知，王、貝勒急遣其屬下官員，在五里之外迎接，王、貝勒等在營外迎接。抵家之後，跪領恤賞、恩賜。若系衣物，則佩服，向上兩跪六叩；若系財帛、食物，跪領，亦兩跪六叩。王、貝勒與前往之大臣等彼此一跪一叩，亦安置中位，王、貝勒等坐於左，前往之大臣等坐於右。及送還時，亦送至迎接之處。外藩王、貝勒、貝子、公等遣人來進方物，若蒙皇上恤賞、恩賜，遣回，抵家時，王、貝勒自家迎出，向上兩跪六叩。接受其餘六部一切事件，俱將事由奉旨作文，令各部大臣前往。本境民人問明大臣之名以及前往情由，急告知各王、貝勒，王、貝勒等聞知，即令屬下官員在五里之外迎接，該員下馬在右邊排立，俟文書既過，自後乘馬趕至，前往之大臣列於左，迎接之官列於右，前引文書至家，王、貝勒自家迎出，躬自兩手接受，安置桌上，開讀訖，王、貝勒等坐于左，前往之大臣等坐於右。

下嫁外藩之公主額駙王等物故恩賞致祭

乾隆三十六年正月本院奏改定例

一、蒙古汗、親王、郡王、世子等物故，差散秩大臣一員，御前侍衛一員，部院章京一員。致祭貝勒、貝子、長子等，差御前侍衛一員，部院章京一員。致祭鎮國公、輔國公等，差部院章京一員。致祭札薩克、頭等台吉塔布囊，歿後無庸请旨，徑行。致祭其固倫額駙，照郡王例。致祭和碩公主之和碩額駙，照貝勒貝子例。致祭和碩格格之和碩額駙、多羅格格之多羅額駙、固山格格之固山額駙等，俱照公爵例。致祭下嫁外藩之固倫公主，差内大臣、御前侍衛、部院章京各一人。致祭和碩公主，照親王例。致祭和碩格格，照貝勒貝子例。致祭郡王之女多羅格格、貝勒之女多羅格格、固山格格、公之女格格等，俱照公爵例。致祭親王之福晉，照貝勒例。致祭郡王、貝勒、貝子之福晉，公之妻等，歿後，具奏請旨。凡致祭應用物件，仍照舊例。和碩亲王，則牛一隻、羊八隻、酒九瓶、紙一萬張；多羅郡王，則牛一隻、羊八隻、酒七瓶、紙八千張；多羅貝勒，則牛一隻、羊四隻、酒五瓶、紙六千張；固山貝子，則羊五隻、酒五瓶、紙五千張；鎮國公，則羊四隻、酒四瓶、紙四千張；輔國公，則羊四隻、酒四瓶、紙三千張，俱由内閣撰擬滿洲、蒙古祭文，齎去。下嫁外藩之固倫公主，則牛一隻、羊八隻、酒九瓶、紙一萬張；和碩公主、和碩格格、親王之嫡福晉，則牛一隻、羊六隻、酒七瓶、紙八千張；多羅郡王之女多羅格格、多羅郡王之嫡福晉，則羊五隻、酒五瓶、紙六千張，俱由内閣撰擬滿洲、蒙古祭文，齎去。多羅貝勒之女多羅格格、貝勒之福晉，則羊三隻、酒三瓶、紙五千張；固山格格、固山貝子之福晉，則羊三隻、酒二瓶、紙四千張；公之女格格、公等之妻，則羊二隻、酒二瓶、紙三千張，不給祭文。蒙恩差遣之大臣，將祭文齎至墓所，其兄弟帶領屬員離墓所一里外跪迎，俟過，隨入讀文。奠酒時，眾人俱跪。讀文奠酒畢，起立，祭畢，將鈐〔欽〕差大臣送於原迎之處，向上謝恩，行三跪九叩禮。

革蒙古額駙名爵

一、外藩蒙古額駙等，格格歿後，另行娶妻者，查明，革退額駙名爵，停給俸祿。若格格歿後，不娶妻者，仍留額駙名爵，照常食俸。

順治年以前康熙年以後王公台吉等子嗣分別襲職

乾隆四十六年三月初三日奉旨

凡内札薩克之王、公、台吉等，皆因在太祖太宗開基時，各率所屬投誠歸順，各處打仗，甚屬效力，是以旌其勞績，分別封以王、公、札薩克，令其世襲罔替。又復，按其勞績，雖分別賞給頭等、二等台吉職銜，從前並無世襲罔替字樣。故台吉缺出，令伊子嗣承襲，該院必照例奏請，令其減等。但伊等源流勞績，因朕所深知，是以每次加恩，俱著原品承襲。第恐年久，將伊等從前投順勞績，或不能表見，而該院照例以次遞減，漸致不能承受國恩，實無以副。朕一體撫恤蒙古臣僕之至意，此等台吉職雖微末，然究系國初投順，著有勞績之臣，所有起初賞給頭等、二等台吉職銜，俱著令其世襲罔替。但其中尚有康熙年以來尋常效力、施恩賞給職銜者，若與國初投順著有勞績之台吉等，一體世襲罔替。其開基時投順台吉等之勞績，反致不能昭著，著交理藩院。嗣後，遇有國初投順著有勞績原賞台吉缺出辦理承襲時，其順治年以前，曾于開基時因打仗效力所得台吉之子孫，俱著以原品世襲罔替，彙題承襲，以昭國初之投順蒙古等軍功，將此永著爲例。其康熙年以後，尋常效力所得台吉缺出著，該院仍照例辦理，請旨承襲。欽此。

額駙等庶出之子給與職銜

乾隆四十四年十一月 本院具奏定例

一、凡額駙等庶出之子，給與職銜，俱按其父本身之王、公、台吉職銜給與。至指與台吉等之固山格格所生之子，仍給與三等職銜。指與台吉等公之女格格所生之子，給與四等職銜。

頭二三等台吉等職銜分别承襲

乾隆四十九年十月十四日奉旨

康熙年間，初次歸降軍營，出力得有頭、二、三等台吉等缺，著加恩，概予世襲罔替，彙題承襲。其並無軍功，僅因貢進馬匹駝隻，施恩賞給之頭、二、三等台吉缺出，該部將各所賞等第原案查明，於襲職内夾附清單，請旨。永著爲例。欽此。

陣亡賞給世職官員襲次完後賞給恩騎尉世襲罔替

乾隆四十九年十月十六日奉旨　理藩院奏

漢阿林盟長、喀爾喀貝子、遜都布多爾濟等，將失火焚燒敕書之雲騎尉巴雅爾，請仍辦給敕書摺内引有巴雅爾缺出後，再襲一次之例。巴雅爾之父巴賽因系陣亡，是以賞給雲騎尉，令伊子巴雅爾承襲，再襲一輩。雖云襲次已完，但朕於内地世僕前，曾於陣亡賞給世職官員，襲次完後，尚有賞給伊等子嗣恩騎尉，世襲罔替之例。而此等陣亡蒙古臣僕所賞之官，於襲次完時，若不予襲恩騎尉世職，朕意有所不忍，著施恩於巴雅爾所襲雲騎尉。即照内地之例，賞給恩騎尉世職，令伊子嗣世職罔替。永著爲例。欽此。

承襲人員帶領引見

乾隆四十九年十一月三十日奉旨

嗣後，凡系内札薩克、喀爾喀蒙古人等襲爵之人，若年已及歲，其已出痘者赴京，帶領引見承襲；未出痘者，令赴熱河，帶領引見承襲。如果系年幼不能來者，該部再行照例具奏承襲，仍於年歲到時，其已出痘者來京，未出痘者赴熱河，由該衙門補行，帶領引見。永著爲例。欽此。

王公之子賞帶翎子

乾隆五十一年八月二十九日奉旨

嗣後，蒙古王公子嗣内，有年未及歲，經朕於圍場賞帶翎者所有應得之職，著該衙門辦給；未賞翎者，仍俟及歲時再行給予。著爲例。欽此。

蒙古王公諸子之台吉塔布囊職銜准其以養子分别承襲

乾隆五十三年四月二十三日　本院奏准定例

一、嗣後，初降建有軍功，給予頭、二、三等台吉、塔布囊，俱著世襲罔替。出缺时，雖無子孫兄弟及過繼養子，族衆内擇其近派一人襲職承祀，俾蒙古等功勳不致泯滅。王、公等諸子，例分所得職銜承襲時，出缺之人如無子孫兄弟，准其將伊報部，親視〔祖〕子孫内過繼爲嗣之子承襲罔替；其過繼之子，若非伊親祖之子孫，只准其承祀爲後，不准承襲職銜。

蒙古律例卷之二　戶口差徭

目録

承受絕嗣人畜產

蒙古結親行聘給畜

休妻

王等娶王等議定之婦

娶他人議定之婦

札薩克貝勒等駐宿處食羊

有龍牌之使者騎烏拉食廩給

征取屬下人差使

王等嫁女媵送

蒙古等遇災年互相賑濟

大遼河牧放牛馬計其孳缺數目議敘議處

外藩蒙古等不准賣與內地旗人

外藩蒙古三年一次比丁

一、外藩蒙古三年一次比丁，若隱瞞人丁，將所瞞之丁入於丁册，計其所瞞丁數，每十丁將管旗之王、貝勒、貝子、公、札薩克台吉、塔布囊罰俸三箇月。比丁稽察不慎，致瞞人丁，將該旗協理台吉、管旗章京、副章京罰三九牲畜；該參佐領罰二九牲畜；驍騎校罰一九牲畜，俱給出首之人，將小領催、十家長各鞭八十。再，王、台吉之屬下人，將本王、台吉，并王、台吉之子弟所瞞該管之丁首出及家人將家主，并家主之子弟所瞞之丁首出者，將首者連父、兄、子弟、家奴一並聽赴願往之處，若首出他人所瞞之丁，則不令首者出其主家，若所首虚妄，鞭一百，罰三九牲畜。

歸化城蒙古三年一次比丁

一、歸化城兩旗土默特蒙古三年一次比丁，比丁時，如有隱瞞，將該都統、副都統罰五九牲畜；參領罰三九牲畜；佐領革職，罰二九牲畜；驍騎校革職，罰一九牲畜，給付首者官員。内若有由京補放者，送兵部議處。出首之人隱瞞之丁仍留於原佐領，若所瞞之丁系蒙古家人，賞給兩旗公事效力官員爲奴。

三丁披一副甲

一、三丁披甲一副，凡遇出兵遣二留一。

一百五十丁作一佐領

一、每一百五十丁作一佐領，六箇佐領放一參領。

十家放一長

一、十家放一長，如有不放者，將札薩克王、貝勒、貝子、公、台吉、塔布囊，罰俸三箇月。

十家之人行竊十家長罰馬一匹

一、十家之人行竊，將十家長，罰馬一匹，若十家長將賊舉出，照出首之例，收領，若十家之牲畜被竊，十家長領取，罰馬一匹。

禁止私當喇嘛班第

一、凡喇嘛等，若將家奴及他人送來之人收爲班第，幷將無籍喇嘛、班第隱匿存留者，將該管之大喇嘛革退管轄之職，罰三九牲畜，格隆、班第等罰三九牲畜。内地人若將家人作爲班第送與喇嘛，留於家内，幷將無籍私行之喇嘛、班第隱留者，自該都統以下，小領催以上，將隱匿之人與首者一並交部，質審明白，從重治罪。再，外藩蒙古地方，除檔内所載之喇嘛外，將私自混行之喇嘛、班第盡行驅逐。若隱留不逐，幷將屬下家奴私爲班第，倘被旁人及屬下家奴首出者，系王、貝勒、貝子、公、札薩克台吉等，各罰俸一年，若系無俸之台吉，罰馬五十匹；官，則革職；平人，鞭一百。該管王、貝勒、貝子、公、台吉罰俸九箇月，管旗章京、副章京、參領罰一九牲畜，佐領、驍騎校罰二九牲畜，小領催、十家長鞭一百，將所罰之畜作爲三分，一分給付首者。若系屬下家奴首出，令出其主家，將私爲班第之人，私住之喇嘛、班第俱革退，發回本旗本主。游牧之察哈爾八旗素〔蘇〕魯克人等，亦照此按等治罪。

披甲壯丁不許私爲烏巴什

一、凡披甲壯丁不得私爲烏巴什。年老殘疾、丁冊裁名之人，有願爲烏巴什者，聽之。若披甲壯丁私爲烏巴什，照私爲喇嘛、班第之例治罪。

禁止私爲齊巴汗察

一、凡内外婦人，不許爲齊巴汗察。若爲齊巴汗察，照私爲喇嘛、班第之例治罪。

離別年久之族人不准歸宗

一、凡系離散就食、他往買賣年久遠族兄弟，告求歸宗者，概不准行。若由久住之旗分逃往別旗者，逐回。若匿不發回，照隱匿逃人例治罪，將逃人鞭一百，仍發回原住旗分。

乏嗣人抱養他人之子

一、凡乏嗣抱養他人之子，稟明該旗王、貝勒、管旗章京等，登記部院檔案，准養爲子，令入伊旗佐領下丁册。若不稟明該旗王、貝勒、管旗章京等，私自抱養者，將所養之子撤交本人，免罪完結。

承受絶嗣人畜産

一、外藩蒙古身歿無嗣，若在日，將族兄弟之子，具呈稟明本札薩克王、貝勒、貝子、公等養爲己子者，准其承受家產。若拾取抱養遺棄之子及異姓家奴之子，不准承受家產。若在日，無抱養爲嗣之子，其家產族間承受。若族中兄弟無子，在日，稟明王、貝勒等抱養異姓人子爲嗣者，亦承受家產。若歿後有同姓人，而其妻抱養異姓之子者，不准。若養侍妾所生之子爲子，則生子之婦不得嫁夫、售賣，倘若嫁夫、售賣，則不准養之爲子。若無近族，而亦無所養異姓之子，將家產給該管王、貝勒、貝子、公、台吉等。

蒙古結親行聘給畜

一、兩姓結親，俱系平人，其聘禮牲畜給馬二匹、牛二隻、羊二十隻，若違例多給，將額外牲畜照例，存公，減者無罪。壻故，將所給之畜取回。女故，取回一半。若父母願給，而壻〔婿〕憎嫌不娶，所給牲畜不准取回。所聘之女年至二十而不娶，其父母另有願聘之處，聽之。

休妻

一、凡人休所娶之妻，其夫妻和睦時用完之物，不准賠還，將婦人帶來現存之物全行給回。

王等娶王等議定之婦

一、已未管旗王、貝勒、貝子、公、台吉、塔布囊等議定之婦，若王、貝勒、貝子、公、台吉、塔布囊乘間娶之，娶者、嫁者系王，則罰十戶；貝勒、貝子、公罰七戶；台吉、塔布囊，罰五戶，俱令原聘之人挑取。其議定之婦離異其夫，給與本人。

娶他人議定之婦

一、平人將平人議定之婦乘間娶之，娶者、嫁者俱系有頂帶〔戴〕之人，各罰三九牲畜；平人各罰一九牲畜，將所娶之婦離異，給與本人。

札薩克貝勒等駐宿處食羊

一、札薩克貝勒、貝子、公駐宿處食羊。若食牛，罰五畜，不給廩給，罰牛。若無札薩克貝勒、貝子、公食廩給，罰馬。

有龍牌之使者騎烏拉食廩給

一、有龍牌之使者，騎烏拉，駐宿處食廩給，不給廩給，罰牛；不給烏拉，罰三九牲畜。若令牧羣徙避者，罰一九牲畜。其無龍牌之使者，若騎烏拉，食廩給，拏縛送院。貝勒等將札薩克貝勒因公所差之人毆打者，罰三九牲畜。若平人毆打，罰一九牲畜。

征取屬下人差使

一、凡蒙古王、台吉等，每年向伊屬下人征收差使，有五牛以上之人取羊一隻；有二十隻羊之人取羊一隻；有四十隻羊之人取羊二隻；雖多不准增取。有兩牛之人取米六釜；有一牛者取米三釜。其進貢、會盟、移營、嫁娶等事，百家以上者，於十家内取馬一匹、牛車一輛，有三隻乳牛以上者，取奶子一肚；有五隻乳牛以上者，取奶子酒一瓶；有百隻羊以上者，增取氈子一條。若混行多征，差使者治罪。

王等嫁女媵送

一、外藩親王之女，照内地親王格格媵送之例，不算乳父母，侍女八人，閑散五戶。外藩郡王之女，照内地郡王格格媵送之例，不算乳父母，侍女七人，閑散四戶。外藩貝勒之女，照内地貝勒格格媵送之例，不算乳父母，侍女六人，閑散三戶。外藩貝子之女，照内地貝子格格媵送之例，不算乳父母，侍女五人，閑散三戶。外藩鎮國公之女，照内地鎮國公格格媵送之例，不算乳父母，侍女四人，閑散二戶。外藩輔國公之女，照内地輔國公格格媵送之例，不算乳父母，侍女三人，閑散二戶媵送。再，外藩頭等台吉、塔布囊以下，四等台吉、塔布囊以上之女，照内地護國將軍、輔國將軍之女例，屬以下不過一對，家人不過三對媵送。再，台吉、塔布囊等嫁女，既俱受聘，不可不比照内地護國將軍、輔國將軍媵送侍女，令額外跟隨侍女二人。再，親王以下，台吉、塔布囊以上，遣其乳父母跟隨與否，送嫁之人不及此數者，聽其父母之便。

蒙古等遇災年互相賑濟

一、外藩蒙古等倘遇災年，該札薩克并旗内當戶、喇嘛等，令其設法養贍。如再不敷，以同盟之牛羊協濟養贍，將協濟養贍人等名數造冊送院。倘遇連年荒歉，同盟内不能養贍，盟長會同該札薩克公，同報院請旨，派員查明，撥銀賑濟。該札薩克王、公、台吉、塔布囊等將次年俸銀預先支領，入於賑恤内使用。賑濟後，若該札薩克王、公、台吉、塔布囊等仍不愛養屬下之人，又致困厄，將受困之人撤出，本盟内之札薩克有賢能者，賞給，令其養贍。

大遼河牧放牛馬計其孳缺數目議敍議處

乾隆三十三年四月 本院遵旨議奏定例

一、科爾沁十旗牧放大遼河，所牧之馬匹於三年年终，將孳缺現存寔數查明。彙總奏聞時，除此三年内倒斃之馬匹及十分中孳息一分者，無庸議敍外，孳生至二三分者，將該札薩克紀錄一次。協理台吉等在於本旗所罰牲畜内著，各賞牲畜五頭以上，俱照此例，核計分數，分别議敍。其十分中所缺不及一分者，將所缺馬匹著落，該札薩克、協理台吉等照數賠補外，仍將該札薩克罰俸半年；協理台吉等各罰牲畜五頭，暫存公所，以備賞賜效力人等。如缺一分以上至二分者，將該札薩克罰俸一年，協理台吉等各罰一九牲畜；二分以上者，計其分數議處。所缺馬匹俱著落，該札薩克、協理台吉等照數賠補。喀喇沁、土默特等四旗牧放之大遼河牛馬，亦照此例辦理。

外藩蒙古等不准賣與内地旗人

乾隆三十七年七月内

本院爲郭爾羅斯台吉濟魯木札布等，私將家奴五庫特等賣與伊屯口領催張凰偶一案，將濟魯木札布等分別議處。領催張鳳偶之該管上司官員，交部，分別議處等因，擬議奏定。

一、凡已入檔案之蒙古等，毋許擅行售賣；即或未入檔之莊頭，亦祇准本旗互相買賣，不許私賣與別旗及内地之人，違者將承賣承買之人從重治罪。失察之札薩克、協理台吉、盟長等，分別罰俸罰九，將所賣之人不給原價，撤出，交入本旗，充當差使。

蒙古律例卷之三　朝貢

目錄

年禮慶賀

一、外藩蒙古王、貝勒等年禮，俱穿朝服，望闕，行三跪九叩禮。

年禮蒙古王等來朝

一、年禮，蒙古王、貝勒、貝子、公、台吉等來朝時，内札薩克編作三班；外喀爾喀、青海之厄魯特札薩克編作四班，一年一班來朝。非其班次不來之札薩克缺，該旗協理旗務台吉等各來一人，公主子孫有親誼之台吉等，按一家一人合算，編作三起，輪班前來。

年禮朝賀定限

一、外藩蒙古王、貝勒、貝子、公、台吉大臣等年禮來朝，定於十二月十五以後，二十五以前到齊。

歲貢九白

一、喀爾喀圖謝圖汗、車臣汗、哲卜尊丹巴瑚圖克圖，歲貢進白駱駝一隻、白馬八匹。各賞三十兩重銀茶桶一箇、茶喇一箇、緞子三十疋、毛青布七十疋。

公主親王等愿來報院轉奏

一、外藩蒙古之固倫公主、親王以下，固山格格、公等以上，遇朝貢、會親、嫁女、娶婦俱報院，請旨，方許前來；不請旨，不准私來。

未及年歲之王貝勒貝子公等年禮不必前來

一、外藩蒙古王、貝勒、貝子、公等物故，其承襲幼子未及十八歲者，年禮不必前來，年至十八，入其父之班次行走。

王等來時帶伴黨跟役

一、公主等來京，固倫公主，護衛官二十三員，伴婆二十三人，跟役十四名，拴馬十五匹，館內餧養馬六十五匹。和碩公主，護衛官十四員，伴婆十六人，跟役十名，拴馬十三匹，館內餧養馬六十匹。和碩格格，伴婆二十人，跟役十五名，拴馬十匹，館內餧養馬五十匹。多羅郡王之女多羅格格，伴婆十八人，跟役十二名，拴馬八匹，館內餧養馬四十匹。多羅貝勒之女多羅格格，伴婆十五人，跟役十名，拴馬六匹，館內餧養馬三十五匹。固山格格，伴婆十二人，跟役八名，拴馬四匹，館內餧養馬二十五匹。公之女格格，伴婆一人，跟役九名，拴馬三匹，館内餧養馬十匹。額駙等來京，若和碩公主額駙，護衛官六員，伴黨九人，跟役十名，拴馬六匹，館内餧養馬三十五匹。和碩格格額駙，伴黨十三人，跟役十二名，拴馬四匹，館内餧養馬三十五匹。多羅郡王之壻〔婿〕，多羅額駙，伴黨十人，跟役十名，拴馬四匹，館内餧養馬二十五匹。多羅貝勒之壻〔婿〕、多羅額駙，伴黨八人，跟役七名，拴馬四匹，館内餧養馬二十五匹。固山額駙，伴黨三人，跟役七名，拴馬三匹，館内餧養馬十五匹。公之壻〔婿〕，跟役六名，拴馬一匹，館内餧養馬八匹。王等來京，照固倫公主應付食物。科爾沁圖謝圖親王、卓里〔裡〕克圖親王、達爾漢親王等，護衛官各二十三員，伴黨七人，跟役十名，拴馬十五匹，館内餧養馬六十五匹，照固倫公主應付食物。科爾沁貝勒阿喇布坦，護衛官十一員，伴黨九人，跟役十名，拴馬十五匹，館内餧養馬六十五匹。和碩親王，護衛官二十三員，伴黨七人，跟役十名，拴馬十五匹，館内餧養馬六十匹。多羅郡王，護衛官十八員，伴黨七人，跟役十名，拴馬十匹，館内餧養馬五十匹。多羅貝勒，護衛官十一員，伴黨九人，跟役十名，拴馬八匹，館内餧養馬四十匹。固山貝子，護衛官八員，伴黨七人，跟役十名，拴馬六匹，館内餧養馬三十五匹。公，護衛官六員，伴黨六人，跟役八名，拴馬四匹，館内餧養馬二十五匹。札薩克台吉、塔布囊，跟役十名，拴馬三匹，館内餧養馬十匹。公主之子孫、台吉、塔布囊，伴黨三人，跟役三名，拴馬三匹，館内餧養馬十五匹。親誼台吉，跟役六名，拴馬三匹，館内餧養馬十五匹。不系親誼尋常台吉、塔布囊，跟役四名，拴馬一匹，館内餧養馬八匹。管旗章京、副章京、子、男，各跟役四名，拴馬一匹，館内餧養馬五匹。長史、參佐領、驍都尉、雲騎都尉、護衛、典儀、驍騎校等，各跟役一名，拴馬一匹，館内餧養馬三匹。若止伴黨、領催、馬甲、閑散獨自前來，各拴馬一。

假冒台吉進貢

一、凡假冒台吉進貢，鞭一百、罰三九牲畜。若台吉不來，另差人頂替進貢者，將台吉革職，罰五九牲畜；將頂替進貢人，鞭一百、罰三九牲畜；將爲首前來之台吉、捏報之台吉，俱革職，罰五九牲畜；將同來不首出之台吉等，各罰三九牲畜，將假冒領出緞布等物、路費俱追出繳院。

冊檔無名職銜未到之人遣來進貢

一、凡台吉、塔布囊等進貢，該札薩克將各人職名、年歲、附丁若干、貢物數目，逐一開明，給付印文遣來。倘將冊檔無名職銜、未到台吉等，混行瞻徇，給付印文遣來者，將該札薩克王、貝勒、貝子、公、台吉、塔布囊等，各罰俸一年；協理台吉等，各罰五九牲畜。

蒙古律例卷之四　會盟行軍

目錄

外藩蒙古各旗著遣人候信

禁止妄行跪拜駐劄大臣

三年會盟一次

一、外藩蒙古三年赴盟一次，審事、比丁。

會盟已示而王等不到

一、會盟已示，而已未管旗之王、貝勒、貝子、公、台吉、塔布囊不到者，各罰俸六箇月；無俸台吉、塔布囊等罰馬十匹。負約不到，計日罰馬。

凡會盟傳集管旗章京不到

一、凡會盟傳集，外藩蒙古管旗章京以下、十家長以上不到者，管旗章京，罰馬五匹；副章京，四匹；參領三匹；佐領，兩匹；驍騎校，一匹。小領催等，罰犍牛一隻；十家長，罰三歲牛一隻。負約不到者，管旗章京，罰馬四匹；副章京，三匹；參領，兩匹；佐領，一匹；驍騎校，犍牛一隻；小領催，三歲牛一隻；十家長鞭，二十七。索倫總管，照外藩蒙古副章京治罪；副總管，照參領治罪；佐領、驍騎校、小領催、十家長，照外藩蒙古佐領、驍騎校、小領催、十家長治罪。

每年春閒〔間〕札薩克王等點檢軍裝弓箭

一、每歲春閒〔間〕，札薩克王、貝勒、貝子、公、台吉、塔布囊并各旗台吉等，各聚兵一處，修整盔甲、弓箭，較射以試之。如未經監修，卽行起程前赴約所，其總閱時，系某旗軍械缺壞，卽將某旗札薩克該管人等，罰俸六箇月。若台吉兵丁軍械缺壞，罰五畜。各盔後尾衣背上不錠號條，軍器等物、鞶帶無號記者，罰三畜。馬不烙印、不拴號牌者，罰兩歲牛一隻，給付舉發之人。

梅針大披子兎兒乂骲頭各色箭上未書號記

一、梅針大披子兎兒乂骲頭各色箭上，不書號記者，罰三歲牛一隻，給付摘發之人。

鄰邊部落忽有兵警卽速會於被警之境

一、凡鄰境部落忽有兵警，已未管旗王、貝勒、貝子、公、台吉、塔布囊，將戶口收送內地，一面帶領屬下所有兵丁速集於被警之境，一面行文各鄰近旗分，令即領兵一同救援，畢集後，同議征進。若不速會於被警之境，或鄰近旗分王等雖奉調取，不即領兵赴援者，俱削爵。

奉派出征王等不行前往

一、凡奉派出征之王、札薩克貝勒、貝子、公、台吉、塔布囊不行親往者，削爵，仍發往軍前。若控制全旗盡不前移者，即以軍法從事。約定之處，一日不到者，罰俸三箇月；兩三日不到，罰俸六箇月；四日不到，罰俸九箇月；五日以上不到，罰俸一年。

奉派出征官兵躲避不赴

一、凡奉派出征之官員，領催、披甲人等，於起程之日，躲避不前，官則革職，罰三九牲畜，仍令披甲趕送軍前；領催、披甲人等則鞭一百，仍發往軍前。

王等騎瘦行軍傳禁之馬

一、已未管旗王、貝勒、貝子、公、台吉、塔布囊等，將行軍傳禁之馬匹騎瘦者，各罰俸六箇月；無俸台吉、塔布囊，罰馬十四。

王貝勒貝子公台吉等敗陣

一、凡王、貝勒、貝子、公、台吉、塔布囊等戰陣時，別旗敗北，獨一旗王、貝勒等接戰，以援別旗，將敗北之旗下王、貝勒、貝子、公、台吉、塔布囊等，各罰屬下人一佐領，給付接戰之人。別旗王、貝勒等接戰，而一旗之王、貝勒、貝子、公、台吉、塔布囊等敗北，將敗北之王、貝勒、貝子、公、台吉、塔布囊等，革去封爵，作爲平人，其屬下人盡行撤出，撥給接戰之王等。若一旗內，半戰半北者，將敗陣之王、貝勒、貝子、公、台吉、塔布囊，革去職銜，作爲平人，其屬下人俱撥給該旗接戰之人。若一旗內，半雖戰敗，而半屬無計前赴者免罪，將敗北之王、貝勒等，革去封爵，作爲平人，其屬下全行撤出，撥給該旗之無罪王、貝勒、貝子、公、台吉、塔布囊等，或賞給交戰之王、貝勒、貝子、公、台吉、塔布囊等。若各旗未及成列，而獨有一旗之王、貝勒、貝子、公、台吉、塔布囊成列出戰，則視其功之大小、旗之多寡，以爲賞賜。若平人敗陣者，斬，其產畜、妻子，籍沒。不論台吉、平人，俱身先入陣破敵者，賞。凡野戰對陣迎面進兵之際，王、貝勒、貝子、公、大臣等若不按等級率爾馳入，或見敵兵少，不行偵探、妄先衝馳者，將所騎之馬罰出，此次之俘裁去。凡臨陣對壘，宜整暇成列，以各為趨進，其進時有不入汛地，而附於他人尾後，或棄其隊伍，而入於他人隊中，或他人已進，而伊獨立，視不前，按罪治以斬首、籍沒、責打、革職、收贖之法。迨成列而進時，不得以少前少却，卻而謂己先彼後，此漸不可長。再追逐奔潰之兵，宜遣以壯兵健馬，若王、貝勒、管旗章京等勿得突爾而前，樹旗整隊後再行追躡。若所追之人，或悞陷伏兵，或分逐而遇游兵，王、貝勒、管旗章京等卽行接戰，兵丁起程時，各隨纛分隊起行，若有一二人攜取遺忘物件，往來亂行，或醉酒者，隨所見聞，卽行懲責，恐忘行規，堅志以行之，喧嘩者，禁之。違者，管旗章京、副章京、參佐領向各管隊伍婉詞以詢其故，將喧嘩之人，隨所見聞，卽行懲責。如有一二擅離旗纛行走者，拏送該旗王、貝勒，管旗章京處，罰犍牛一隻，給付摘發之人。失火者斬。若偷竊鞍、轡、籠、絆、韂片者，以盜賊，鞭責。至連夜趕行時，勿得喧嘩呼哨，違者罪之。軍行時，若一二人離伍行劫被殺，將伊妻子卽作爲俘，罪坐該管章京。廟宇勿得毀壞，行人勿得妄殺，抗者斬之，順者養之。俘者衣勿剝、夫婦勿離，卽不可作俘之人，衣亦勿剝。不得侵犯王、貝勒、貝子、公、台吉、塔布囊、管旗章京、副章京、參佐領、驍騎校、小領催、披甲人等。勿令俘虜看守馬匹，若令看馬以致取馬逃逸者，罪之。諸處領兵前往之王、貝勒等，務宜安定地方、救濟民人，嚴飭所屬章京、兵丁，不得混行搶掠、貽害良民，能安輯者，賞必及之，且卽陞之。若違例縱放所屬章京、兵丁搶奪、劫掠、妄拏平民，指爲盜賊，以圖有獲混行殺戮者，必從重治罪。若勢均力敵，正當鏖戰之際，而能以馬付仆者騎出，卽向仆者取馬以還，從前陣閒〔間〕給馬之人，公等以下，副章京等以上，令出馬十匹；參領、輕車都尉以下，馬六匹；平人，馬二匹。

圍獵行軍會盟回時不按次序先自歸家

一、凡往圍場行軍會盟諸處而回，不候次序先回家者，已未管旗王、貝勒、貝子、公、台吉、塔布囊等，罰俸三箇月；無俸台吉、塔布囊，罰馬五匹；雖跟隨之伴黨，亦人各罰所騎之馬。

外藩蒙古各旗著遣人候信

一、内外諸札薩克旗分，每年十月一次，十二月一次，每旗各令遣一人前來候信。

禁止妄行跪拜駐劄大臣

乾隆五十二年四月二十九日奉旨

嗣後，公以上，於謁見欽差大臣時，如系伊等私事，尚可跪拜；其因公事，跪拜大臣之處統行禁止。如此定後，益可以示朕於外藩蒙古人等，一視同仁至意，并可分别秩序。永著爲例。欽此。

蒙古律例卷之五　邊境卡哨

目錄

凡使者由某領卡哨而來即令該哨章京遞送

使者途中被竊將坐哨章京等治罪

凡由邊前來之逃人兩日内送院

坐哨者曠職

坐哨人等軍器不全

坐哨人等疎漏逃人

他王侵入人各所分地界

一、人各所分地方，已未管旗之別王侵入，罰馬十匹；貝勒、貝子、公，馬七匹；台吉、塔布囊，馬五匹；平人，每家牛一隻。

侵過所分地界另行游牧

一、侵過所分地界，另行游牧者，已未管旗王、貝勒、貝子、公、台吉、塔布囊等，罰俸一年；無俸台吉、塔布囊等，罰馬五十匹；系平人，則見知之人，將本人并畜產一同收領。

貿易宜稟明王等

一、凡貿易者，稟明札薩克王、貝勒，管旗章京、副章京，以一章京爲主領，令十人以上合夥而行。若夥中無主領之人，或被旁人拏獲，或生出事故，將管旗王、貝子等，管旗章京、副章京、參佐領并爲匪之人，俱議以罪。至探望親戚及有事故行走之人，各稟明管旗王、貝勒、貝子、公，或管旗章京、副章京，令將所去情節開單持往。若持單前往之人於往返途間，或出爲賊匪，將給單之王、貝勒，管旗章京、副章京一並議罪。若僞造假單，詐冒而行，拏獲時，爲首者鞭一百，罰三九牲畜；爲從者鞭九十，罰二九牲畜。

黑龍江瓜爾察索倫地方不准購買貂皮

一、凡已未管旗王、貝勒、貝子、公、台吉、塔布囊、官員、平人，購買黑龍江瓜爾察索倫地方貂皮，或違禁攔截給價者，王、貝勒、貝子、公、扎薩克、台吉、塔布囊等，罰俸一年；閑散台吉、塔布囊罰五九牲畜；官員、平人，罰三九牲畜。將私領價本前往之爲首者，擬絞監候，爲從者，罰三九牲畜，其所帶價本追出入官。

偷捕貂參私相買賣

一、凡將私捕之貂參私相買賣，被旁人拏獲首告，將貂參交戶部，買者賣者各鞭一百，罰一九牲畜，賞給拏獲首告之人。

偷捕貂參

一、蒙古王、公主、郡主等屬下人，并旗人及打牲人等，私往禁地偷捕貂鼠、採挖人參被獲，將財主并率領前往之爲首者，擬絞監候，畜產籍沒。爲從者，系另戶，鞭一百，罰三九牲畜；系家奴，枷號兩箇月，鞭一百，罰伊主三九牲畜，將採捕之物全行入官。

禁地遣人採捕貂參

一、凡入禁地偷採貂參被獲，其知而遣往之主人，系已未管旗王、貝勒、貝子、公、札薩克台吉、塔布囊等，罰俸九箇月；系無俸台吉、官員、平人，罰三九牲畜，將打牲人并牲畜俱賞給旗下因公效力人等，採捕之物入官。

偷在圍場内打牲

一、凡蒙古等，偷在圍場内打牲被獲，交八溝理事、同知審訊。初次者，枷號一箇月；兩次者，枷號兩箇月；三次者，枷號三箇月，俱在圍場附近處所示衆，滿日，鞭一百，交各該札薩克嚴行管束，仍報院詳查。

蒙古等進口出口記數

一、凡内外各札薩克蒙古等，俱令由山海關、喜峯口、古北口、獨石口、張家口、殺虎口行走。進口時，俱稟明，邊門章京等記數後，方准入；其出口時，仍驗對原數後方准出。倘有添買之物，報院轉行兵部，給與口票，以便出口，除此六邊門外，其餘邊門不准行走。

置買軍器等物給票

一、内外諸札薩克内，人丁孳生，編設佐領，或軍器殘缺，應行修補者，該札薩克等出具保呈，將置買軍器數目繕寫印文報院，註明兵部票内，方准置買。若成套成副者，奏明請旨後，方准置買。倘逾票内數目，額外多帶，或於入口原數較多，發覺時，已未管旗王、貝勒、貝子、公、札薩克台吉、塔布囊，罰俸六箇月；閑散台吉、管旗章京以下，驍騎校以上，罰一九牲畜；平人，鞭八十，將額外多帶軍器入官。

軍器等物不准賣給俄羅斯

一、内外諸札薩克蒙古等，不得將盔甲、弓箭、軍器賣給俄羅斯及厄魯特、回子人等。若有偷賣，并遺送親戚，或被獲，或被人拏獲首告者，已未管旗王、貝勒、貝子、公、札薩克台吉、塔布囊等，罰俸一年；無俸台吉、塔布囊，罰馬五十匹。平人，爲首者，擬絞監候，產畜籍沒；爲從者，鞭一百，罰三九牲畜，抄罰之產畜，俱賞給拏獲首告之人。若奴僕，首主令其出離主家。

凡使者由某領卡哨而來卽令該哨章京遞送

一、準〔准〕噶爾、厄魯特、俄羅斯之使者，由某旗卡哨而來，該哨章京卽僉派領催、披甲人等護送。著落前途旗分，由各旗直遞送至張家口。若在某旗地方被竊，嚴查確實，令其賠償；不實，則登記檔案，發覺時酌議。若更換疲乏馬駝，以跟役爲證立字，并註其姓名、佐領。

使者途中被竊將坐哨章京等治罪

一、凡使者由某旗經過其旗下，坐哨章京等宜行照料護送。倘不照料護送，以致被竊，將坐哨章京等，罰三九牲畜，披甲人等，鞭一百。

凡由邊前來之逃人兩日内送院

一、凡由邊上逃到之人，被該貝勒等撞遇，將逃來首犯於兩日内作速先解該院。若過兩日，將札薩克王、貝勒、貝子、公、台吉、塔布囊，罰俸三箇月。

坐哨者曠職

一、出派坐哨之章京、披甲人等，曠玩不坐，佐領則革職，罰三九牲畜；驍騎校，革職，罰二九牲畜，存公。同派坐哨之披甲人，等鞭一百；坐哨人等不坐所指之處，另坐他處者，章京、驍騎校，革職；披甲人等，鞭八十。

坐哨人等軍器不全

一、章京、驍騎校本分軍器不全，罰二九牲畜，存公。披甲人等軍器不全，鞭八十。佐領、驍騎校未將坐哨人等軍器不全之處查出，罰一九牲畜。

坐哨人等疎漏逃人

一、坐哨之章京、披甲人等疎漏逃人，追趕不及而回者，佐領，革職，罰三九牲畜；驍騎校，革職，罰二九牲畜；小領催，革退，罰五牲畜，鞭一百；披甲人等，各鞭一百。

蒙古律例卷之六　盜賊

目錄

台吉行竊不准開復

未經受職台吉行竊治罪

台吉行竊審明定案後交該旗管束

蒙古民人原偷牲畜著落賠償

偷竊皇上圍獵臨幸營盤馬匹治罪

賊分首從治罪

王等窩賊

賊罪可疑者發誓

牲畜被竊將齒色呈報該札薩克等登記檔案

事主確認被竊牲畜

圍場軍前認獲被竊馬匹

牲畜被竊他人要截獲之

盜賊宰殺遺棄牲畜之肉混行拾收

走失牲畜移知鄰封札薩克

走失牲畜途人勿得擒拏

踊緝被竊馬匹

踪跡入舊游牧處者發誓

踪跡制限内骴頭射到者發誓

搜贓宜帶證佐

潛得被竊牲畜之信

潛得信息之牲畜別經發覺

潛得信息案内王等毋庸發誓

偷竊財物

偷竊猪狗雞鵝

官員平人強刦殺傷人

乾隆二十八年十一月内，軍機大臣等遵旨會同刑部、理藩院議奏定例

一、官員、平人或一二人夥衆強刦什物殺人者，不分首從，俱即處斬，梟首示衆。強刦傷人得財者，

給付事主，其妻子暫存該旗，俟將來秋審，減等放出，該犯妻子僉發河南、山東，交驛站充當苦差。其從賊，產畜抄給事主外，妻子僉發河南、山東，交驛站，充當苦差。

不分首從，皆卽處斬，籍沒其妻子產畜，給付事主。若傷人而未得財，爲首一人擬斬監候，籍沒產畜，

官員平人強刦而未殺人

乾隆二十八年十一月內，軍機大臣等遵旨會同刑部、理藩院議奏定例

一、官員、平人強刦什物而未傷人，系一人，將其妻子產畜一並發河南、山東，交驛站，充當苦差；或二三人，或夥衆偸竊，將起意一人擬絞監候，籍沒其產畜，給付事主，其妻子暫存該旗，俟將來秋審，減等放出，該犯妻子僉發河南、山東，交驛站，充當苦差。從賊幷妻子、產畜，俱發河南、山東，交驛站，充當苦差。

官員平人偸竊牲畜等物拒捕傷人

乾隆二十八年十一月內，軍機大臣等遵旨會同刑部、理藩院議奏定例

一、官吏、平人或一二人夥衆偸竊牲畜等物，事主旁人知而追逐，拒捕殺人者，將殺人首賊，擬斬立

決，籍沒其妻子、產畜，給付事主。從賊并妻子，僉發南省，給駐防兵丁，爲奴，籍沒其產畜，給付事主。若傷而未死，首賊，擬斬監候，籍沒其產畜，給付事主。其妻子，暫存該旗，俟將來秋審，減等放出，該犯妻子，僉發河南、山東，交驛站，充當苦差。餘人并產畜妻子，俱發河南、山東，交驛站，充當苦差。

搶奪斬犯

一、凡搶奪，擬定死罪，人犯不分首從，俱斬監候。若搶奪罪不至死，人犯爲首者，罰三九牲畜，餘人，罰一九牲畜。

刦竊殺人

一、凡刦竊駝、馬、牛、羊等畜殺人者，擬斬決，梟示。

蒙古地方偷竊牲畜者視其牲畜之數分別首從治罪

乾隆五十年十二月初九日刑部會同本院奏准定例

一、三十匹以上者，不分首從，絞監候，秋審時俱入情實；爲從並未同行，但於竊後分贓者，減等，發遣雲南、貴州、廣東、廣西烟瘴地方。

二十四至三十四者，首從俱絞監候，秋審時，爲首者入於情實；爲從同行分贜者，入於緩決；雖經同謀，並未同行，但於竊後分贜者，減等，發遣湖廣、福建等省。

十四至二十四者，爲首者，絞監候，秋審時入於情實；爲從同行分贜者，發遣雲南、貴州、廣東、廣西烟瘴地方；雖經同謀，並未同行，但於竊後分贜者，發遣山東、河南地方。

六匹至九匹，爲首者，發遣雲南、貴州、廣東、廣西烟瘴地方；爲從同行分贜者，發遣湖廣福建等省；雖經同謀，並未同行，但於竊後分贜者，鞭一百。

三匹至五匹，爲首者，發遣湖廣、福建、江西、浙江、江南；爲從同行分贜者，發遣山東、河南；雖經同謀，並未同行，但於竊後分贜者，鞭一百。

一、二匹，爲首者，發遣河南、山東；爲從同行分贜者，鞭一百；雖經同謀，並未同行，但於竊後分贜者，鞭九十。

再，羊隻一項，與牛、駝、馬匹價值迥異，以羊四隻作牛、駝、馬一隻計算。所竊之羊不及四隻者，爲首，鞭一百；爲從同行分贜者，鞭九十；雖經同謀，並未同行，但於竊後分贜者，鞭八十。

以上首從賊犯，應發遣者，仍照舊，均交驛，充當苦差；應鞭責者，蒙古照例鞭責，民人折責發落。

厄魯特土爾扈特杜爾伯特和碩特輝特烏梁海人等偷竊牲畜不分首從治罪

乾隆五十一年四月二十二日，軍機大臣會同刑部、理藩院議覆定例

一、嗣後，凡新降土爾扈特、杜爾伯特、厄魯特、和碩特、輝特、烏梁海等蒙古，偷竊馬、牛、駝隻數至十匹者，不分首從，均擬絞監候，秋審時，俱入情實。其一二匹至九匹者，仍照從前改定條例，不分首從，分別發遣。羊隻仍以四羊作一牲畜治罪，俟二十餘年後再行請旨，分別多寡，照現定條例，辦理。

蒙古等偷竊四項牲畜合計次數擬罪

乾隆五十四年七月二十九日奉旨

嗣後，将偷竊馬畜之賊，詢明系一年内行竊二次者，俱合計次數擬罪；若已經年者，只就一次科斷。欽此。

犯至死罪首賊逃逸未獲將從賊監候待質

乾隆五十四年十月初四日奉上諭據恒瑞等奏請

將盜竊商民貨物之蒙古綽克圖、達什，分别擬罪。起意之綽克圖現今在逃，照例擬絞，獲日絞決。從犯達什，發往雲貴烟瘴地方等語，所辦於理，尚有未協。蒙古荒野地方，並無牆垣，商人貨物，蒙古人等易於盜竊，必須立法，嚴禁地方能示警。今綽克圖起意，邀同達什行竊，而綽克圖尚未緝獲，即將從犯達什發遣，則蒙古人等於首犯擬絞之處，不惟無從得知，難以示警；而從犯發遣後，首犯就獲時，伊既知無人質證，必致推諉狡賴，不肯承認。今綽克圖既未經緝獲，將達什照綽克圖應得之絞罪擬議，送部監禁，俟緝獲綽克圖，審明之日，再將達什照例發遣。如未經緝獲綽克圖，將達什永遠監禁，著爲令。各蒙古地方嗣後如有似此首犯逃逸者，俱照此辦理。欽此。

台吉等收畱驚逸馬匹不報照依竊盜革去台吉職銜後開復

乾隆四十八年十二月初六日本院奏定條例

一、嗣後，凡台吉等收畱牲畜不報，照依竊盜革去台吉者，以六年爲限。逾六年後，果能改過，奮勉旗務，該札薩克等據實保舉報部，由部具奏開復。

台吉行竊應議罪

一、凡台吉行竊爲匪，革退台吉職銜，作爲平人，其馬畜取付失主，其屬下家奴撥給伊近支兄弟。將該札薩克照疎於查察、管束不嚴例，議處。如犯别項之罪，革退台吉，過三年後果能改悔，該札薩克聲敍緣由，具保報院轉奏，復其台吉職銜。

台吉行竊不准開復

乾隆四十四年九月二十五日奉旨

嗣後，台吉等如有犯别項罪過革退台吉者，三年後果能改過，照例准其開復台吉職銜；如因行竊革退台吉者，概不准其開復。將此永著爲例。欽此。

未經受職台吉行竊治罪

乾隆四十三年六月本院具奏定例

一、台吉等未經受職以前初次行竊牲畜者，不准受職，發往鄰盟，嚴加管束，將伊所有牲畜給與事主。倘不悛改，復行偷竊，照平人例治罪。

台吉行竊審明定案後交該旗管束

乾隆四十六年二月本院具奏定例

一、凡台吉等爲竊，審明，如僅革去台吉無餘罪者，定案後一面報部，一面将該犯卽交該旗管束。

蒙古民人原偷牲畜著落賠償

乾隆二十六年軍機大臣議覆吉林烏拉將軍恒魯奏准定例

一、蒙古等，將原偷牲畜花费無償著落，該旗台吉照數賠償；若旗民不能賠償原竊牲畜著落，該管等官賠償。

偷竊皇上圍獵臨幸營盤馬匹治罪

一、皇上圍獵臨幸，營盤馬匹被竊，不分蒙古、民人，五匹以上者，擬絞立決，示衆，以昭炯戒；三匹以上者，卽發雲貴、兩廣烟瘴地方；一二匹者，發湖廣、福建、江西、浙江、江南等省，俱交驛站，分別當差著伍。

賊分首從治罪

一、凡偷竊牲畜，止將起意之一人爲首。若上盜時分路偷兩三處牲畜，或前後數次偷竊者，各就本案議罪。

王等窩賊

一、已未管旗王、貝勒、貝子、公、台吉、塔布囊等窩賊，各罰俸一年；無俸台吉、塔布囊，罰五九牲畜。若不肯承認窩賊，令其伯叔發誓，無伯叔，令伯叔之子發誓。

賊罪可疑者發誓

一、偸駝、馬、牛、羊四項牲畜，賊情可疑者，令其發誓，入誓者免罪完結；不入誓者，視其所偸牲畜數目多寡，照例分別定擬，該主，罰一九牲畜。若該主將賊舉出，視其職之情罪輕重，分別立決、監候、發遣，該主免議。

牲畜被竊將齒色呈報該札薩克等登記檔案

一、凡被竊牲畜，先將數目、口齒、毛色、月日開明保送札薩克處記名檔案。若後來馬數、齒、色、月日不符，或先不曾呈報札薩克處記檔者，概不准行。

事主確認被竊牲畜

一、被竊牲畜事主認明，而謂授之者另有其人，即令其人質對。若其人不認，更令原人發誓，誓則免罪，其畜徑行認領。

圍場軍前認獲被竊馬匹

一、被竊之馬，於圍場軍前認獲，而其人若謂所得另有情節，則令以他馬補其額，所認之馬徑行領去。

牲畜被竊他人要截獲之

一、牲畜被竊，他人要截獲之，一則令給謝儀，兩以上，十以下者，令取一，多則按十取一。若牲畜之主謂非被竊，而不給者，令佐領、驍騎校發誓，誓則免其謝儀，不誓令給謝儀。若將来〔截〕獲牲畜詐冒收去，發覺時將假冒之人以賊論。

盗賊宰殺遺棄牲畜之肉混行拾收

一、盗賊偷竊牲畜，宰殺遺棄之肉，或他人拾取，著令賠償。若在跡限之内，擇管旗章京發誓，不發誓以跡入論罪。

走失牲畜移知鄰封札薩克

一、凡走失牲畜，三日後報明，鄰封札薩克貝勒、貝子、公等尋拏每畜一隻，以一羊作謝儀。若騎所獲牲畜者，罰五畜。若詐稱己畜冒領者，罰三九牲畜；悮領者，罰一九牲畜。若畜主不出暫收之隱匿者，罰一九牲畜。

走失牲畜途人勿得擒拏

一、走失之畜，途人勿得擒拏，擒拏者以賊論。若羊，則於所見之日起，每趕宿一夕，二十以下而取一，多則每二十而取一。

跴緝被竊馬匹

一、凡踪跡所入之案，跴踪無證佐，無庸發誓。若行路之人，雖無證佐，亦准跴踪，過村時再覔證佐。

踪跡入舊游牧處者發誓

一、凡游牧之日，而賊踪適以其日入於游牧舊處者，令其發誓。

踪跡制限以骲頭射到者發誓

一、踪跡制限，以骲頭射到居人住址者，令發誓；射不到者，不發誓。

搜贓宜帶證佐

一、搜贓須帶證佐前往，不准搜者以賊論。

潛得被竊牲畜之信

一、牲畜被竊，以潛告而認明原贓，其竊者以賊論。

潛得信息之牲畜別經發覺

一、凡被竊牲畜之人，控稱有潛來告知者，必令將來告之人姓名，寫出具控，若誣告，或被竊牲畜別經發覺，其來告之人罰三九牲畜，給發誓之台吉，并加倍給過之人各半分之。原告罰三九牲畜，給付被告之人。

潛得信息案内王等無庸發誓

一、有以潛得信息呈控案件，已未管旗王、貝勒、貝子、公、額駙等無庸發誓，惟擇該旗人以誓之。

若台吉、塔布囊等，則令自誓。若貨財被竊，經人潛來致信，或賊踪徑入，二者令擇都統等發誓，若不發誓，卽令加倍給與。若貝勒、貝子、公之使人，則罰兩歲牛一隻。

偷竊財物

一、偷竊金銀，貂鼠、水獺等皮，布疋，喫食等物者，照數取償所偷之物，值兩歲牛價者，罰三九牲畜；值羊價，則罰一九牲畜；不值羊者，罰三歲牛一隻。

偷竊猪狗雞鵝

一、偷猪、狗者，罰五畜；偷鵝、鴨、雞者，罰三歲牛，仍令賠償被竊之物。

蒙古律例卷之七　人命

目錄

王等故殺別旗之人

一、凡已未管旗王、貝勒等將別旗之人故殺、讎殺、謀殺，同謀殺者按其所殺之數賠人，王等，罰馬一百匹，貝勒、貝子、公等，罰馬七十匹，台吉、塔布囊等，罰馬五十匹，給被殺者之妻子。若平人，將起意者，斬監候，從而加功者，絞監候，抄沒其產畜，給被殺者之妻子。其未加功者，以及妻子、產畜，一並送鄰封盟長處，賞公事效力台吉等，爲奴。

王等以刃物戮殺屬下家奴

一、王等將各屬下人、家奴用刃物戮砍、故殺、讎殺、醉殺者，罰馬四十匹；貝勒、貝子、公等，三十匹；台吉、塔布囊等，罰三九牲畜，給被殺者之胞兄弟，將其妻子，一並遣赴旗內願往之處。再，悞打致死者，將致死之故自行說出，若無讎故不令出去，王、貝勒、貝子、公、台吉、塔布囊，各罰俸九箇月；無俸台吉、塔布囊，罰三九牲畜，存公。管旗章京以下，平人以上，各將家奴用刃物戮殺、射殺、醉殺、故殺、讎殺者，若管旗章京、副章京，各罰三九牲畜；參佐領、驍騎校，各罰二九牲畜；平人，罰一九牲畜，給被殺者之妻子，連其兄弟出旗。再，悞打致死者，將致死之故各稟知札薩克貝勒等，若無讎，故不稟出者，罰牲畜，存公。

鬬毆殺人

一、凡鬬毆傷重，五十日内死者，下手之人，絞監候。

因戲過失殺人

一、凡人因戲過失殺人者，罰給三九牲畜。

過失殺人

一、凡官員、平人過失殺人者，若有證佐成功〔招〕者，毋庸發誓，罰給三九牲畜。若無證可疑之罪，於過失旗分内擇人發誓，若發誓，罰給三九牲畜；若不發誓者，絞監候。瞎人眼目者，額罰三九牲畜；折人肢體者，罰一九牲畜，若未至殘廢平復者，罰馬。

夫故殺妻

一、凡官員、平人擅行故殺妻者，絞監候。若與妻吵鬧毆打過失致死者，罰三九牲畜，給妻之母家。

若妻有事，故不告而擅殺者，罰三九牲畜。若以金刃將妻射砍戮殺，以木棍打死者，照故殺，絞監候。

奴殺家主

一、家奴殺其主者，凌遲處死。

迎殺來投逃人

一、凡官員等將來投逃人迎殺者，爲首一人，絞。若平人，將爲首一人，斬監候，餘罰三九牲畜，俱給所指投之貝勒。若所指投之貝勒不出，給首者一半，一半存公。

王等將家奴射砍割去耳鼻

一、凡人將家奴砍射割其耳鼻者，已未管旗王等，額罰五九牲畜；貝勒、貝子、公等，罰四九牲畜；台吉、塔布囊等，罰三九牲畜；官員，罰二九牲畜；白人，罰一九牲畜。若致死者，照故殺、讎殺治罪。

鬭毆損傷眼目折傷肢體

一、爭鬧毆打損傷眼目、折傷肢體者，額罰三九牲畜；平復者，罰一九牲畜；墮孕婦之胎者，罰一九牲畜。若以拳毆、鞭桿打者，罰五牲畜；互打者，無罪；打落牙齒者，罰一九牲畜；揩落髮辮帽纓者，罰五牲畜。

蒙古律例卷之八　首告

目錄

凡事本人具控

一、凡事本人控告，若旁人具控者，則理事官罰所騎之馬。

蒙古王等以下民人以上爭訟

一、蒙古王等以下，民人以上，互相爭訟者，雍正元年以後者，准審理。以前者，不准審理。

將王等所審事件復控

一、將王等審斷事件復控，若仍如該王所審，擬將控告之人罰一九牲畜。若札薩克貝勒、貝子、公等審斷者，罰五牲畜。若章京等審斷者，罰馬一匹。

出首隱瞞人丁

一、凡出首隱瞞人丁之事，必於比丁之年出首，若過二三年出首，則出首者，無庸議。

蒙古等妄行越訴誣告

乾隆三十九年六月本院奏准定例

一、蒙古等，凡有爭控事件，務令先在該札薩克、王、貝勒處，呈控。倘負屈，許令在盟長處，呈控。如盟長等又不秉公辦理，許令原告之人將曾經在該札薩克處控告如何辦理；復在該盟長處控告如何判斷之處，按款開明赴院呈控，由院詳核案情，或應仍交盟長等辦理，或應差派大臣辦理之處酌議，具奏請旨。若並未在該札薩克王、貝勒等處控告，又不在盟長處具呈，而徑行赴院呈控者，不論是非，系台吉官由院詳詢，應派大臣辦理之處定議，具奏請旨；若已於該札薩克盟長等處控告，而札薩克盟長等因未秉公辦理赴院呈控者，由院按事之輕重，或派員辦理，或奏遣大臣辦理。俟審明之後，該札薩克及盟長等所辦與例相符者，無庸置議；如札薩克等辦理不公，將札薩克議處；盟長等辦理不公，將盟長等議處；若所控不實，按事之輕重，將原告之人反坐其罪。

員，罰取三九牲畜；系屬下家奴，鞭一百。若系尋常事件，仍交該札薩克盟長等辦理；如關人命重案，

蒙古律例卷之九　捕亡

目錄

王等商謀隱匿賊人不行舉出

明出賊人不給擒來

拏獲賊人解該旗收管就近令地方官監禁會審

徒罪以上人只〔犯〕解送該地方官暫令監禁

自流所復逃者分别治罪

疎漏斬犯

抄沒賊物賞給拏賊之人

家奴額魯特同子逃走

發遣爲奴之犯逃竄蒙古地方無論知情不知情容留者分别治罪

出卡哨投往外國之逃人治罪

一、凡出卡哨逃往外國之人執械拒追者，不分首從，皆立斬。若不拒追，即被擒獲，爲首者立斬，其餘者，立絞。若傷人逃逸，拏獲解到者，俱立斬。未傷人逃逸，拏獲解到者，照不拒追被獲之逃人，擬罪。若逃而未傷人，自回者，鞭一百，給伊本主。

拏獲逃人於逃人之主罰兩歲牛

一、村落中行走逃人何人拏獲者，由逃人之主，罰兩歲牛一隻，給付拏獲之人，將逃人，鞭一百。若隱匿逃人，將隱匿之人，罰一九牲畜，給逃人之主。其匿逃之十家長，罰一九牲畜，給逃主之十家長。

拏獲逃人將逃人所帶物件分給一半

一、家奴脫逃，凡入於國内拏獲送來者，將逃人身所帶一切物件給拏之人一半，一半給伊主，逃人，鞭一百。

追逃之人若殺爲首逃者給其俘虜產畜

一、凡追逃之人，若殺爲首逃走者，將俘虜產畜全給追趕之人。逃人若攜帶他人之馬逃走，追趕之人取其一半。若舉出爲首逃走之人，其俘不給追趕之人，給逃人之主。若逃人帶別人妻馬而逃者，將逃人之妻子、產畜賠補其額。其逃人之家，若無，則不令賠補。系家奴，如有，則追賠；無，則亦不罰於伊主。

見逃人而遣去

一、凡見逃人而令其逃去者，若札薩克王、貝勒、貝子、公，札薩克台吉、塔布囊等，罰俸一年。若攻逃犯致人死者，有俘虜，則給一人補額倍，罰三九牲畜。若無俘虜，則由逃人之札薩克王、貝勒等，額罰三九牲畜。

知逃往外國之逃人而遣去

一、已未管旗王、貝勒、貝子、公、台吉、塔布囊等，若知人逃往外國，給與馬騎遣往者，革退封號、職銜，取其屬下之人。有頂官員，絞，抄沒產畜；平人則斬，仍抄沒產畜。

追逃人之章京等趕不及而回

一、追逃人之章京、披甲人趕不及而回，若不到卡哨而回者，革退佐領，罰三九牲畜；革退驍騎校，罰二九牲畜；革退小領催，罰五牲畜，鞭一百；披甲人，鞭一百。

全旗逃走者不分何旗追趕

一、全旗逃走，則不分何旗，以軍制起程追趕，若札薩克王、貝勒、貝子、公、台吉等不追者，各罰俸一年。

繫撒袋人二十名以上逃走者何人附近卽令追趕

一、繫撒袋人二十名以下逃走者，止伊旗下追趕。若繫撒袋人二十名以上逃走，則何人附近，其旗札薩克王、貝勒、貝子、公、台吉、塔布囊等，計量逃人妥備馬匹盤纏，知往何方，速追至盡頭處，不追者，各罰俸六箇月；速將逃亡報院，不報者，各罰俸三箇月。

王等隱匿殺來投逃人者

一、已未管旗王、貝勒、貝子、公、台吉、塔布囊等，若將殺來投逃人之人隱匿者，各罰俸一年；無俸台吉、塔布囊等，罰五九牲畜；以殺死出首之人，王等，罰馬十匹；貝勒、貝子、公等，罰馬七匹；台吉、塔布囊等，罰馬五匹，給出首者遣往伊願往之處，若不承認，令其伯叔發誓。

隱匿内地逃人

一、口外游民并滿洲家奴，嚴飭諸札薩克之各該佐領緝拏解部。若隱匿内地逃人者，官革職，鞭一百，罰三九牲畜，俱給拏獲之人。該札薩克等不察出，或經部院察出，或别人首出者，該札薩克王、貝勒、貝子、公、台吉等，各罰俸一年；管旗章京、副章京、參領等，各罰三九牲畜；佐領、驍騎校俱革職，罰三九牲畜；領催、十家長等，鞭一百。出首之人，若系家奴，作爲另戶；若平人，由隱匿之人罰給三九牲畜。

王等商謀隱匿賊人不行舉出

一、已未管旗王、貝勒、貝子、公、台吉、塔布囊等商謀隱匿賊人，不首出者，各罰俸六箇月；無俸台吉、塔布囊等，各罰一九牲畜。

明出賊人不給擒來

一、將明出賊人不給擒來，令其脱逃者，已未管旗王、貝勒、貝子、公、台吉、塔布囊等，各罰俸一年；無俸台吉、塔布囊等，各罰五九牲畜。

拏獲賊人解該旗收管就近令地方官監禁會審

一、凡拏獲賊犯，解送賊之札薩克旗分，令其收管蒙古。若在盛京、歸化城等處犯事，俱令犯事處收管，由該札薩克等旗帶會審台吉等會審。

乾隆二十五年山西按察司索琳奏准

歸化城各同知、通判，承辦蒙古與蒙古交涉命盜等案，由該同知、通判處驗訊通詳呈請。綏遠城將軍就近與土默特之參領等官會審起限。由將軍處咨院具奏，完結將蒙古與民人交涉命盜等案，亦呈請該將軍就近與土默特參領等官會審起限。由巡撫處咨會具奏完結。於各札薩克等旗分行取會審官員之處，永行停止。結案後，將審擬之處，由歸綏道衙門行知該札薩克等，其民人與民人交涉案件，仍照舊辦理。

乾隆二十五年刑部會同理藩院議覆山西巡撫鄂弼奏定

山西省大同府屬豐鎮通判所轄民人處所與察哈爾正黃、正紅旗連界，朔平府屬寧遠通判所轄民人處所與察哈爾鑲紅、鑲藍旗連界，此四旗蒙古等又與蘇尼特、四子等諸札薩克旗分連界，除四鎮地方所出蒙古與蒙古交涉命盜等案，仍照舊例，由該察哈爾旗分承辦報院完結外，將四旗地方所出蒙古與民人交涉命盜等案，并兩通判所轄境內所出蒙古與民人交涉命盜等案內，不論察哈爾旗下蒙古諸札薩克等之蒙古，俱按失事地方，令該通判等會同察哈爾四旗官員審定，亦停其於該札薩克旗分行取。會審官員於結案後，將審擬之處，由該通判處行知該札薩克等。將察哈爾各旗蒙古等往歸化城各同知、通判所屬地方，與土默特蒙古幷民人交涉命盜案件，停其由察哈爾旗分派會審官員，令就近會同歸化城土默特官員審定。

乾隆二十五年刑部等衙門將直隸總督方觀承所奏議覆奏定

除將張家口、獨石口、多倫諾爾三同知與察哈爾旗分交涉案件，仍照舊會同各察哈爾旗下游牧處部院章京定限審訊外，將八溝、塔子溝兩廳與札薩克交涉案件計其爲烏蘭哈達、三座塔駐劄部院章京所管之。札薩克旗分交伊等就近會審，停其由札薩克派員會審，將多倫諾爾同知與喀爾喀部落交涉案件，交察哈爾鑲白、正藍兩旗游牧處理事部院章京就近會審。亦停其由諸札薩克派員會審，仍交各廳官。若由蒙古等命盜案件，將案内蒙古人犯姓名、何屬下佐領之處開明，行令該札薩克等拏解會審。結案後，將審擬之處，由部院章京處行知各札薩克等，其審擬具詳時，令用該廳官職名詳文，内將會同部院章京審過字樣敍明，令合體制八溝、塔子溝與札薩克交涉案件，多倫諾爾與喀爾喀部落交涉案件與部員會審，自會審日起限。若過期不會審，以致遲延會審，不依限審結者，俱交該督，將遲延逾限之處隨案附參將，過旗不會審之官員，照推諉例議處，將會審不依限審結之官員，照承審遲延定例議處。將各札薩克等内交涉案件，仍照舊會審。凡應擬斬、絞監候蒙古人犯，若系科爾沁十旗、喀喇沁三旗、土默特兩旗、札魯特兩旗、敖漢王吹木丕兒旗下、奈曼王阿咱拉旗下、喀爾喀貝勒噶爾桑旗下之人，令解送駐劄八溝蒙古、民人理事同知衙門收監。若系巴林兩旗、翁牛特兩旗、烏珠穆秦兩旗、阿霸垓兩旗、蘇尼特兩旗、蒿齊特兩旗、阿霸哈納爾兩旗、阿爾科爾沁貝勒達克丹旗下、克西克騰札薩克台吉齊巴克札布旗下，并喀爾喀圖謝圖汗部落十九旗、喀爾喀車臣汗部二十一旗、厄魯特額駙色布騰旺布旗下、貝子三都布旗下之人，令解送駐劄多倫諾爾蒙古、民人理事同知衙門收監。若系鄂爾多斯七旗、歸化城土默特兩旗、吳喇特三旗、厄魯特貝勒羅卜藏多爾濟旗下、喀爾喀貝勒拉旺多爾濟旗下、毛明安札薩克台吉齊旺錫拉布旗下、四子王阿拉布坦多爾濟旗下、喀爾喀王額駙策淩部落三十旗、喀爾喀札薩克圖汗部落十五旗下之人，令解送駐劄歸化城蒙古、民人理事同知衙門收監。

徒罪以上人只〔犯〕解送該地方官暫令監禁

乾隆三十一年四月奏准增入

一、諸札薩克等將凡擬徒罪以上人犯，一面報院，一面卽派官兵解赴應禁地方官，暫令監禁。

自流所復逃者分别治罪

乾隆三十一年四月奏准增入

一、蒙古犯罪，發遣山東、河南者，復行脱逃，初次，枷號一箇月，調發福建、湖廣等省；二次，枷號兩箇月，調發雲南、貴州、廣東、廣西最遠極邊煙瘴等處；至三次，枷號三箇月，仍舊發回原調發處，原發福建、湖廣者，按照脱逃次數止調，發最遠極邊煙瘴處所。蒙古等免死，減等充軍。自配所脱逃拏獲時，審無爲匪者，亦一體加等調發，仍分别脱逃次數，初次，枷號兩箇月；二次，枷號三箇月，刺字。再，凡人犯已經正法，只伊妻子應流者，酌發南省駐防處所，給兵丁，爲奴。

疎漏斬犯

一、凡將收管之斬犯疎脱者，收管之章京，罰三九牲畜；驍騎校，罰二九牲畜，革職；小領催，鞭一百；披甲人，鞭八十。若收管不至，於斬之人犯疎脱者，章京，罰二九牲畜；驍騎校，罰一九牲畜；小領催，鞭八十；披甲人，鞭五十。疎脱之犯，經旁人拏獲，將所罰章京、領催牲畜給拏之人，如未經拏獲，所罰牲畜，存公。

抄没賊物賞給拏賊之人

一、凡拏獲賊犯者，將所抄贓物並所罰牲畜分作二分，一分賞給獲賊之人，一分給付事主。

家奴額魯特回子逃走

乾隆三十八年十一月本院奏准定例

一、官兵等自軍營帶來之額魯特回子内，另有關涉重情者，仍令聲明緣由具奏，恭候欽定，遵照辦理；如非關緊要，並無别情之逃犯，無論拏獲及自行投回，系初次，則枷號一箇月，鞭一百，交原主嚴加管束；二次逃走，即發福州、廣州，給與旗下官兵爲奴。其在京居住之額魯特回子王公等，自原籍帶來之額魯特回子家奴，如有逃走者，仍照八旗逃奴例，計其逃走次數、年月，分别辦理。

發遣爲奴之犯逃竄蒙古地方無論知情不知情容畱者分别治罪

乾隆四十九年九月十一日刑部會同本院奏准定例

一、嗣後，凡發遣爲奴之犯，逃至蒙古地方，如有知情容畱藏匿者，杖一百，徒三年，官員，革職，照例治罪。其不知情冒昧容畱者，杖八十。已未管旗之王、貝勒、貝子、公、台吉、塔布囊等，如有知情容留發遣爲奴人犯者，罰俸一年；無俸者，各罰二九牲畜；其不知情冒昧容留者，已未管旗之王、貝勒、貝子、公，罰俸六箇月，副台吉、塔布囊，各罰一九牲畜；其失察之該盟長，罰俸三箇月。

蒙古律例卷之十　雜犯

目錄

蒙古等互相誘賣

誘賣內地之人

姦平等人之妻

王等姦平人之妻

平人姦福晉

匪類發遣河南山東

射殺牲畜

違用禁物

一、長出煖帽之纓、遮耳帽、翦沿氈帽，自腋下結束之偏練垂，如有見穿用此等物件者，貝勒等，罰馬，平人，罰三歲牛。

不許先後賀年

一、不許先後賀年，如違賀年者，已未管旗王等，罰一九牲畜；貝勒、貝子、公等，罰七牲畜；台吉、塔布囊等，罰五牲畜；平人，罰馬一匹，給見之人。

誹謗王等

一、平人明誹謗已未管旗王等者，罰三九牲畜；貝勒、貝子、公等，罰二九牲畜；台吉、塔布囊等，罰一九牲畜。若背地誹謗者，審實，仍照此。罵首領大臣者，罰一九牲畜；罵副章京者，罰七牲畜；罵參領者，罰五牲畜；罵佐領者，罰三牲畜，所罰牲畜給被罵之人。

王等擅動有刃之物

一、已未管旗王、貝勒、貝子、公、台吉、塔布囊等，擅動有刃之物者，各罰俸六箇月；無俸台吉、塔布囊等，罰一九牲畜；平人，罰五牲畜。

不容行人住宿致被凍死

一、凡不容行人住宿，致被凍死者，額賠，罰一九牲畜；未死者，罰兩歲牛。若令歇宿，其財畜被竊者，令家主賠補。

悮畱行人所騎之馬

一、凡將行人所騎牲畜，稱伊被竊走失之牲畜，悮取畱下者，罰五牲畜，給被索之人。

病人臥〔卧〕人家内

一、出痘之病人，臥〔卧〕人家内，若此病人禳病，由此傳染以致死人者，罰三九牲畜；痊瘉者，罰一九牲畜；不出痘者，罰馬一匹。

看守瘋人

一、凡瘋病之人，交伊祖父、伯叔、兄弟、子侄至近親戚看守；無親戚者，交鄰舍、鄉長看守。若疎脫致令殺人者，鞭八十。

薰獸穴失火

一、薰獸穴而失火，如有人見，則見之者，罰給一九牲畜；若延燒以致牲畜死者，罰令賠補；致人死九牲畜。

者，罰三九牲畜。若由悞失火，見之者，罰給五牲畜；若延燒致牲畜死者，罰令賠補；致人死者，額罰一

讎害放火

一、凡官員、平人，讎害放火，致死人者，放火之人系官員，絞，平人，斬監候。除其妻子外，抄沒產畜，給付事主。致死牲畜者，官員，革職，除妻子外，抄沒產畜，給付事主；平人，鞭一百，除妻子外，抄沒產畜，給付事主。

發冢

一、官員、平人，刨發王、貝勒、貝子、公及其妻之墳冢者，首犯一人，擬斬立決，抄沒其妻子、產畜；爲從者，鞭一百，罰三九牲畜。將正法之賊人妻子、產畜，一並給付墳主。刨發台吉、塔布囊等墳墓者，爲首一人，絞監候，爲從者，鞭一百，罰二九牲畜，給付墳主。刨發官員墳墓者，爲首一人，鞭一百，罰三九牲畜；其餘鞭一百，罰一九牲畜，俱給付墳主。刨發平人墳墓者，爲首一人，鞭一百，罰一九牲畜；其餘鞭八十，罰一九牲畜，俱給付墳主。若有欲修築墳墓者，准其修築，若伊等欲從蒙古例葬埋，

各聽其主便。人死，毋許殺馬，毋插嘛呢杆子，渡口山嶺毋掛絹條手巾。如違禁而行，如有人見，則見之者，罰給五牲畜。

蒙古等互相誘賣

一、凡蒙古等互相哄誘，將良人賣爲奴婢、妻妾、子孫者，不分已賣、未賣，鞭一百，罰三九牲畜；被誘之人，鞭一百。

誘賣內地之人

一、口外蒙古等，將內地男婦、子女誘賣，或爲妻妾、奴婢者，不分良人、奴婢，已賣、未賣，但經誘拐，被誘之人如不知情，爲首者，絞監候；爲從者，鞭一百，罰三九牲畜；被誘之人，不坐。若止一人，亦擬絞。若和誘賣爲妻妾、奴婢、子孫，被誘之人知情，不分已賣、未賣，鞭一百，罰三九牲畜；被誘之人，鞭一百。

姦平等人之妻

一、平人姦平人之妻者，取其妻，罰五九牲畜，將姦婦交本夫殺之。若不殺，將所罰牲畜給伊貝勒。調戲其餘婦人者，罰三九牲畜。

王等姦平人之妻

一、已未管旗王等姦平人之妻者，罰九九牲畜；貝勒、貝子、公等，罰七九牲畜；台吉、塔布囊等，罰五九牲畜，將所罰牲畜給姦婦之夫。

平人姦福晉

一、平人與福晉姦者，姦夫凌遲，福晉斬，姦夫妻子爲奴。

匪類發遣河南山東

乾隆二十八年十一月内軍機大臣等遵旨會同刑部理藩院議奏定例

一、官員、平人爲匪，不可留於旗下者，俱連妻子産畜發往河南、山東，交驛站，充當苦差。

射殺牲畜

一、射砍殺牲畜者，額賠一九牲畜；悮射死馬者，加倍追罰；未死平復者，罰兩歲牛。

蒙古律例卷之十一　喇嘛例

目錄

喇嘛格隆等准其穿用黄色金黄紅色衣服

一、喇嘛、格隆等穿用黄色、金黄、紅色衣服；班第等穿紅色衣服。喇嘛、班第之帽，准作素色，五巴什、烏巴三察停其穿用黄色、金黄、紅色。喇嘛等，若御賜各樣衣服，准其穿用。大喇嘛等，若違此穿用者，罰一九牲畜；班第、五巴什、烏巴三察，鞭八十。

後黃寺每年聚四百喇嘛念經

一、後黃寺每年聚四百喇嘛念經，由院領銀一千兩賞給。

禁止喇嘛班第等私行

一、凡人欲請喇嘛、班第等治病念經者，將緣由稟明該管大喇嘛，准其帶往。帶往之人送回時，交付大喇嘛。若喇嘛、班第等宿於所去之家，不告大喇嘛，私自行走，請喇嘛之人不告知大喇嘛，帶往令宿其家內者，將擅行住宿之喇嘛、班第，罰三九牲畜，存公。將私自帶往之人，交院治罪。若宿於無夫之婦人家內，革退喇嘛，鞭一百；外地婦人，亦鞭一百；內地婦人，交該部治罪。若齊巴汗察行姦者，將齊巴汗察革退，鞭一百；該管大喇嘛，罰三九牲畜；札薩克喇嘛等，二九牲畜；德木齊等，各罰一九，存公。喇嘛等住房內若容留婦人者，大喇嘛，罰二九牲畜；德木齊等，一九牲畜；格隆、班第等，各罰五牲畜，存公。盛京、錫勒圖庫倫、歸化城外四十九旗所有喇嘛等，雖進貢來念經治病行走者，各稟明該管之大喇嘛，該管旗之王、貝勒等，訂期行走。

喇嘛所住廟内禁止容留婦人

一、喇嘛所住廟宇内，禁止婦人行走，若喇嘛等住房内令婦人行走者，容留之大喇嘛，罰二九牲畜；德木齊，一九牲畜；格隆、班第等，罰五牲畜，存公。所往婦人之夫，若系内地官員、民人，一並交該部治罪。

喇嘛等犯罪令先革退喇嘛

一、凡喇嘛等因事拘審，先革退喇嘛，再審。俟訊明無罪，復其喇嘛。犯罪所抄財物，送院收存，作賞給諸寺廟喇嘛等項之用。

喇嘛等容留賊盜

一、凡喇嘛，若容留犯罪賊盜者，與犯人一律科罪。

蒙古律例卷之十二　斷獄

目錄

食俸王台吉等議處

凡事出兩造私議完結

出首事件不令首者發誓

出首之人不令入札薩克等名下

死罪可疑令其發誓

袒護賊犯發誓

未及十歲之子行竊不坐罪

蒙古人在内地犯事照内地律治罪民人在蒙古地方犯事照蒙古律治罪

凡死罪人犯札薩克等審訊報院

死罪人犯援赦免罪

凡死罪人犯欲求免死叩院

死罪人犯收贖

抄沒賊人產畜不給喇嘛

抄沒賊犯妻子不給内地人爲奴

綏決減等之蒙古人犯應罰牲畜無獲

內札薩克喀爾喀等處移覆土默特旗下咨交定限

相驗蒙古等命案

毋庸解部就近由彼徑行發遣

罰罪九數

一、罰罪之九數，乃馬二匹、犍牛二隻、乳牛二隻、三歲牛二隻、兩歲牛一隻；五數，則犍牛一隻、乳牛一隻、三歲牛一隻、兩歲牛二隻，罰犯人三歲牛一隻，給與追罰之人。

凡罰罪牲畜兩造札薩克差人取牛

一、罰給牲畜犯人之札薩克，差人取三歲牛一隻；受贓罰之札薩克，差人於其牲畜內十中取一，二十中取二，三十中取三，此外不准多取。

凡罰罪貝勒各取其一

一、凡罰罪其貝勒，按九數取一，不足九數不取。

凡出首事件所罰物内給首者一半

一、凡出首事件，所罰物内給首者一半。

懷讎取畜

一、凡以首出事件，讎取牲畜者，已未管旗王，罰三九牲畜；貝勒、貝子、公等，罰二九牲畜；台吉、塔布囊等，罰一九牲畜；其以讎所取牲畜，給回伊主，將其人遣赴伊願往之處。

罰罪無畜者令章京等發誓

一、凡罰取無畜者，令佐領或擇佐領内材幹人發誓，若誓保其無畜，而續經犯出者，將犯出牲畜追取，其發誓人，罰一九牲畜。

罰三九以上案件擇管旗章京等令其發誓

一、罰三九以上案件，擇管旗章京發誓，罰一九以下案件者，於佐領内揀擇發誓。

凡罰罪案件不令王等發誓

一、凡罰罪案件，不令已未管旗王、貝勒、貝子、公、額駙、協理台吉等發誓，令擇伊旗内台吉、塔布囊等發誓。

罰罪牲畜不足者責打

一、凡罰取牲畜，不足一，則鞭二十五；不足二，則鞭五十；不足三，則鞭七十五；不足四數以上牲畜，則鞭一百，不許多責。

存公牲畜賞與公事效力之人

一、凡應存公罰取牲畜，交該盟長、札薩克等照數追出，賞給實在出力奮勉之人，將賞過之處報院察核。

斬絞人犯解送原犯事地方正法

乾隆二十五年刑部議覆奉天副都統增海所奏定例

一、蒙古内行刦傷人得財者，將首從加功人等法應立決，并偷四項牲畜等犯内，秋後勾到者，俱解送原犯事地方正法，應梟首示衆者，令梟首示戒。

食俸王台吉等議處

一、凡食俸之蒙古王、貝勒、貝子、公、台吉、官員等，若犯私罪，其應罰馬匹牲畜，給付事主者，仍罰給馬匹牲畜。若犯公罪，其馬匹牲畜，應存公者，俱按伊所犯之罪，連俸銀緞疋一並罰。無俸之人，仍罰馬匹牲畜。

凡事出兩造私議完結

一、凡事出，不許兩造私議。若私議完結，系貝勒等，罰三九牲畜；平人，罰一九牲畜，由伊旗札薩克貝勒帶人至犯人札薩克貝勒處講和。如至兩日不給人者，其札薩克貝勒，按日罰三歲牛。事結以前，不騎烏拉，不食廩；事結，給領時，由犯人旗分議給騎烏拉、駐宿、食廩，給其領取之札薩克所差之人。雖有九數，止由牲畜内取三，不准多取，抽罰頭馬一匹，其給領之札薩克所差之人，雖有九數，止由罰畜内取三歲牛一隻。若至十日，而所罰牲畜不行全給者，系犯人旗下王等，罰馬十匹；貝勒、貝子、公等，罰馬七匹；台吉等，罰馬五匹，由馬羣拏取。倘將所罰之馬搶奪者，聲敍緣由報院，向奪罰馬之王、貝勒、貝子、公、台吉等，將應罰馬匹牲畜照數追取外，各罰俸三箇月。

出首事件不令首者發誓

一、凡出首事件，不令首者，發誓令賊犯發誓。

出首之人不令入札薩克等名下

一、凡出首事件之人，并案内干連人等，應遣赴旗内願往之處者，不令入管旗王、貝勒、貝子、公、協理台吉、塔布囊及伊子名下，擇入不管旗王、貝勒、貝子、公、閒散台吉、塔布囊等名下。

死罪可疑令其發誓

一、凡不招承應死重罪，無証佐可疑之犯，令其發誓。

袒護賊犯發誓

一、凡台吉、官員袒護賊人發誓後，贓物仍自其人犯出，其袒護賊人發誓者，若不承認其非，令伯叔發誓。不發誓者，台吉、塔布囊等，各罰五九牲畜；官員、十家長者等，各罰三九牲畜。

未及十歲之子行竊不坐罪

一、凡未滿十歲之子行竊者，免罪，十歲以上者，坐罪。

蒙古人在内地犯事照内地律治罪民人在蒙古地方犯事照蒙古律治罪

乾隆二十六年刑部會同理藩院議覆山西按察司索琳所奏定例

一、蒙古等在内地犯事，照依刑律定擬；民人在蒙古處犯事，照依蒙古律定擬。

凡死罪人犯札薩克等審訊報院

一、凡應擬絞斬之蒙古人犯，由諸札薩克處審訊，聲敍罪情報院，由院會同三法司定擬具奏請旨。

死罪人犯援赦免罪

一、凡打死人命，應擬絞之。蒙古等遇赦免，其絞罪由免罪人犯追罰三九牲畜，給付屍親。

凡死罪人犯欲求免死叩院

一、凡死罪重犯欲求免死，於事發以前赴院叩者，免死，鞭一百，將其妻子一並發往鄰封盟長處，賞給公事效力台吉等爲奴，將其產畜給付事主。

死罪人犯收贖

一、死罪蒙古有人納贖者，令納九九馬匹，准贖。若贖妻子者，聽兩主之便。若贖干涉内地民人之死罪，蒙古等視其妻、十歲以上子女數目，各納二九牲畜，其妻子一並准贖。若不贖妻子，該犯亦不准贖。

抄没賊人產畜不給喇嘛

一、凡人偷竊喇嘛牲畜，將抄没賊犯產畜，不給喇嘛，俱存公。

抄没賊犯妻子不給内地人爲奴

一、凡蒙古旗人偷竊民人牲畜者，將已正法賊人妻子不給事主，賞給蒙古内公事效力台吉等，爲奴。

緩決減等之蒙古人犯應罰牲畜無獲

乾隆三十七年九月本院奏准定例

一、凡傷人致死，擬絞緩決之蒙古重犯，遇恩詔減等後，仍照蒙古律罰取三九牲畜，給付屍親，完結。如照數無獲者，即發山東、河南等省，交驛站，充當苦差。

内札薩克喀爾喀等處移覆土默特旗下咨交定限

乾隆三十八年正月本院議覆綏遠城將軍具奏定例

一、歸化城土默特地方之命盜案内，有關提札薩克等旗下之人犯及咨查事故並特令緝拏者，喀爾喀四愛曼定限六箇月内，札薩克各旗定限四箇月。該札薩克等如逾限推諉，不將人犯解送，不卽查覆案情，遲延日月者，由承辦官員申報該上司，卽行指名參奏報院，嚴加查議。

相驗蒙古等命案

乾隆四十年閏十月本院具奏定例

一、凡蒙古與民人有關人命事件，仍照向例辦理。若止蒙古有關人命應行相驗事件，各處駐劄部員卽於各該處，就近會同同知、通判、州縣，帶領仵作驗明屍骨，會同該札薩克審明報部，由部照例具奏完结。

毋庸解部就近由彼徑行發遣

乾隆五十二年九月二十七日本院會同刑部奏准定例

一、嗣後，發遣人犯内，有由京經過發遣者，仍行解部發遣。其路遠遶途，發遣者毋庸解部，由本院議奏後發交該處，由彼就近遵照部定配所分別發遣。

增訂蒙古則例

目錄

凡故殺謀殺情重者概不准收贖尋常鬬殺其情較輕者仍准收贖

駝隻在五歲以内者按小牲口辦理

蒙古例載强刦什物而未傷人條内偸竊字様改爲强刦字様

蒙古地方偸竊銀兩什物者視其贓數多寡分别首從治罪失察之台吉等按贓議罰

台吉等本身之家奴及充當喇嘛姦家長之妻妾者照依奴僕姦家長之妻妾例辦理

嘉慶十年例

嘉慶十七年部示蒙古强刦殺人而並幫同下手夥盜仿照刑例未傷人夥盜發遣新例

嘉慶十八年新定已未受職台吉等强刦各條例强盜殺人

强刦傷人得財

强刦傷人未得財

强刦未傷人分别得財未得財

嘉慶十九年部示蒙古有犯搶奪應參用刑律

偸竊買賣民人駱駝札薩克巴嘎都爾所罰一九牲畜全行賞給拏賊之人

一、乾隆五十六年十一月初四日，奉旨烏米烏遜處審辦偸竊買賣民人駱駝二隻賊犯，照例定擬發遣。緣由具奏，將賊犯八百解部，定地發遣。札薩克巴嘎都爾，罰一九牲畜，所罰牲畜，賞給出力之人等語。此諒系空言，理應賞給拏賊之人，以示奬勵。嗣後，如遇此等事件，其所罰牲畜，全行奬賞拏賊之人。欽此。

蒙古偸竊並無同謀亦無同行僅於竊後分贓知情買贓兌贓應分别枷號

一、嘉慶三年十一月二十八日，理藩院會同刑部奏准蒙古偸竊，並無同謀，亦無同行，僅于竊後分贓、知情買贓、兌贓，其罪應鞭八十者，枷號四十日；應鞭九十者，枷號五十日；應鞭一百者，枷號六十日。

遞送公文身死者一體賞給一九牲畜

一、嘉慶四十年七月十八日，奉旨澤巴格地方，送公文蒙古兵貢布落河身死，賞給伊家下一九牲畜。具奏所辦，甚是，即在該處所存罰出牲畜馬匹之内取一九牲畜，賞給貢布之妻子收領外，將此作爲定例。

嗣後，如有送公文身死者，一體賞給，將朕憐恤蒙古之心通諭知之。钦此。

蒙古偷竊牲畜毋庸並計從一科斷

一、嘉慶五年五月二十日刑部軍機處會同理藩院奏准蒙古偷竊牲畜，毋庸並計，從一科斷，入于例內，將並計之條删除。

嗣後再有民娶蒙古婦女分嗣離異枷號鞭責

一、嘉慶六年七月二十日理藩院奏准嗣後，民娶蒙古婦女，仍照舊例嚴行，禁止再有任意娶蒙古婦女者。一經呈告，將已娶婦人离異，交娘家領回其主婚之。蒙古，枷號三箇月，滿日，鞭一百；民人，亦枷號三箇月，滿日，鞭一百，遞回原籍。該管蒙古婦女之台吉，罰三九牲畜；失察之札薩克，罰俸六箇月。若札薩克台吉自行查出，免其罰處。

蒙古地方偷竊牛犢等項小牲口者亦照偷羊不到四隻分別鞭責

一、嘉慶九年四月二十日理藩院奏准蒙古地方偷竊牛犢、小牛、半大牛、大小马駒等項小牲口，亦照偷羊不到四隻分別鞭責之例辦理。

喇嘛犯罪如在俗家同居者准其留養如已棄親從師另居者不准留養

一、嘉慶九年五月十九日理藩院會同刑部奏准喇嘛犯罪，如在俗家同居者，准其留養。如雖系孤子，業已棄親從師另居者，不准留養。

蒙古犯罪如系孤子其親年老逾六十歲者准其留養

一、嘉慶十年五月十四日理藩院奏准蒙古犯罪，其親老留養。如年逾六十歲者，准其孤子留養。

凡口外官羣馬匹駝牛偷賣宰殺作産者按所竊個數官員兵丁分別發遣鞭責治罪

一、嘉慶十年六月十六日理藩院奏准凡口外官羣馬匹駝牛，或偷賣，或宰殺，或作産其牲口，一箇至九箇，將羣上官，革職，發黑龍江，當差。系兵丁，不論首從，連妻子發黑龍江，給兵丁，爲奴。雖系同謀並無夥，于〔於〕竊後，不論有無分贓，俱枷號兩箇月，鞭一百。偷竊十箇以上之羣上官員、兵丁，不論首從，俱絞。爲首者，立決；爲從者，監候，秋審，緩決。雖系同謀並無夥，于竊後不論有無分贓，均充發雲貴、兩廣烟〔煙〕瘴等處，交給台站上，充當苦差。初無同謀，竊後知情分贓，故買相换，或爲替賣，或替存放者，枷號六十日，滿日，鞭一百。別處蒙古民人夥同羣上人等偷竊馬匹駝牛者，亦照羣上人初無同謀，竊後知情分贓，故買互换，或爲替賣，或替存放者，枷號六十日，滿日，鞭一百。如僅只別處蒙古民人偷竊官羣，亦照此例。如竊官羣之羊，四隻折一大牲口議罪。官牲口如被本羣上人偷竊，將失察之該管札薩克，罰俸二年；該管台吉官員等，各罰三九牲畜。被他人偷竊，將失察該管札薩克台吉等，減半罰俸罰九，入於蒙古例内。

札薩克王貝勒等如有私招民人開墾地畝者按人數分別罰俸議處

一、嘉慶十一年九月二十六日理藩院奏准嗣後，札薩克王、貝勒、貝子、公，閑散王、貝勒、貝子、公等，若有私招民人開墾地者，以私罪論。招民自一至十，將王、公等，罰俸一年，失察之盟長俱系公罪，著罰札薩克俸一年。招民自十一至二十，王、公等，罰俸二年，失察之盟長罰札薩克俸二年。招民自二十一至三十，王、公等，罰俸三年，失察之盟長罰札薩克俸三年。招民至四五十者，革職留任，五年無過，報部，具奏開復，將盟長罰俸五年。招民至五十以上，卽革去王、公等，不准開復，將盟長等就事治罪，請旨定擬。至圖薩拉克齊台吉、塔布囊等，均屬無俸，招民至一至十，均罰二九牲畜，失察之盟長等及札薩克，罰俸三個月。招民十一至二十，罰三九牲畜，失察之盟長等及札薩克，罰俸六箇月。招民二十至三十，罰四九牲畜，失察之盟長等及札薩克，罰札薩克俸九箇月。招民至四五十者，革去圖薩拉克齊、塔布囊、台吉，罰五九牲畜，五年無過，報部，具奏開復，失察之盟長、札薩克，罰札薩克俸一年。屬下之蒙古私行招民開地，不論多寡，系官員，則革職，罰二九牲畜；系平人，則枷號半年，滿日，鞭一百，嚴行管束，將失察之該台吉、塔布囊及該札薩克、圖薩拉克齊等，分別罰九治罪。屬下蒙古因招民開地，治罪後仍不知悛改，復行違禁及該王、公、台吉、塔布囊等私招民人墾地，串通屬下代爲認罪，情節較重，將屬下發南省，交驛站，充當苦差；將串通之王、公、台吉、塔布囊按事從重治罪。

土爾扈特等偷竊牲畜仍照乾隆五十年新定之例辦理

一、嘉慶十一年十一月二十三日理藩院奏准土爾扈特、杜爾伯特、厄魯特、和碩特、輝特、烏梁海人等偷竊牲畜，照乾隆五十年新定之例辦理。

凡故殺謀殺情重者概不准收贖尋常鬬殺其情較輕者仍准收贖

一、嘉慶十四年九月初七日理藩院奏准凡故殺、謀殺，情重者，概不准收贖。尋常鬬殺，其情較輕者，仍准收贖。

駝隻在五歲以内者按小牲口辦理

一、嘉慶十四年十一月十七日理藩院奏定駝隻在五歲以内者，按小牲口辦理。牛當年生者，名爲牛犢。二年者，名爲二歲牛。三年者，名爲三歲牛。四年者，名爲四歲牛。五歲者，名爲牛。馬一年者，名爲馬駒。二歲至五歲，均爲小馬。

蒙古例載强刦什物而未傷人條内偷竊字樣改爲强刦字樣

一、嘉慶十五年理藩院奏改蒙古强刦物而未傷人例，内有偷竊字樣，改用强刦字樣。

蒙古地方偷竊銀兩什物者視其贓數多寡分别首從治罪失察之台吉等按贓議罰

一、嘉慶十五年五月二十九日理藩院奏准蒙古地方偷竊銀兩什物者，視其贓數多寡，分别首從，更正嘉慶八年定例。

一兩至十兩，爲首者，鞭九十，爲從同行分贓者，鞭八十。雖經同謀，並未同行，但于竊後分贓者，鞭七十。

十兩以上至四十兩，爲首者，鞭一百，爲從同行分贓者，鞭九十。雖經同謀，並未同行，但于竊後分贓者，鞭八十。

四十兩以上至七十兩，爲首者，發遣山東、河南，爲從同行分贓者，鞭一百。雖經同謀，並未同行，但于竊後分贓者，鞭九十。

七十兩以上至一百兩，爲首者，發遣湖廣、福建、江西、浙江、江南，爲從同行分贓者，發遣山東、河南。雖經同謀，並未同行，但于竊後分贓者，鞭一百。

一百兩以上至一百二十兩，爲首者，發遣雲南、貴州、廣東、廣西烟瘴地方，爲從同行分贓者，發遣湖廣、福建等省。雖經同謀，並未同行，但于竊後分贓者，鞭一百。

一百二十兩以上，爲首者，絞監候，秋審時入于緩決，爲從同行分贓者，發遣雲南、貴州、廣東、廣西烟瘴地方。雖經同謀，並未同行，但于竊後分贓者，發遣山東、河南，如遇台吉等，犯以上各項罪名，俱照偷四項牲畜之例辦理。

以上各條，首犯，擬死罪者，如遇雖經同謀，並未同行，亦分贓，暨並未同謀，亦未同行，僅止竊後分贓者，台吉等，罰三九牲畜；平人，鞭一百。首犯，擬遣者，如遇雖經同謀，並未同行，亦未分贓，暨並未同謀，亦未同行，僅止竊後分贓者，台吉等，罰二九牲畜；平人，鞭八十。首犯，擬鞭責者，如遇雖經同謀，並未同行，亦未分贓，暨並未同謀，亦未同行，僅止竊後分贓者，台吉等，罰一九牲畜；平人，鞭六十。如遇竊後知情，窩贓買贓、代賣換贓，無論首犯定擬何罪，台吉等，罰七牲畜；平人，鞭五十。若知情隐匿不報者，台吉等，罰五牲畜；平人，鞭四十。若偷四項牲畜例内，有不足者，俱查照此例辦理。若不知情，窩贓、買贓、代賣換贓，並隐匿不報者，俱不坐罪。

以上首從賊犯，應發遣者，交驛站當差。應鞭責者，蒙古，照例鞭責；民人，折責發落。

台吉等本身之家奴及充當喇嘛姦家長之妻妾者照依奴僕姦家長之妻妾例辦理

一、嘉慶十五年七月十七日理藩院奏准台吉等本身之家奴及充當喇嘛、姦家長之妻妾者，照依奴僕姦家長之妻妾刑例辦理。如系兼管之家奴、喇嘛等，姦家長之妻，將姦夫、姦婦皆監候，處絞。姦家長之妾，將姦夫、姦婦，各鞭一百，入於蒙古例内。

嘉慶十年例

一、嗣後，蒙古處，偷竊四項牲畜，不分首從，若有祖父母，父母老疾，即令該管官與族長等，悉皆出結，准其留養。

嘉慶十七年部示蒙古强劫殺人而並幫同下手夥盜仿照刑例未傷人夥盜發遣新例

一、刑部議覆據熱河都統毓　咨稱查蒙古例載，官員平人，或一二人夥衆强劫什物殺人者，不分首從，俱即處斬，梟首示衆。强劫傷人得財者，不分首從，皆即處斬等語。細繹例意，誠以强劫之盜，膽敢殺人傷人，凡經下手者，即應照不分首從，斬決梟示。至於同行上盜而並未殺人傷人，自應酌量，定擬，未便槩予駢首。況查强劫之案，蒙〔古〕例，較輕於刑例，及至殺人，始俱斬梟。刑例，殺人等六項，曾於乾隆四十七年例，刑部議覆，雲南巡撫劉　奏，夥同殺人等犯，即不分首從，問擬斬梟，至同行上盜並未殺人者，仍照法。所難宥情有可原，各條分別斬決、發遣等，因奏准同行在案。刑例與蒙古例，本無二致，是引用蒙古例，自應參觀刑例，方免畸重畸輕。今各州縣審理蒙民交涉，强劫殺人、傷人之案，每因拘泥例内不分首從之文，往往將隨同上盜，並未幇同下手之犯一律擬斬，殊不足以昭情法之平，應請將蒙古例内强劫殺人、傷人之條，仿照乾隆四十七年内部議，凡案内夥同殺人、傷人者，即不分首從，分别擬以斬決、梟示，其同行上盜而並未幫同殺人、傷人之犯，仍按各本例定擬。相應聲明，聽候部議等，因據此除罪，擬斬之賽吉拉呼畏罪自戕，恩科吉爾嘎頭業經監斃，均毋庸議外，色末濟特一犯，聽從行劫，用木棍毆傷事主，應如該都統所擬，依夥衆强刦傷人得財，不分首從，皆卽處斬例，斬立決。該都統咨稱，三潭葉什、額爾克圖、宫桑、陶和七，僅止聽從搶刦，實無幫同拒捕情事，如依强刦未傷人，爲從擬發山東、河南，未免情重法輕，三潭葉什等四犯，應照蒙古偷竊銀一百二十兩以上，爲從同行分贓，俱發雲貴、两廣，充當苦差，並聲明。請將同行上盜，並未幫同殺人、傷人之犯，仍按各本例定擬等語。臣等查明，蒙古例載，官員、平人，或一二人夥衆强刦什物殺人者，不分首從，皆卽處斬，是所稱不分首從，系指首夥各犯，俱下手殺傷人者，而言又隨同上盜並未幫同殺傷人之犯例，無治罪明文。伏思蒙古有犯，本應依蒙古例科斷，如蒙古例内不及賅載，方准參用刑律。若盜刦之案在刑律，則已行而但得財者，以法所難宥及情有可原，分别斬決、發遣。在蒙古例，則僅將起意一人擬絞，從賊發河南、山東當差，是蒙古例本較刑例爲輕，至强盜殺人刑律下手，亦擬斬梟。其未傷人之夥盜，仍分别法所難宥，情有可原，本律辦理。蒙古强刦、殺傷人不分首從之例，如統括，未經下手之犯在内，則又較刑律爲重，非所以示持平，且以未經帮同下手之犯與殺、傷人者，同擬駢誅，亦無以示區别。蒙古例内既無未曾下手，作何治罪之例，卽屬賅載不及，似可參用刑律。該都統所擬，發遣雲貴、两廣，尚爲允協，惟以强刦什物之案，比引偷竊滿貫之例，究屬擬不於倫可否，將此等隨同上盜，並未帮同下手殺人、傷人之犯，仿照刑例。未傷人夥盜，情有可原，免死發遣之例，免其一死。系蒙古，發遣雲貴、两廣烟瘴地方，充當苦差。恭候钦定。倘蒙俞允載入例册，遵行。嘉慶十七年五月十七日，奉旨依議。

嘉慶十八年新定已未受職台吉等强刦各條例强盜殺人

一、凡台吉等，或一二人，或夥衆强刦什物、殺人，無論得財、未得財，但下手者，俱卽處斬。同行並未幫毆，但於刦後分贓者，斬監候，秋審時入於緩決。其造意不行，無論分贓、未分贓，革退台吉，枷號三箇月，鞭一百，發往伊犁，充當苦差。其同謀未行分贓及已行未分贓者，革退台吉，枷號兩箇月，鞭一百，發往鄰盟，嚴加管束。同謀未行，亦未分贓者，革退台吉，枷號一箇月，鞭一百，發往鄰盟，嚴加管束。

强刦傷人得財

一、凡台吉等，或一二人，或夥衆强刦什物傷人，無論傷之重輕，得財者，首犯，擬斬監候，秋審時入於緩決。在場幫毆者，革退台吉，枷號兩箇月，鞭一百，發往烏魯木齊，充當苦差。同行並未幫毆，但於刦後分贓者，革退台吉，枷號一箇月，鞭一百，發往鄰盟，嚴加管束。其造意不行，無論分贓、未分贓，革退台吉，枷號兩箇月，鞭一百，發往鄰盟，嚴加管束。同謀未行分贓及已行未分贓者，革退台吉，鞭一百，發往鄰盟，嚴加管束。同謀未行，又未分贓者，革退台吉，鞭一百，永不准開復。

强刦傷人未得財

一、凡台吉等，或一二人，或夥衆强刦什物傷人，無論傷之重輕，未得財者，首犯，擬絞監候，秋審時入於緩決。在場幫毆者，革退台吉，枷號一箇月，鞭一百，發往鄰盟，嚴加管束。同行並未幫毆者，革退台吉，鞭一百，發往鄰盟，嚴加管束。其造意不行者，革退台吉，枷號一箇月，鞭一百，發往鄰盟，嚴加管束。同謀未經同行者，革退台吉，鞭一百，永不准開復。

强刦未傷人分别得財未得財

一、凡台吉等，或一二人，或夥衆强刦什物，而未傷人得財者，不分首從，革退台吉，發往鄰盟，嚴加管束。同謀並未同行，亦未分贓，暨並未同謀，又未同行，僅於刦後分贓者，革退台吉，永不准開復。其未得財，造意之犯，革退台吉，永不准開復，從犯罰出三九牲畜，給付事主。

以上各款，除犯斬、絞並發鄰盟各罪，該台吉等之產畜家奴，毋庸查議外，除犯革退台吉，不准開復之罪，該台吉等之產畜家奴，照依行竊之例辦理。該犯等，犯至斬決，不准留養。若犯斬、絞監候，以及發往鄰盟等罪，查明寔系親老丁單，該札薩克具結報院，准其留養一次。如再犯罪，不准留養，再緩決。各犯俟將来減等時，一並發往鄰盟，嚴加管束。

嘉慶十九年部示蒙古有犯搶奪應參用刑律

一、刑部咨據前任總督温　咨稱查律載，共謀爲竊、臨時行刦，以强盗論。又，强盗已行，而但得財者，不分首從，皆斬。又蒙古例載，平人强刦而未傷人，系二三人，將起意一人，擬絞監候，從賊並妻子、產畜，俱發河南、山東，交驛站，充當苦差。此民人、蒙古爲盗，分別治罪之例也。又蒙古、民人在內地、在蒙古處犯事，分別擬罪之界限也。今查，平泉州盗犯董成糾邀白吉、宋三、李亮，赴二道營窯溝事主李希賢家行竊，被李希賢知覺，施放砂鎗，董成起意行刦，喚同白吉等跳落院內，李三开啓大門，在外瞭望接贓。李亮奪獲李希賢砂鎗，白吉將李希賢按倒捆縛，並未成傷。董成與李亮、白吉入室刦得衣服、錢文等物而逸。盗犯與事主均系民人，被刦之二道營窯溝系蒙古藩封，若依刑律辦理，董成等罪，應擬斬，分別法無可貸，情無可原。若照蒙古律辦理，董成應照平人强刦而未傷人，或二三人將起意一人擬絞監候例，擬絞監候。從犯發河南、山東，交驛，充當苦差第。平人强刦而未傷人一條，是否專指在途强刦，或在家强刦，即統包在內，例內並未分晰引斷，殊鮮依據。又，例載，白晝搶刦，傷非金刃，傷輕平復之首犯，改發極邊烟瘴充軍。又，蒙古例載，平人强刦傷人得財者，不分首從，皆即處斬。今赤峯縣賊犯彭錫五，搶奪周創兒，用木棍毆傷周創兒，平復，幷彭錫五在監病故一案。事主、賊犯亦均系民人，被搶之小建昌營，系蒙古外藩。蒙古例内，並無搶奪之條。若强刦二字，兼包搶奪，則彭錫五應照平人强刦傷人問擬，即應斬決。若照刑律，搶奪傷人傷非金刃，首犯問擬罪，止烟瘴充軍，出入懸殊，亦難定擬。雖彭錫五已在監中病故，然將來設遇此等案件，應作何治罪？必須查明定例，方可核辦。以上二案，一照蒙古例問擬則較刑律爲輕，一照蒙古例問擬則較刑律爲重。究應遵照何例定擬，以歸允當，擬合示請部示等，因前來當經本部片行。理藩院詳查去後，茲據覆稱。蒙古律載，凡民人在蒙古地方犯案，照蒙古律辦理，又，官員、平人，或一二人夥衆强刦什物殺人者，不分首從，俱即處斬，梟首示衆。强刦傷人得財者，不分首從，皆即處斬，籍没其妻子產畜，給付事主。若傷人而未得財，爲首一人，擬斬監候，籍没產畜，給付事主，其妻子暫存該旗，俟將來秋審減等放出。該犯妻子僉發河南、山東，交驛站，充當苦差等語，今准，刑部咨稱，董成等在蒙古地方李希賢家行刦，捆縛事主，又，賊犯彭錫五在周創兒家搶奪什物，用棍毆傷事主等案，查，蒙古律載，有强刦傷人得財之條，並未分晰在途在人家强刦之語，亦無强刦專條。應將蒙古律内强刦條例，抄送刑部查辦等，因查民人在蒙古地方犯事，應照蒙古例定擬。律有明文。蒙古例載，平人强刦一條，既未聲明在途、在家，則自系統包其内。至蒙古例内，並無搶奪作何治罪專條，向准參用刑律辦理。刑律内，强刦與搶奪罪名輕重懸殊，蒙古既無搶奪之例，强刦條内又無兼包搶奪之文，是蒙古搶奪一項，卽應參用刑律，庶罪無枉，縱案歸核，寔所有董成、彭錫五二案，應令該督詳核案情，分別酌辦可也。

後記

本书爲大連民族大學黑龍教授主持的國家社科基金重大項目欽定理藩院則例滿蒙漢諸本整理與研究（批准號：17ZDA208）階段性成果之一，由内蒙古大學法學院民族法學研究中心那仁朝格圖教授點校，中國人民大學清史研究所成崇德教授審校。

在課題研究中，得到大連民族大學民族史研究所黑龍教授及課題組成員的大力支持。相關圖書館及研究機構資料室和個人在資料查閲和獲取方面提供了幫助。搜集底本文獻时，得到東京大學東洋文化研究所圖書室及合作導師高見澤磨教授的大力支持。點校過程中，内蒙古民族大學政法與歷史學院研究生何培蒂，内蒙古大學法學院研究生阿雲嘎、娜美、張雪、娜米拉，赤峰學院博嘉老師在文字錄入、索引编制及校對方面做了大量的工作，在此一並表示衷心的感謝。

由於點校者水平所限，難免出現疏漏，敬請各位讀者批評指正。

那仁朝格圖　成崇德

二〇二〇年六月於呼和浩特